# がっちゃん英語

キミに読ませたくて創った文法書

ごく普通の外国人
**がっちゃん**

本書に掲載される
イラストは全て
著者直筆です。

**がっちゃん
イラスト
盛り沢山！**

KADOKAWA

# Prologue

## » 日本語だと「できる」のに、英語だと「できない」こと

**「日本語は、最後まで聞かないと結論がわからない」**

　当たり前のようですが、実はこれ、日本語ならではの特徴なのですよ。(私の暮らす韓国の言葉も、日本語と同じ特徴を持っている稀な言語)

　たとえば、次のような言い方。

　「やーめたーと見せかけて−やめない、**の反対〜**、っていうのは嘘〜、じゃないよ！　さて**どっちでしょう〜？**」

　一言で「やめた」って言えばいいものを、人を究極におちょくり倒して今にもゲンコツを誘発しそうな憎たらしい文ですが、これぞまさしく、日本語や韓国語だからこそ可能なヒネリワザ。**英語圏では使えない「引っ張り芸」**なのですよ。

**なぜならば、英語は「結論を先に言いたい主義」だから。**

　英語の文は基本的に**「先に結論を言いながら始まる」**ので、こんなおちょくり方ができないというワケなのです。

　**このように、結論をできる限り先に言っておきたいのが、英語。**

その反面、**最後まで結論を温存できるのが**日本語（と韓国語）。

面白いことに、その特徴の違いは言語以前に文化圏の違いとも共通しているようです。

日本は「控えめ」「へりくだり」で有名な文化圏。そんな日本で使われる日本語は、ちゃんと最後まで聞くことでようやく意思が伝わる言語。

一方、英語圏は比較的「自己主張」「個人主義」の強い文化圏。

「結論を先に言いたい主義」が強く表れる英語との意識の繋がりを感じずにはいられませんよね。

だからこそ私は最初に主張しておきたいのです。

「**その国の文化を理解すれば、その国の言葉に対する理解も深まるのである**」

## » 大多数の人が英語をあきらめる「3つの理由」

### 「がっちゃんはユノのことを……」

という出だしの文に出くわしたとしましょう。

しかし我々、最後まで聞かないことには、がっちゃんがユノを**好き**なのか**嫌い**なのか、はたまた**舐めたい**のかすらわからないじゃないですか。

いざ最後まで聞いてみたところ、「がっちゃんはユノのことを**ペロペロ舐めて、ファンから滅多打ちに遭った**」というとんでもない内容である

可能性だってあるワケですよ。ズバリ、こういう意味深な出だしが作れちゃう**のは、日本語（と韓国語）ならではの必殺ワザなのです。**（そう！　語順が同じという理由だけでも、日本語と韓国語とはとても仲良しな言語ってこと）

でも「結論を温存しておきたい」のが日本語で、「結論から出したい」のが英語ならば、それは「語順」がどうのこうのというよりも、**そもそも考えを言葉にする際の脳の思考回路自体が違う**のでは……。そう思えてきませんか。

数多くの日本人（と、同じく英語を苦手とする韓国人ら）がしばしば訴える**「英語が難しい理由のTOP3」**は次のようなものでしょう。

①文法が違う
②単語が違う
③発音がムズい

　こんなバカバカしい理由のせいで、どれだけ多くの人たちが次から次へと英語の習得をあきらめ、英語戦死者（**英語の勉強に挫折して、英語をあきらめてしまった人を本書では「英語戦死者」と呼ばせてもらいます**）となってしまっていたことか……。

　これがなぜこうも嘆かわしいのか、私の考えを申し上げましょう。

　皆さんが英語を難しがる理由は、「文法が違うから・言葉の順番が違うから」**じゃない**んですよ。

　**「何が違うせいで文法や言葉の順番が違うのかがわかってない」**からです。ややこしい言葉なのでもう一度わかりやすく書きましょう。皆さんは**「そもそも何が違うのか」を教わらなかった**のです。

　そう、1番目の「文法が違う」という理由からして、すでに「何がどう違うのか」はっきりとわかってないのです。

　大事な問題点なのでもう1回、言いましょう。皆さんは、「そもそも何が違うのか」を教わらなかったのです。

　ズバリその「違い」とは一体何なのか……。さぁ、ここから先は読むのと読まないのとでは**英語にまつわる運命すら変わりかねない中身**なので、ぜひとも集中して読み進めてくださいますよう。

　こんな文章があるとします。

## 「がっちゃんは、ユノを、愛しています。」

この文章の単語の順番をバラバラにしてみましょう。

## 「ユノを、がっちゃんは、愛しています。」

なんとも詩的な書き方になりましたねー。じゃあ、別のパターン。

## 「愛しています、ユノを、がっちゃんは。」

これは随分ドラマのセリフっぽくなってしまいましたが、どちらにせよ**伝えたい意味に変化はありません**よね？

つまり、どうバラバラにしても「がっちゃんはユノを愛している」という意味。

## » みんな必見！　日本語と英語の「決定的な違い」とは？

ところがこれが英語だと、話はまったく変わってきます。

# Gatchan loves Yunho.
# （がっちゃんはユノを愛しています。）

こちら、先ほどとまったく同じ文章ですね。ではこの文章も、先ほどの日本語と同じように、単語の順番をバラバラにしてみます。

# Yunho loves Gatchan.
# …あれ？？？

なんだか、とってもがっちゃんに**都合の良い文章**になりましたねぇ。

「ユノは、がっちゃんを愛しています。」ですって！

あー、聞き心地いいですねぇ、英語って最高！

まぁ、せっかくなので他の文章でも試してみましょうか。

# A cat hit me.
# （猫は私を叩きました。）

まぁ、同居中の猫にぶたれるのは、がっちゃん

の日常というか日課ですからね！　では、こちらも単語の順番をバラバラにしてみます。

## I hit a cat.
## （私は猫をぶちました。）

はい、人としておしまいですね。なんと**被害者が突如、加害者に**なってしまいましたよ。

　不思議なことに、日本語だと喋る順番をバラバラにしても「ぶたれるのは私」なのに、英語だとたちまち「**人間失格**」になってしまうわけです。

　要するに日本語は、単語の位置が変わっても意味が変わらない言語。その理由は？　「**を**」や「**は**」などの素晴らしい機能を備えた道具があるから。一方、英語の場合、単語の位置が変わると意味が変わってしまいます。なぜなら、「**を**」や「**は**」という道具がないからです。

　言われてみると今まで「Iは、Love、Yunhoを。」なんて、聞いたこともないでしょう。

　**あれ？** と思いますよね。
　**じゃあ英語は「を」やら「は」などを、どう表してたっけ？** と。
　とたんに迷宮に迷いこんだ人がいる一方で、カンを働かせて何かに気が付いた人もいるでしょう。

## そう、位置なんです。
## 位置がすなわち、助詞なのです。

　単語が置かれる位置こそが、すなわち助詞的な役割を果たす。「を」や「は」という助詞を使わない代わりに、**位置が「を」**であり、**位置が「は」**である。要するに英語というのは「**位置の言語**」だったのです。単語の役割を、ズバリ

「位置」が決めてしまう言語ということ。

　一方、日本語は、単に単語の後ろに「〜を」「〜に」といった助詞を付けることで役割を決める「**助詞の言語**」なのです。特に意識せず母語として自然に使っている立場だと気付けませんが、「助詞」というのは英語圏からしたらとっても特殊で便利な「道具」という事実。
　**この点こそが日本語と英語との、決定的な違いだったのです。**

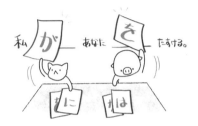

　皆さんが学校で呪文のように唱えた「あい（I）まい（my）みー（me）まいん（mine）」。覚えてますよね？
　あの意味不明な呪文を練習したのは、実はこれが理由だったんです。
　位置が、すなわち「を」**であり**「は」**であり**「に」**だから。**

　「私」が「〜を」という位置に居座るには「I」じゃなくて「me」に変身する必要があるのです。
　もしくは、「私」が「〜は」の位置に居座るためには、「I」という服を着ないといけないというワケですよ。「me」ではその位置には座れないのです。
　知れば知るほど、突き詰めていけばいくほど、意外と規則どおりで、思っていた以上に単純明快な仕組みなんですよ、英語って。

## » 今後、訳す際には「巻き戻すな」

じゃあ、どうして英語って究極に難しいと感じてしまうのか……。

皆さん、ちょっと英語の教科書を思い出してみてください。

英語の教科書に、次のような無意味な〝落書き〟をしませんでしたか？

For example, suppose that you are making a date
to meet with a colleague to discuss an issue at work,
or a date to have coffee with a friend.

この→（矢印）。懐かしいでしょう！　皆さんも散々やりましたよね？

単語に丸つけて、後ろから前に→使って逆戻りして、和訳するためにコツコツと行っていたノート筆記。

はあ ── 。これもう、**やめてください。**

たった今、バラバラにしてみせたじゃないですか！　日本語も韓国語も、文をバラバラにしてもOKな言語だってコトを、私、お見せしたじゃないですか。

そんな**素晴らしい特徴**を、なぜ利用しない！？

どれだけ位置をいじって単語をバラバラにしても意味が通じるという**日本語の素晴らしい特徴**を、なぜ利用しないんですか？　って話です。

なにも→を使って英単語の順番をいじったり巻き戻したりせずとも、日本語ならば英語を素直にそのまま訳せるんですよ……。→を使ってあっちこっち行き来しなくても、そのまま突き進んで訳せばいいんです。

なぜなら、**位置がどこであろうとも助詞が助けてくれる**

から。

　日本語特有の「は」や「を」や「に」などの助詞を駆使すれば、いくら語順が違う英語だって、文頭から順番どおりに頭の中で整理できる頭脳を皆さんは持っているのですよ。

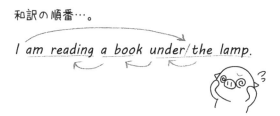

　いちいち「私は→ランプの下で→本を→読んでいます。」なんて場所を入れ変えて解釈せずとも、**素直に前から淡々と**「私は、読んでいる状態なんですよ。→本を。→下で。→何の下かというとランプ。」と、**順番どおりに解釈し進めていける**ってコトなのです。皆さんが翻訳業などで綺麗な日本語の文章を作るべき立場でない限り、巻き戻しなどせずに瞬時に解釈しても良いってコト。
　皆さんが普段使っている**日本語という言語は、それが可能な言葉**だから。**そんな言語を普段から使っている皆さんは、実はとてもラッキーなんです。**
　そして、単語の順番を変えずに和訳するのに慣れてさえしまえば、「→」みたいな小細工にいっさい頼らずとも、英文をそのままの形で理解する癖が身に付き、ゆくゆくは「いちいち日本語に変換せずとも」英語そのものを受け入れられるようになるでしょう。

　単語の順番に縛られない「日本語」という言語を使いこなせるのが、実はとってもラッキーだったなんて、今まで考えたことなかったでしょう。
　皆さんは、ラッキーなのです。

## » 英語の最初の落とし穴、「5文型」

　もちろん、「既存の『→』書き込み方法で英語をマスターし、大学にも受かりました！」という人もいるでしょう。はい、嫌味ではなく、心から素晴らしい

と思います。

　しかし、大多数の学生は英語の授業において、この「5文型」に差し掛かるあたりで**バタバタ英語をリタイアしていくという現象**も、紛れもない事実でしょう。IQの高い人や相当の頑張り屋さんならともかく、そうでない圧倒的大多数の青少年たちが、**やたら難しく説明される英文法の授業内容に音を上げる**のも仕方のないこと。

　その「既存の説明」から抜け出さないことには、なかなか前に進めません。

　日本でも、英語の授業では「5文型」というものを習いますよね。

　韓国でも語順の違う英語においては「5文型」に基づいて習うので、かく言う私も中学時代、この5文型で教わる英語の説明をやたら難しく感じていたものです。お陰様で私自身、これを何とかカンタンに理解する術はないものか、ありとあらゆる方法を研究し、かついくつもの手段を試したものですよ。

　ちなみに「**5文型って何だったっけ？**」という人もいるかもしれませんので、一目で簡単にわかるようにザ〜ッとイラストで描いたものをお見せいたしましょう。

　ただし、覚えなくてもいいですからね！

① S + V

② S + V + C

③ S + V + O

④ S + V + IO + DO

⑤ S + V + O + C

今思えば、「こんなものなんかに割いた時間を返せ！」と言いたくなるくらい、私はこの文型に悩まされたものです。

　そう、忌まわしき５文型。いつからか主語を「S」と表記し始め、動詞を「V」で表したかと思うと「C」や「O」が登場するあたりから、もう皆さんバタバタ倒れていったはずですね。

　教師の方々に「英語はだいたいこの５文型で成り立っているから、すべての単語がどの文型でどう変化するのかを**すべて覚えよ**」なんて言われた時点でもう、英語との永遠の別れを心の中で静かに準備したものです。

　今この瞬間でさえも、**あの算数とも英語とも言えない奇怪な公式に悩まされている現役の学生さんは少なくないハズ。**

　ですから特に、現役の学生さんたちはよーく聞いてください。

　驚くべきことに、こんなもん、（あくまでも小テスト用に）さわりだけを覚える程度で十分であって、実は深入りする必要すらないのです。


　本当はと言うと「英語はだいたいこの５文型」というのがポイントなのではなくてですね。後々わかった真実ですが、**「結局この５つの公式を通して伝えたいことは、ただ１つ」**なんです。


## 英語ってのは、主語と動詞で始まるんでっせ。……これだけなんです。

　「５文型」だなんてややこしい言い方してますけど、**全部を通して言いたいのは**、結局、英語の文章のすべては「主語」と「動詞」を軸として成り立っていますってことなのですよ。

　**「主語（S）」＋「動詞（V）」がメイン。**あ〜んなややこしい５つの公式使って言いたかったのは、実はこれだけだったんです。

　じゃあ、その他の残りの部分は？……簡単ですよ。**そこから先は「インタビュー」をしている感覚だ**と

でもお考えください。

　つまり、**思い浮かぶままに**「誰に？」「何を？」「いつ？」「どうして？」と、**インタビューするような感じ**で各要素をつけ足しつつ、文章を作っているのだという感覚。

　すでに文章の出だしで主語と動詞を使って結論を表明しているので、残りの部分はいくら長くなっても軸は揺らぎません。したがって、主語と動詞（S＋V）さえしっかりしてれば、意味不明な方向へと趣旨がこんがらがっていくことはそうそうない。

　とまぁ、意外にも、規則をきちんと守っている言語というワケです。

## 》「日本語」の難易度は "極悪" レベル。
## それに比べれば、英語なんて簡単！

　皆さんが英語を苦労して勉強する反面、逆に英語圏の人たちが「日本語を勉強する」難しさといったら……日本人には到底理解のできない苦しみではないでしょうか。

　ちなみにこちら韓国では、**「英語は泣きながら入門して、笑顔で出ていく科目」**と呼ばれ、**「日本語は笑いながら入門して、泣きながら出ていく科目」**と呼ばれるといった笑い話があるくらいです。

　比較的言語の似通った韓国でもそう言われているのですから、日本語とはかなり縁遠い西洋の言語圏からしたら、まさに地獄でしょう。

　ゲームの難易度で言えば、無理ゲーと表現

しても良いレベルかと思います。日本語の文章というものは、１つの文章が長くなればなるほど、つまり１つの文章の述語に至るまでの過程が長くなるほど、こんがらがっていきます。そのせいで、多くの日本語学習者は迷宮に迷いこんでいくワケです。

　英語はいくら長文になっていっても、結論は前もって登場するうえ、位置が大事な分、きちんと形を守って修飾語を当てはめていくので、日本語ほどややこしくなりづらいのです。

　しかし、日本語だとどうでしょうか。

**　皆さんはご自分の母語が、普段どれほど鬼のような形で長くなっていくのか自覚したことがおありでしょうか。**

　皆さんは普段、主語と結論の間に、修飾語をいくらでも無造作に詰め込めるので、**不親切な文章を作ろうと思えば、いくらでも詰め込んで押し込んでこねくり回して混乱させることができる**ワケです。

　英語圏の日本語学習者にとっては、これをスラスラと理解できるようになるのは**難易度が高い**。ですから皆さん、母語が英語なのにもかかわらず、成人してから日本語を第２言語として学び、完璧に使いこなす外国人を見かけたら、心から尊敬して良いかと思います。


　よく耳にする話で、「アメリカンジョークと日本のお笑いはまったく別物」っていうのがありますよね。

　しかし、あれはですね。私が思うに、「アメリカ人と日本人の笑いのツボが違うから笑えない」というのとは少し違う気がするんですよ。

　英語圏の人たちだって、日本のコメディの字幕版を見て笑いますし、日本の人たちも字幕の付いた英語のシットコム（situation comedyの略。同じ舞台設定でコメディが繰り広げられるのが特徴）を見てウケるじゃないですか。「おなら」や「うんこ」の類の下品なネタに至っては、おそらく全世界共通の笑いのツボでしょう。

　つまり笑いのツボや文化が違うっていうよりも、**「言語の仕組みが違う」**ことによって瞬時の笑いどころを互いにキャッチできず、「アメリカンジョーク」だとか「日本のお笑い」だとか命名して、別物のように捉えてしまいがちなのだと思うんですね。

英語は結論から先にバッと言ってしまうので、日本語のように最後まで結論をじらしてから落とす類のお笑いは、英語圏の人たちにとっては理解しづらいでしょう。

　その逆もしかりで、結論を先に言っておいて、ユーモラスな修飾の仕方で笑わせるというジョークも、日本人の感覚とはズレが生じるので最初にしらけてしまう。

　改めてこういう視点で見てみると、やっぱり**両者の文化コードは別物**と言えるのかもしれませんけどね。

　ちょっとしたウンチクですが、英語圏で以前に発表されたとある論文に、「西洋人が学びやすい言語」と「学びがたい言語」についての記述がありまして。

　この論文によると、**英語圏の人**にとって、フランス語やスペイン語などは学ぶのが比較的ラクな言語なのだそうです。（羨ましいですね）その一方、アジア圏の中国語は漢字が難しいので習得しづらいらしく、加えてそこには、**日本語についても書かれていました。**……果たしてどのように書かれていたと思いますか。

　ズバリ、「**極悪**」。

　英語圏の人にとって日本語は「極悪」なのだそうです。皆さん**極悪なんて言葉、普段使いますか？**

　思わず「極悪人！」と叫んでしまうようなシチュエーションなんて、せいぜい**い人殺しを目の前にするような**憎悪に満ちた場面でしょう。

　そんなひどい言葉を当てはめてしまうのですから、英語圏の人にとって日本語が難易度の高い……を通り越し、どれだけムゴイ外国語なのかが十分に伝わってきます。

　別の言い方をすれば、日本語を普段から使っている皆さんは、英語圏の人が〝**極悪**〟と感じるほどの難しい言語を自然と体得している人たちということなのです。こう考えると、なんだか妙に得した気分になりませんか。

もっとラッキーなのは、日本語は「助詞を自由自在に使える」ため、どんな順序で単語が配置されていても、**語順どおりに解釈できる頭脳を、皆さんはすでに持っている**ということ。つまり、「5文型」という概念に惑わされずに英文そのままの形に沿って解釈できる能力が、**日本人には備わっているのです。そう。アナタはすでに「英語を習得する準備ができている」**人なのです。

　そして中でもアナタは、究極にラッキーな人に違いない。今こうしてこの本を手に取って読んでいるのが、その証拠。

　この先、きっとアナタは、異常なまでに難しい方法で教わってきた既存の英語学習というややこしい呪縛から解き放たれることでしょう。

　5文型？　完了形？　分詞？　過去形？

　こんな複雑な文法用語、もう鼻であしらうこととなるでしょう！　**ありとあらゆる既存の難解な教え方、すべて忘れてしまって構いません**。むしろ、本書は**そうさせるための1冊**です。この1冊で決着をつけてしまいましょう。

　既存のすべての専門用語を、この1冊で「覆す」つもりです。難解な文法用語の説明に付いていけず、泣く泣く英語をあきらめて遠ざけてきた**英語戦死者の皆さん、もう大丈夫です。**

　ちょっと使いこなせれば全世界で通じる、全世界の人とわかり合える、こんなに便利で秀逸な共通語をのっけからあきらめて、英語戦死者のまま一生を終えるには、まだまだ早い。まだまだ勿体ない。実際、そこまで難しいわけでもない。

　その証拠を、ここから先の本文で、遠慮なくどんどんお見せしていきましょう。皆様、とくとご堪能あれ。

　この本を手に入れたという「最高のラック」が、アナタの人生に訪れたのですからおめでとう！

## » ワケのわからない用語の呪縛から解き放たれるべし

　私も学生時代、皆さんと同じく「英語戦死者」でした。主語をS、動詞をV、と表記し出した時点からはもう英語を「言語」と見ることすらできなくなっていたものです。

　しかしよく考えたら、いえ、よく考えなくとも、英語なんて星の数ほどの人々が普段何気なく使っている「言語」。それも「世界共通語」だという事実。

　**ならば、そこまで不可能レベルなワケがない。**では一体何が原因なのだろうと悩みに悩みつくした末、悟ったのですよ。

　他でもない、**我々の習う英語の教科書の中にこそ「障害物」があったのだ**ということを。**「英語を大キライにさせる障害物」**が道をふさいでいたのだということを。

　皆さんも、身の回りの人、もしくはご自分の体験として、「幼いころに英会話を習ったときは割と得意だった英語が、中高生になった途端に苦手科目になった」というケースを見聞きしたり、実感したりしたことはありませんか。

　タイミングとしてはおそらく、「関係代名詞」「to不定詞」「分詞構文」「p.p.」などの「ワケのわからない用語」が並び始めてから、本格的に苦手になったというパターンが大多数でしょう。

　しかし、この本を読み進めながら「その用語って、そんなコトだったの!?」という真実を知るたびに、正体不明だった苦手意識という呪縛から解き放たれるハズ。

## » もう、読む前には戻れないこの本の「目次説明」!

　今から始まるChapter 1は、その1つ目のミラクルな体験を皆さんへ提供す

る章でございます。

　口から思わず、「**こんなカンタンなことに、こんな難しげな用語を付けてた
だけだったの**」と嘆声こぼれる至福の時間を堪能なされることでしょう。

　それに続くChapter 2の「前置詞」なる英語の必需品の説明を、オールカラ
ーで織りなす英単語イメージ化で脳をほぐしたならば、Chapter 3では「ゼロ」
から皆さんの脳を「英語脳」へと作り上げるつもりでございます。

　そこまで読まれたならば、その先のチャプターはもはや読まずには気が済ま
ないハズ。「助動詞」大特集のChapter 4で皆さんをお待ちしております。

　そして極めつけに、英語のレベルを一気にグレードアップする英語の「『す
べき』大特集」のChapter 5まで制覇した皆さんは、この本を手に入れる前の
アナタとはまったく違う次元の英語に対する手ごたえを味わっておられるハズ。

　ずっと未知数だった謎の世界がドッカンドッカン腑に落ちていく快感を、１
人でも多くの方と共有できること、非常に嬉しく思います。

　この知的快感を手に入れるまで、ありとあらゆる英語学習法を試し、失敗も
試行錯誤も散々味わってきた私ですが、くじけず英語を攻略する過程で「**覚
醒**」していったステップが、思えば幾段階かありました。

　一例として、すでに述べた「**助詞＝場所**」という決定的な違いを知ったのも、
１つの覚醒段階と言えるでしょう。

　それに加え「**時制（未来形・過去形・現在完了など）**」というものの正体を見
破り、東洋人と西洋人との「**脳内の時制**」の決定的な違いを理解したこと、「前
置詞」をイメージ化して立体的に概念を解明したことも、１つの覚醒段階と言
えるでしょう。**それらはすべて、本書の中で暴いております**ので、皆さんもと
くとご堪能ください。

　そして最終的に、むしろ１周回って「英語って何だろう」という問いへの答
えを出した瞬間も、やはり私にとって１つの覚醒段階を通過した瞬間だったと
言えると思います。

信じられないほど乱暴に言えば、ぶっちゃけ……**英語って、下の図がすべてじゃね?**

　　　　　　―　□　―

という結論を下した瞬間だったんですよ。

「**は???**」と、思わず目を疑うスッカスカな図ですが、この1冊の本を制覇したあとならば、きっと納得されるハズ。

　まぁ、今の時点でいきなりこんな絵文字のような図を見せつけられても困るだろうと思いますので、もっとずっと親切な図解をこのあとのページにご用意いたしました。ご心配なく。

　ただ単に、結果的に最もシンプルに行き着いた結論を表すイラストが、コレだって話です。

　「英語って……極論言うと、これがすべてじゃね?」

　「英語って……大まかに見ると、文章がいくら長くなったって、動詞(述語)を中心に挟んだ、〝**3等分**〟がすべてじゃね?」

　という、少々乱暴な結論を出した結果の図。

　あらかじめ言っておきますが、私が打ち立てたこの〝3等分理論〟では、当然ながら**教科書でお馴染みの「5文型」は完全に無視されています**。なので、見る人によっては「!?」となるかもしれません。

　しかし、問題の5文型とも**決定的な共通点**はあるワケで、それがズバリ「主語＋動詞(述語)」**で始まっている**という点なのですよ。

　つまり、あの鬼のようにややこしい5文型とかいう公式が我々に教えてくれることなんて、結局のところ**「英語の文章は、主語＋動詞で始まってますよ〜」**って事実のみ。

　つべこべムズカシイこと言わず、そのポイントさえ把握しておけば良いってワケですよ。

　その上で、一目で感覚的にわかりやすく「3等分」で英語を図にしてしまったその瞬間から、**「英語とは、これがすべてだ!」**という確信が芽生えたことで「やたら難しくややこしく」英語学習を続けてきた私の身に飛躍的な変化が起

きたのです。

　この事実は、私にとって英語習得と理解のための強力なエンジンになりました。さらにその後、色々な文献を参考にし、長年あれやこれやと研究を重ねて自分なりにまとめた最終形態が、ズバリ、次のページの全体像！


　工夫の末、今回いっそ思い切って**目次**にしちゃいました！


## 【本書の解説方針】

・本書には著者独自の意見や解釈が含まれており、著者の考え方を通して、英語に親しみを持っていただくこと・英語のハードルを下げることを目的にしています。そのため、　学校教育で教わる英文法のルールと異なる考え方が含まれる場合があります。

　また、学校教育で使用されている文法用語を、覚えやすくするためにオリジナルの名称をつけて説明している場合があります。

・英語は言語であり歴史とともに変化するものです。そのため、例外がつきものですが、説明のテンポを崩さないために例外を掲載していない場合があります。

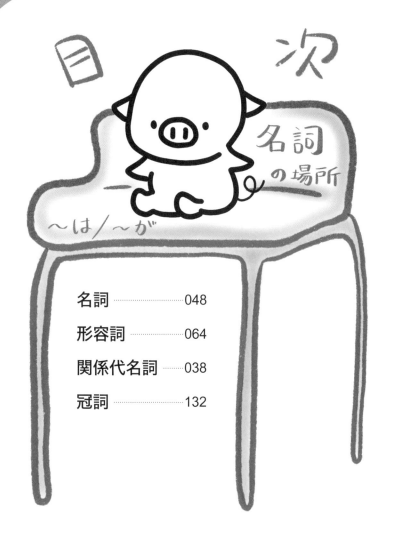

目次

名詞 の場所

〜は／〜が

今回英語の全体イメージをいっそ思い切って目次にしちゃいました！
おおまかに言ってしまうと、これが、英語のすべてなのです。
「嘘でしょ？　英語ってこんな簡単な図で説明できちゃうの?」
こう思う人もいるでしょうね。
でも、できるんです、英語は。これが、ズバリ、英語なのです。

左ページ (名詞) と同じ。

＋ 知っておくべき
英語の要素。

# Contents

## CHAPTER 1 英語ギブアップの元凶は教科書の「用語」のせい！

# Contents

# Contents

装丁：小口翔平＋奈良岡菜摘 (tobufune)
本文デザイン：吉村朋子
DTP：山本秀一＋山本深雪 (G-clef)
校正：鷗来堂
英文校正：Brooke Lathram-Abe
編集協力：野口孝行
編集：宮原大樹

# 1

# 英語ギブアップの元凶は
# 教科書の
# 「用語」のせい！

あなたが「英語はムズカシイ」とつまずいたのは、
「ややこしい用語」の責任も間違いなく大きいハズ。
この章では「不定詞」や「関係代名詞」など、
「用語のせいでムダにややこしくなっていた」概念が
いかに単純なものだったのかを理解させてみせましょう。

# あまりにもひどすぎる 「to不定詞」の教え方

## » ずっと意味不明だった「to不定詞」という言葉。 ものの一撃で理解させましょう

　英語が長くなるのは2カ所のみ。日本語の「〜が／は」と「〜を」に相当する「名詞の部分」。それさえ押さえておけば、ほとんど終わりなんです。

　ちなみに名詞っていうのは？　「がっちゃん」「猫」「缶詰」のような、この世の中のモノゴトすべての名前のことですよね。

　では、「名詞を長くする」には、果たしてどうすれば良いのでしょうか？

　ちなみに「日本語」では、どうやって名詞を長くしているのでしたっけ？

　試しに皆さん、「ユノ」を長くしてみましょうか。

　な〜んてボケた方はまさかいらっしゃいませんね？？？

　ボケ抜きでも、日本語ならば楽勝じゃないですか。

　「東方神起のリーダーでルックスも性格もよくてダンスも歌も上手くてがっちゃんの憧れで日本でも韓国でも大人気な大スターであるユノは、」

　ねっ？　「修飾する」ことでいくらでも長くできるでしょ。

　日本語で考えると一発でわかりますよね。

　「でも、人やモノじゃないものが主語になったりもするじゃん……」

はい、良い指摘です。

「走る」だとか「歌う」だとか、いわゆる**「動く行為」**なども「名詞の部分」に入れることができるのですよ。

いったん英語は脇に置いといて、まずは日本語でカンタンに考えていきましょう。

「＿＿は、楽しい。」

たとえば、上の文の下線部に「走る」という単語を入れると、どうなりますか。

「走るは、楽しい。」

「マジカルバナナ」みたいな文章ですよね。どう見ても不自然だって、誰もが気付くでしょう。

何がいけないの？と思った方は、さては日本語が母国語じゃありませんね？

そして当然、この文の直し方もすでにご存知じゃないですか。そうです。「走る」に「こと」とか「の」を補足すれば良いのですよ！

走る「こと」は楽しい。

走る「の」は楽しい。

このように、**「形を変えること」**で主語の形に収まるじゃないですか。

要するに動詞（走る）を名詞のように表現したい場合は形を変えていけば良いのですよ（走り、走ること、などなど）。

こんなこと、皆さん毎日のように無意識でやってのけてる技でしょう。

英語も同じなのですよ。英語だって、動詞を動詞じゃない役割にしたいときには当然何かが変わるに決まってるじゃないですか。

Run is fun.

これだと「走るは楽しい。」なのですよ。

これじゃ英語の観点から見たって奇妙な文章なので、動詞の形を変える必要があります。

To run is fun.

**このToが、「こと」の役割になるってワケなのですよ。**これなんです。
　動詞の前にtoを付けてあげれば「〜する」が「〜すること」になる。これが彼らの常識。
　つまり動詞の前にtoを付け加えれば、日本語の「こと」に相当する役割が生まれて「走ること」という名詞になるのです。

## » to不定詞の「名詞的用法」「形容詞的用法」「副詞的用法」という名称の真実

　「じゃあ、学校で習ったto不定詞の『名詞的用法』だとか『副詞的用法』だとかは、いったい何物なの?」
　という疑問にずっと頭を抱えていた方も、さぞかし多いでしょう。
　そんなもの説明の仕方がやたらムズカシイだけのことで、実際は……**驚くほどなんでもない話**なんです。
　次の文章をご覧ください。

I went there to run. (私は、行った、そこへ、to run。)

　当然、ここでの意味は「走ること」じゃないですよね。なぜならば、使われている位置、すなわち役割が違うのだから。
　「走る」という述語を「走ること、走るように、走るために」などなどと、役割を変えるときにくっ付けるのが「to」なのです。
　この場合は**動詞にto**をくっ付けて、「走る」という述語ではなく「走るために」という役割へ変化させたのです。
　共通点は?　「**動詞(述語)が動詞じゃなくなった**」という点。
　しかし同じ「to run」でも、位置によって「走ること」「走るために」など、様々な役割を果たせるというわけです。

それらをそれぞれ、「**名詞的**」だの「**形容詞的**」だの「**副詞的**」だのと呼んでい**るだけ**だったのですよ。

要するに、「to run」という形を見ただけでは「**訳が定まらない**」ということでしょう。

なぜならば、**置かれる場所が決まるまで「to」の役割が何なのか誰にもわからない**のだから。

## » 同じ名詞でも動名詞と to 不定詞には 意味の違いがある

ところで、動詞を動詞じゃないものに変形するには「to」を付ける以外にも方法があります。動詞のシッポに「ing」を付け加えれば良いのです。

その形がズバリ「動名詞」と呼ばれているものです。用語は聞いたことがありますよね？　名前も「動詞が名詞になったもの」という意味のまんまです。

「to不定詞」そして「動名詞」。**動詞の形を変えて動詞を名詞として使うという共通点**がありますが、決定的な違いも1つ存在します。

実はtoには未来志向的なニュアンスがあるのです。

一方、「動名詞」を文中で使う場合の感覚は若干異なります。toと比べると「**過去**」や「**静的**」なニュアンスが強まるのです。

では2つの例文を比べてみましょう。

①She forgot to post a letter .

②She forgot posting a letter.

①は「to post」というto不定詞の形で、②は「posting」という動名詞の形ですよね。

同じような文章ですが、**どちらを使うかによって意味が変わってしまうのです**。

①は「（これから〈時間的に未来のこと〉）手紙を出さなきゃならないのに忘れた。」というニュアンスが強く、②は「（過去にすでに）手紙を出したことを忘れた。」という意味になるのです。

「to不定詞」と「動名詞」には、こうしたニュアンスの違いがある点を覚えておくと良いでしょう。

　ちなみに、英語の基礎において欠かせない「動名詞」についてのくわしい概念は、257ページからの内容にて手取り足取り説明しておきますので、ぜひとも参考になさってくださいませ。

　というワケで、不定詞のtoというものについてザッとまとめてみましょう。

　たとえば、**走る**のような述語（動詞）を、述語（動詞）以外の用途で使いたい場合。日本語だったらどうしますか……？　カンタンですよね。「走る」の後ろに「の」やら「こと」「ため」といった言葉を付け加えるじゃないですか。

　これらが英語だとtoを頭に付けて「to run」にするだけで事足りるのです。そのときにくっ付ける「to」のことを「不定詞のto」と呼ぶワケです。一般的には「to不定詞」と呼ばれていますね。

　たったこれだけのことを学校の英語の授業では、やたら難しく「名詞的用法」だの「副詞的用法」だのと、無駄にややこしい言葉を使って混乱させてしまっているのですからどうにも居たたまれません。

　皆さん、仮に「to eatを和訳してください」と言われたら、どう答えますか？　食べること？　食べるため？　食べるには？　食べるの？

　実は、**どれも正解ではありません**。その質問に関しては、「**無理です**」と答えるべきなのですから。

　なぜならこのフレーズは、**英文のどの部分に入るのかが定まらないと訳すことができない**からです。

　よく考えてみると、どこか人生みたいですよね。

　人間だって、存在そのものだけでは生きてる意味なんてわからない。役割が備わってようやく価値がわかるもの。

じゃあどうせなら、自分が選んだ場所で、自分が選んだ方法で、世の中の役に立てると最高ですよね。

　しかし人間、どの場所にいようとも、どんな立場であろうとも、きっと輝けるアナタなりの役割があることを信じて応援しております。

# 02

# 「to」という単語は 「この絵」を連想すれば OK

## ≫ これで完璧！ to の基本イメージ

「to」と聞くと皆さんは、学校の授業などで「前置詞」と習った記憶があることでしょう。

よく耳にする英語に関する疑問にも、「『前置詞のto』と『不定詞のto』はどう違うの？」というものがあります。この疑問は、元をたどって核心さえ見つけてしまえば、案外楽勝に解決できてしまうのです。

一般的な学校の授業などでは、この「前置詞のto」と「不定詞のto」をまったく別物として扱うので混乱してしまいますが、実は**「基本イメージ」は1つだけ**。

例外はありますが、toの基本イメージは、ただの「→（矢印）」だと思えば良いのです。

つまり、「→」がたどり着く到達点が「どこか」というだけの話なんです。

A to Bを訳す際に、「→（矢印）」を用いて考えれば良いのです。すなわち「Aが向かってたどり着く先はB」。

よくある例文（「前置詞のto」のケース）を紹介しましょう。

I go to school.

「私は学校へ行きます。」と訳されますよね。でも、**ダイレクトに考えてもいい**のです。

A to B

= Aが向かう先は、B

「私は行くんだけど、矢印の先（たどり着く先）は学校。」と訳せば良い。

**「私は行きます→学校」**。この認識で十分なのです。

　ちなみに、私たちがよく間違える「前置詞のto」の使い方にはこんなケースがあります。

　5 to 7

　こう書いてあると、「そうか。**5時から7時ってことか**」って思ってしまう人が多い。実はこの訳も、やはり「→（矢印）」がカギを握っています。

　正しいのは、「5分」が向かってたどり着く先→は「7時」。つまり、7時の5分前ってこと。「6時55分」が正解なのです。

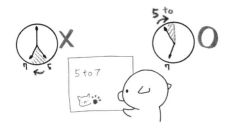

　要は、一方通行の→。そう考えると簡単に納得がいきますね！ただ、文脈によっては5 to 7は本当に5時から7時という意味で使うこともあるので注意。

## 》やっぱり to は「→」の概念だけで攻略できる

　英語の授業中、寝ないでまともに先生の話を聞いていた人ならば、

**「前置詞のtoの後ろには名詞が付きま～す」**

**「不定詞のtoの後ろには動詞の原形が付きま～す」**

　という**何やら難しげな説明**に悩まされたことがあるはず。

　これも別にややこしく考える必要はなく、どちらのtoも結局は→で考えればいいのです。次の例文を見てください。

　I go to school.

　We go to church once a week.

toの後ろに名詞がきたら、「**ある場所に**」接近すると考えればいいのがわかるでしょう。

続けて、別の例文も見てみましょう。

I need something to eat.
It's time to get ready for school.

先ほどとは異なり、toの後ろに動詞の原形がきていますね。この場合は、「**ある動作に**」（なんらかの動作に）**たどり着く**ってことがわかるじゃないですか。

これでいいのですよ！！

**ある場所にたどり着く**のが「前置詞のto」、

**ある動作にたどり着く**のが「不定詞のto」。

ね？　場所にであれ、動作にであれ、そこに向かって前進してたどり着くっていう「→」のイメージさえあれば、ちっとも難しくないんですよ。

これでtoの基本概念、ほぼ完全に掴めた気がしませんか。

## » 「不定詞の to」と「前置詞の to」の簡単な見分け方

気楽に考えるとこれでOKなのですが、読者の中には英語の試験の準備をしている人もおられるでしょう。

そんな人にとっては、toの後ろに付いているのが、動詞（不定詞のto）なのか、名詞（前置詞のto）なのかを正確に判別しなければならないというのは、切実な悩みでしょう。

そこで、ここでは特別に、その判別の秘訣を伝授いたしましょう。

まずは例文を見てみます。

I gave it to _____.
I tried to _____ it.

この2つの例文のうち、どちらが前置詞のtoなのか、不定詞のtoなのか「わからない」とまずは仮定してみますね。ズバリその場合は、toの「前の動詞を見て判断すればいい」のです。

I gave it to _____.なら、give（あげる）という動詞の性質から考えて、→がたどり着くのは**ある場所**……。であれば、後ろにくるのは「名詞」でしょう。

I tried to _____ it.なら、try（試みる）という動詞の性質から考えて、→がたどり着くのは何かしらの**動作**……。自然と、後ろにくるのは「動詞」となりますね。

I gave it to <u>her</u>.

I tried to <u>give</u> it.

こんな感じで判断すればOKって話です。

要は、toの前にある動詞がどんな性質なのかさえ把握しておけば楽勝ってこと。

「to」、なんて前向きな存在だろう。

めんどくさがり屋の私たちに、毎日、物凄い前向きなパワーを与えてくれている。

何をせずともたどり着ける公平な場所を、「to」は毎日、私たちに授けてくれる。

そう、today.

今日がたとえ最高の日だったとしても、たとえ最悪の日だったとしても、

それでも私たちにはまだ、さらなる「to」が待っている。

to、morrow.

どうせ私たちが生きている以上、みーーんな行くことになる行先。

みーーんなで向かうと思ったら、しんどい明日でも幾分、マシかもしれない。

明日があるだけ、マシかもしれない。

けっして止まらず、向かっていこう。

together.

ともに。

# 03

## 必要以上に難しく教わる「関係代名詞」を解明

### ≫ あの憎き用語、「関係代名詞」をいとも簡単に解き明かす

　中学生のころ初めて出合ったその日から、第一印象の苦手意識を引きずり続け、いつしか存在そのものを記憶から消し去ってしまうまで、ず〜っと嫌われ続けるあの用語……。そう。関係代名詞です。

　「難解」とも呼ばれるこのくせ者。もちろん、実際のところはそうでもないってことは、英語をちょっとでも使える人なら頷けますよね。

　それなのに、なぜこんなにも多くの学生が「関係代名詞」に敗れ去り、結局は英語戦死者となってしまうのか。

　私に言わせれば、「文法の教科書に記されている、**あの不親切な解説文がすべて悪い！**」ということに他ならない！

**「英語って単純に3等分すればいいんじゃね？」**という話をしました。そう、下図のような形です。

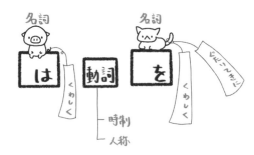

　簡単ですね？　では、3等分したうちの「〜は」の部分を見てみましょう。
「がっちゃん」「ユノ」「猫」「くりぃむしちゅー」「上田」のような、人やモノの

名前が置かれる箇所ですね。まずはこの位置について解説してみたいと思います。

　ちなみに「〜は」の部分さえわかってしまえば、**もう一方の名詞の位置である「〜を」の部分だって、まったく同じ考え方が当てはまる**ので、そちらもいっぺんに楽勝でクリアできるという一石二鳥ものなのです。

　この「〜は」の部分に入る単語は、ザッとこの3パターンだと思ってくだされば良し。

①モノや人などの名詞
②動詞に「〜のは」「〜のが」を付け加えて**名詞にしたもの**（to不定詞など）
③そしてもう1つが、今回の主題に大きく関わってくる「**名詞が長くなったもの**」

　これだけです。
　じゃあ、③の「**名詞が長くなったもの**」って一体どういうことでしょうか。単純に「名詞を**長い言葉で説明した形**」と考えればよろしいです。それをさらに文法用語っぽく言い換えると「**名詞を修飾した形**」ということ。

## ≫ 関係代名詞は「言葉の足し算」と思えば良し

　それでは、③に当てはまる例を、まずは日本語で考えてみましょうか。
「本」という名詞を修飾します。
　かわいい本、便利な本、大きな本……。ザッとこんな感じですかね。いくらでも修飾できるでしょう。
　しかし、これだけじゃさすがに単純すぎる？
　わかりました。長くしたいだけ、長くしてみますかね。
「その女性が日本語を習う本」
　はい、長くなりました。

　この「その女性が日本語を習う」……って、

**元々は文章ですよね？** 「その女性が日本語を習います。」というのが、元々の文章じゃないですか。それを「本」という名詞に合体させてでき上がったものでしょう。

　ただし、「**その女性が日本語を習います本**」のように、**そのままくっ付けるとおかしい**。だから文章のシッポを「その女性が日本語を**習う**」に変化させて、「本」とくっ付けたワケでしょう。

　言い換えると、「**文章を使って修飾した**名詞」ということなんですよ。

　といったあんばいで、「本」という名詞を色んな方法を使って**修飾することによって、どんどん長くなっていく**のです。

「その女性が日本語を習う＋本」

　なるほど！　修飾って、名詞に言葉をくっ付ける行為なのか！　つまり「**言葉の足し算**」なのか！

　そう。それを**英語でも同じく施してあげれば良い**のです。要は、名詞に足し算をすればいい。

　ただ、英語と日本語とでは「ある1点」の違いだけ気を付けてあげるべし。

　それはズバリ、名詞を文章で修飾する際に、英語の場合は「名詞の後ろからくっ付けるべし」という点。

　つまり英語だと、「本＋その女性が日本語を習う」という形になるってこと。これは大きな違いですよね！


　じゃあ、ここからちょいとだけ集中。

　先ほどのイラストで3等分したうちの「〜は」の部分が、今度は「本」ではなく、「その女性」だとしたら？

　さっそく先ほどのように文章を変化させて、足し算をしてみましょう。

「その女性」という名詞を文章で修飾してみたいと思います。

「**その女性は日本語を習っています**」という文章をそのまま足してみるとしましょう。

　名詞と繋げるためにも、文末をちょっと滑らかな形にして、名詞をくっ付けてみます。


「その女性は日本語を習っています＋その女性」

→「その女性は日本語を習っているその女性」

ん？……**なんか気持ち悪くないですか？**

ならば、「は」を「が」に変えてみるとどうでしょう。

「その女性が日本語を習っているその女性」

**相変わらず、非常に気持ちの悪い表現です。**

その理由はモチロン「その女性」という言葉が2つ入っているからに違いないですね。

この状態を避けるには、足し算する際に「ダブる言葉を1つ省いてしまえばいい」でしょう。

「~~その女性が~~日本語を習っているその女性」

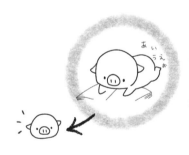

はい、自然。

要するに修飾というのは、いわば足し算。そう、**情報の足し算**なのです。

そして、この足し算をするときに**同じ言葉がダブって不自然になる場合**、「ダブる一方を省いてしまう」。

これこそが、そう、関係代名詞へと繋がる原理なのです。

## ≫ 関係代名詞とは、「ダブったら省略する」行為そのものである

仕組みがわかってきたところで、今度は英語に置き換えて、より明確にしてみましょう。

英語における方法は、とても簡単です。

足し算（＋）の役割を果たす「that」を付けるだけなのです。

人ならwho、モノならwhichを用いるという使い分けも可能です。ただ、thatだとどちらにも使えるので、今はthatで済ませましょう。

たとえば「**私が（は）、その女性を愛しています**」という文言で、「その女性」を修飾するとしましょう。

　文末をいくら整えたところで、

「**私がその女性を愛している**その女性」となります。

　どう見てもおかしいですよね。このままだと単語がダブってしまい、気持ちの悪い表現になる……。

　しかし我々は、その解決方法を知っていますね。そう。ダブっている言葉を省けば良いだけのこと。

「私が~~その女性を~~愛しているその女性」

　ほら、これでスッキリするでしょう。

　英語だって同じです。

　順番に試していきましょうか。

　まずは「the woman」にthatという接着剤を用いて「I love the woman（私はその女性を愛している）」という文章を足してみます。

　英語の場合、文章で名詞を修飾したいときには「後ろからくっ付ける」という約束でしたので、接着剤の「that」を使ってくっ付けると、

the woman that I love the woman（私がその女性を愛しているその女性）

となりますね？

　しかし、ダブっている言葉のせいで、英語でも十分おかしな表現なのです。

　では、ダブっている言葉を省いてみましょう。

the woman that I love ~~the woman~~（私が~~その女性を~~愛しているその女性）

と、いとも自然な名詞へと落ち着きました。

　こうして主語を作ったあとに、「is Korean」などの結論を付け加えれば、文章が完成するというワケです。

The woman that I love is Korean.（私が愛しているその女性は韓国人です。）

## » 実はあっけないほど簡単な関係代名詞の原理

　今皆さんにお見せしたのは、結局のところほかでもない、文章で名詞を修飾する方法でした。

　英語の場所的には、ココで起こる出来事。

　主語の場所と述語の場所の隙間などに「文章」が横入りして名詞と合体し、主語の仲間入りをしちゃったものだと考えれば良いのです。

　そして文章が横入りする際に、2つのケースへと分かれます。

　**ズバリ、①単語がダブって不自然な文章になってしまうケース**と、**②単語がダブらなくて自然な文章となるケース。**

　そして①を解決した方法は何でしたか？　そう、ダブった単語を省略して解決したじゃないですか。

　そうです。したがって上の2つのケースを言い換えると、**①ダブるから省略するケース**と、**②ダブらず省略しないケース**、に分かれたワケですね。

　ハイ皆さん、お疲れ様でした。原理はこれでおしまいです。

　① が関係代名詞！　②が接続詞。（厳密には接続詞以外も含みます）

　そういうこと。たったのこれごときが、**関係代名詞の原理**のすべてだったのでございます。

　既存の難解な説明に頭を悩ませていた人は、あまりのあっけなさに肩透かしを食らったでしょう。実は「常識」の範囲で納得できることだったんですから。「ダブると気持ちが悪いから、省略する」。それだけのこと。

　母語の日本語だと、当たり前のようにこなしていること。

## » 省略が日常茶飯事な「日本語」と、省略すると崩壊してしまう「英語」

さてここで、いきなりですが日本語のすごいところを改めて褒め称えようと思います。

「私はユノを愛しています。」

日本語のすごいところは、**文章のどこを省略しても文章が崩壊しない**という特徴にあります。

おそらく、これが実はすごい特徴だと自覚をしている方はあまりいないでしょう。それどころか、**普段あまりにも当然のごとく省略をしまくっているので有難みがない**のでしょうが、実は「英語ではまったくもってあり得ない日本語の利点」なのです。

私はユノを……愛しています。
~~私は~~ユノを愛しています。
私は~~ユノを~~愛しています。

ご覧ください。どれを省略しても、意味が完全には伝わらないだけで**崩壊はしない**でしょう。ところがこれが**英語なら、一気に崩壊する**のです。

なぜなら、英語は場所が命だから。

I love Yunho.

仮に、この英文からloveを省いてしまうとどうなるでしょうか。

I Yunho……（私はユノする……）

この文、**まさしく崩壊**してますよね。

じゃあ、この英文からIを取ってLove Yunho（ユノを愛せ）にすると？

これまた全然違う意味の言葉になってしまいます。元の文章は崩壊したと見

なして良い。

　**英語は、日本語のように自由自在に省略できない**ということです。

　それなのに我々は、普段の会話の中であまりにも当然のごとく主語を省略しがちなので、いちいち主語を入れないといけない英語をむしろ不自然に感じる始末。

　しかし、だからといって**英語に「省略」の概念がないワケではない**。言語というものは実用的であるべきなのですから。「必要のない情報」くらいは省きたいに決まってる。

　ここで再び、先ほどの英文を振り返ってみましょう。

## ≫ 関係代名詞の「省略」については常識の範囲で考えれば良し

　皆さんは今までの授業において、関係代名詞についてこのようなコトを習った覚えがあるはずです。

「目的格の関係代名詞は省略できて、主格の関係代名詞は省略できません」

〝**単純な事象をいかに難しい言葉で説明できるか選手権**〟に出てきたら、優勝間違いなさそうなこの言葉。実は原理そのものは、しごく単純な事象なのですよ。

　①The woman that I love is Korean.
　②The woman that learns Japanese is Korean.

　これらの文章。thatという接着剤を使って、名詞を長〜くしたのがわかりますよね。同時に、ダブった「the woman」という単語を省略したのもわかるハズ。

　英語だけじゃなく言語というものは、省ける言葉ならばいくらでも省こうとする性質を持っているのです。

　じゃあこの際、「thatも…？」と考えられるでしょう。

「that」なんて、しょせんは単なる足し算記号みたいなものだから、この足し算記号のthatもできれば省略してしまいたい……。

　はい、できるならばそうしてしまいましょう。では①から。

The woman that I love is Korean.　→ The woman **that(省略)** I love is Korean.

　この英文を見ると英語圏の人は、「その女性は、私は、」と**主語が2回続くのはオカシイ**と瞬間的にキャッチできるワケですよ。

　「主語の後ろに来るべきなのは結論なのに、また主語が来ているぞ？　**はは〜ん！　thatが省略されてるのか！**」と勝手に思ってくれるんです。だからこのthatは、省略できる。

　文法の本に難しそうに書いてある「目的格の場合の関係代名詞は省略できる」というのは、単にこのことなのです。

　では続けて、②の文章も省略してみましょう。

The woman **that(省略)** learns Japanese is Korean.
（その女性は習います　日本語を　韓国人です。）

　ん？？？　まったく意味のわからない、気持ち悪い文章になりました。

　そうなる理由は、thatを省いてしまったことにより、修飾のために横入りしていた文章がまるで結論（動詞）のように見えてしまうから。

　thatがあるからこそ、修飾用の文章がひと塊の名詞（日本語を習うその女性は）の一部と見えていたのに、それがなくなると、learnsが結論の場所に置かれているせいで、読む人はこれを結論と見なすわけです。すると最後のほうで、また結論（動詞is）が現れるから、もはやわけがわからなくなる。

　ならばこの場合のthatは、省略する意味がないじゃないですか。ね？　「主格の関係代名詞は……」と言うより「**文章崩壊を起こしてしまうから**」、こういう場合のthatは省略しないのです。

　このように原理さえ把握すれば、説明のややこしさに惑わされたり、「関係代名詞」という用語を恐れたりすることもないでしょう。

　関係代名詞を使うというのは、要は「**文章を横入りさせて名詞を修飾する行為**」であって、その方法は「**thatという接着剤で名詞の後ろにくっ付ける**」のであって、「**名詞が無駄にダブっていたら**省略」すれば良い。

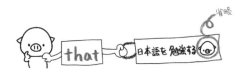

こう考えればOKってこと。

用語が難しいだけであって、実は単なる自然な行為ってこと。

この節の目的は、「関係代名詞」という用語への拒否感を取り払って、とっつきやすくすることにあるのです。

**皆さんの思っているほど難しいものじゃないのだと**。英語なんて、実はとっつきやすいものなんだと。

英語を使えることが、一部の人たちだけの特権なんかにならないように。少しでも流れを変えることができれば何よりではありませんか。

皆さん、英語ができるからって、別にカッコいいわけじゃありませんよ？

英語ができると、「便利」なだけです。

英語が「カッコいい」みたいになってるけど、カッコいいのは「英語」じゃない。

カッコいいのは、汗水流して、「頑張って努力して壁を越えたあなた」です。

近い将来、見せつけてください。「カッコいいあなた」を、世界中に。

# 日本語と同じようで実は全然違う、英語の「名詞」

## » 大抵の人が知ったつもりでいる「名詞」

テトリスとかジェンガとか、お馴染みのゲームを始めるとき、説明書って普通読みませんよね……？　だって、どうせ知っているから。

スマホとかを買い換えたときも、説明書なんてほとんど見ずに捨てますよね……？　大体知っているから。

その感覚で、「名詞？　人とかモノの名前だろ？」なんて言って、ほとんどの人が何の気なしにポイ捨てしている「名詞の概念」……。

お待ちください。意外と見落としている大事な何かが隠れているかもしれませんよ！！

前節では、関係代名詞について取り上げました。(お読みになって「関係代名詞」という難しい用語への苦手意識を克服していただけたのなら、何よりです) ですが、「**そもそも名詞って何だっけ？**」という段階の人だって、いるのではないでしょうか。

そうかぁ……。そもそも名詞が何だかわからなければ、「関係代名詞」なんて言われても理解するのは難しいかもなぁ。

代表的な「難しく説明されがちな用語」の1つとして、関係代名詞を先に語ってしまいましたけど、本来ならば名詞という基礎的な概念を、何より先に攻略しておくべきだったのかもしれません。そこで今回は「名詞」という概念をしっかりと学んでいきましょう！

## » 「しりとり」で出てくるものは全部「名詞」

そもそも名詞とは何か——。人やモノの名前！

そう言われても、正直ピンとこない方もいるでしょう。

では、もっと単純明快に言いましょう。「しりとり」ってあるでしょ。しりとりで出てくるもの、**あれ全部名詞**だと思えばいいんです。

思い出してください。しりとりで「走る」とか「歌う」とか言わないでしょ。それ使ったら普通は反則ですよね。あえて言えば、しりとりとの違いは、「**ん**」**で終わってもいい**ってことですかね。

しかし学校で名詞を習うときには、伝家の宝刀 "**なるべくわかりづらく教えるための術**" でも発動させたかのように「名詞には『固有名詞』『普通名詞』『集合名詞』『物質名詞』『抽象名詞』の5つの種類がある！」とかわけのわからない説明がされますが、そんなことはモチロンどうでもいいのです！

そんな説明を100個並べられるよりも、**名詞はとにかくこの一言に尽きる。**

「数えられる名詞（可算名詞）」か「数えられない名詞（不可算名詞）」か。

これだけ考えればいいのです！

だってそうでしょ。突き詰めていけば、そうじゃないですか。

でもまあ、すぐにピン！と来るハズもないですよ。**なぜならば日本語にはない概念**だから。

皆さん普段、「トマトたちを3つ (three tomatoes) ください。」なんて言いませんよね。「本たちを2冊 (two books) 読みました。」とか、いちいち入れて言っている人がいたら……ちょっと友だちになりたくないでしょ。

でも、英語だと真逆の感覚なんですよ。

仮に日本語感覚で、「three tomato（トマトを3つ）ください」って言ったら、どうなると思いますか？

「えーと……？　『トマト (tomato)』と『みっつ (three)』っていう商品が欲しいのかな？」

などと思われてしまうわけです。

極端に言えば、「orange」とだけ書い

てあったりすると、何のことだかがちゃんと伝わらないんですよ。

　これに「**an**」を付けて、**ようやく**、あの美味しくて丸い形をした「1つのオレンジ」がイメージとして思い浮かんでくるわけです。

　「apple」だって、そう。「an」が付いていない時点では、おそらく現代人ならば「**えーと……あのスマホを作ってる企業の話かな？**」と思われる可能性が高いでしょう。

　これこそが、日本語と英語との大きな違い。an orangeのように数えられる名詞（可算名詞）と、waterのように指では数えられない名詞（不可算名詞）とがある。

　数えられる場合には、必ず頭にa/an/theを付けたり、シッポにs/esを付けたりして単数か複数かを表記する。どれもこれも、日本語だと見慣れない現象ですよね。

　それにしても、可算名詞と不可算名詞か……。またまた少々ややこしい用語が出てきました。

　学校では、これらを単語ごとにいちいち分けて暗記するように言われるのですが、ほとんどの人が「可算か不可算かを全部覚えるのなんて無理」って思いますよね。そりゃそうです。私もそう感じた1人でした。

　いちいち覚えるのが無理ということは、簡単に覚える方法が必ずどこかにあるはず。

　まぁ正直、かなり回り道でも良いならば、一番正確でわかりやすいのは、普段から英語の文章に注意を払い、「a (an)」とか、複数形の「s」とかが付いていない名詞は「不可算名詞」、付いているのは「可算名詞」という判断を繰り返しながら習得する方法です。

　「すべて正解は、実践の中にあり」……当たり前の話ですよねぇ。

## » イラスト化できないのが「不可算名詞」、できれば「可算名詞」

　「こっちは文章なんて読みながら習得してる余裕はねえんだよ！」
　「手っ取り早く知りてーんだよ！」

はいはい。**近道をしたいならば仕方ない**。わかりました。そういう人たちに向けて私が考えた括り方を紹介しましょう。

方法はカンタンです。

「**その名詞をイラストで描け**」と言われたときに、パッとシルエットが浮かんでこないものが「不可算名詞」。たとえば、water（水）、air（空気）、life（人生）、future（未来）……。

どうですか。イラストで描けますか？描くのは難しいですよね。だから、これらは数えることのできない代表的な不可算名詞と呼べるのです。

そしてもう1つ、「**商人**」**になって見分ける方法**があります。名詞を見つけたら、それが「**売れるか**」「**売れないか**」で可算名詞か不可算名詞かを判断してみるのです。

たとえば、「家具（furniture）」。

「家具を1つ売ってください」と言われたとしましょう。具体的にどんな家具なのか判断できないから値段もつけられないし、売ることもできませんよね。したがって、furnitureは不可算名詞なのです。

一方、「椅子（chair）」はどうでしょうか？

「椅子を1つ（a chair）売ってください」

こう言われたら、即座にパッと値段を計算して売れますよね。つまり椅子は可算名詞になります。

こういう〝資本主義的〟な方法も良いですし、次のようなもっと直感的な考え方もできるでしょう。

「目に見えるもの」＝可算名詞

「見えないもの」＝不可算名詞

たとえば、peace（平和）。

これらは見えるものではありません。売り買いもできません。イラストで描くのも困難

です。文句なしに、不可算名詞ですね。

　しかし例外として、人の名前や地域・国の名前などのいわゆる「固有名詞」の類も不可算名詞となります。たとえば、Gatchan（がっちゃん）とかSeoul（ソウル）とか。

　**要は、頭文字を大文字にするような特定の名詞は、「数えられません」ってこと。** 見えるし、描けるし、売れる（！？）じゃん！とツッコミたい気持ちもわかりますが、ある特定の固有名詞は「複数」の概念では考えないのが当然じゃないですか。だから数えるのは意味がないのだろうと考えるのがラクってこと。

　とまぁ、ざっとコレが名詞における「公式的な」概念でした。こちらが原則となりますが、別にそこまで難しい概念ではなかったでしょう？　これならば、しっかりと覚えておくことが可能ですよね！

## » two cups of coffee、それとも two coffees？

　ところで、たった今「公式的な」概念と強調したのはですね、実は、**時と場合によってこの概念が変化したりする**からなんですよ。

　ちょっと極端に言ってしまうと、使う場面によっては、なんとぜ———んぶ例外になり得るのです。

　たとえば、日常生活の中で代表的な例外が、このケース。

コーヒー2つくださいな！

　あれ？　コーヒーって、**数えられない名詞**だったじゃん！？

　液体で数えられないから、「a cup of coffeeと言いなさい。」って、どこの学校でも教えてるよ？？……確かにそうですね。

　しかし、英語圏の人たちは、毎日ちょー普通に「Two coffees, please.」とか言ってるんですよ。思いっきり数えちゃってるワケです。

　厳密には不可算名詞なので、a cup of coffeeとかtwo cups of coffeeという言い方が文法的には正解なのですが、カフェへ行くと英語圏の人たちは悪気もなくすました顔でtwo coffeesと注文しているのです。

確かに、いくら液体とは言っても「カップに注がれた1杯」という単位で売られているため、数えても良い例外と見なせるのでしょう。すぐにシルエットが浮かんできますしね。

このくらい寛大な視線で柔軟な考え方をしていけば、コーヒーだけではなく、おそらくどの名詞においても例外のケースは見つけ出すことが可能だと思いませんか。

文法的な正解を知っておくのも大事ですが、日常の中でどれほど例外が存在するかを柔軟に見つけ出すのも大事って話。

まったく言語というものは侮れませんね！　だからこそ外国語を「マスターしたぜ！」なんて、簡単には言えないのです。

むしろ我々は「マスターしなくても良い」という気楽な姿勢で、自信を持って挑んでいきましょう！

誰もが一つは持っている名詞がある。そう。自分の名前。

同じ名前の人がいたとしても、だからと言って同じ人とは見なせない。

一見どこにでもある一つの名前でも、

アナタという存在に定着したことで、

この世で一つの「数えられない」固有名詞となる。

同じ単語でも、場所によって訳し方が変わるかのように。

名詞に価値を与えるのは、アナタ自身。

磨いていきましょうよ。誰よりも。

「アナタ」という固有名詞を。

# 05

## 「名詞の原形」という、今までにない捉え方

### ≫ 哲学の「イデア」からの、名詞の「イデア」

実は「名詞」については、もう1つだけお話ししておきたいコトがあります。

日本語という言語は、外国人に「ムズカシイ！」と言わしめる反面、実はとってもシンプルな一面もございまして……。

たとえば、前節でもお話ししました「apple」。

日本人の場合、英語で「apple」とさえ書いてあれば、自然と「丸くて赤い個体で美味しい果物」という図を浮かべるじゃないですか。

ところがですよ、英語圏の人たちが日本人と同じ「apple」という果物のイメージを思い浮かべるには、an apple、two apples、three apples のように、「**a（an）**」などの「冠詞」を含む「限定詞」や「**s**」をくっ付ける必要があるのです。**それがないと、「個体としてのリンゴ」を明確にイメージできない**という不思議。

「へぇー……。じゃあ、『apple』は彼らにとってどんなイメージなのさ？」

謎ですよね。appleだけでは、私たちが頭に浮かべる「個体のリンゴ」には結びつかないとなると……一体何なのさ？

そうですねぇ。言うならば、「apple」という概念を、**抽象的**というか、物質的というか、**もっともっと原材料的なイメージとして受け止めてしまう**のですよ。

もっと言えば、冠詞のない「**apple**」の時点では、「**抽象的な領域**」であると

いうワケ。

　これをズバリ、哲学の言葉を用いて言えば「イデア（idea）」の状態であると学術的には説明されているわけです。

## 》 動詞に原形があるように、名詞にも原形がある

　イデア……？　哲学の本で目にするような、難しい用語ですよね。これから語られる内容を読むことで、皆さんはなんと、哲学の用語まで1つ習得できるという一石二鳥！

　この「イデア論」という用語を唱えた張本人は、あの有名な古代ギリシアの哲学者プラトンです。

　プラトンは「現象界に存在する物の原型がイデア」だと説いているのですが、これが難しい方は、この文章の、この部分にのみ注目してみてください。

「原型がイデア」

　そうです。**イデアというのは、「原型」だと考えればいい**のです。

　皆さん、「動詞の原形」という用語はご存知ですよね。過去形だとか何人称だとかにとらわれない、元々の動詞の基本形のことじゃないですか。

　これの、「名詞バージョン」だと考えれば良いのですよ！　そう言われれば腑に落ちるのではないでしょうか。

　つまり「apple」だけの時点では「イデア」であるという考え方。要するに「apple」だけだと、原材料的な「原形」でしかないということ。

　この原形に「a」とか「the」「s」などの「ワンクッション」が付くことで、ようやく「モノ」としての輪郭がハッキリしてくるのです。

　「ほえ～！！」と思いませんか？　なんと、**動詞に原形があるように、名詞にも原形（イデア）があったのか！**と。

　これまで「名詞」という品詞について習っても、こんな話はおそらく聞いたこともなかったでしょう。

　**おめでとうございます。**これがわかった時点で、ようやく飛躍的なレベルア

ップへのスタートラインに立てたのですからね。

　おそろしいことに、前節で触れた「an orange」「three tomatoes」という数え方の知識を得ただけでは、実はスタート地点にも到達していなかったというわけですよ！

さすがのニュートンもびっくり!!

　こうして、哲学的な領域まで理解し始めてようやく「**名詞にはワンクッションが必要なのか！**」「**名詞には原形があるのか！**」と、大きく一歩を踏み出すコトができ、自然と「**絶対に冠詞やsなどを付けなくちゃならない**」ことに心から納得できるのです。苦労して無理やり暗記するのとは、大違いの思考回路です。

　というワケで、せっかくスタートラインにたどり着けたことですし、ここから先は理解を深めたい皆さんへ、お祝いの意味も込めて、名詞の世界へより一層深入りできる内容を伝授いたしましょう！

## » 名詞の細かい分類を覚える必要はない

　前節では名詞における「固有名詞」「普通名詞」「集合名詞」「物質名詞」「抽象名詞」といった5つの分類を記憶する必要はないとお話ししました。

　なぜならこれらは、「数えられる名詞（可算名詞）」か「数えられない名詞（不可算名詞）」かさえ判別できれば細分化しなくても問題ないからです。

```
Count
数える事が        普通名詞
able            集合名詞
出来る
━━━━━━━━━━━━━━━━━━━━━━
               固有名詞
               物質名詞    Un
                          Countable
               抽象名詞    数えられない
```

　加えて、もう1つの理由があります。「これら5つの分類が、場合によって曖昧になるから」なのです。

　これらの名詞が分類の垣根を越える際に身に着ける〝よそ行きの服〟ともいえるのが、「冠詞」や「限定詞」と呼ばれるものでございます。どんな名詞でも「冠詞」などの「限定詞」という〝衣服〟さえ装着すれば、ほかの分類の名詞に

もなり得るというコトです。

　ただし、それをいちいち丸暗記方式で進めていったら、めちゃくちゃ大変でしょうね。

　**単数・複数で数えるもの／数えないもの／複数のみで存在するもの／複数だけど単数扱いにするもの／どちらでも使えるもの／単数・複数を行ったり来たりするもの……。**

　とにかくまぁ種類が多い。これを単語ごとに当てはめて暗記しようとしたら、「脳がつる！」「脳が痛い！」と一気に思考が停止してしまうでしょう。

　しかも「名詞の可算・不可算」の法則というのは、冠詞などの限定詞の付き方によって名詞の分類が変化するのですから。これだけ流動性の高いものをすべて暗記で覚えようとしたら、とことん複雑になってくるはずです。ここだけの話ですが、なにしろアメリカの大統領でさえもスピーチの中で、複数扱いすべき名詞のあとに「are」を続けるところを間違えて「is」を使ってしまったりするほど、ややこしい概念なのですから。

　したがって、我々のような一般人だって無理をしていっぺんに暗記するのではなく、スタート地点から**「概念で理解しながらアプローチ」**するのがベストでしょう。

　その上で何よりも大切なのは、先にお伝えしましたとおり「数えられる名詞」なのか、「数えられない名詞」なのか、もしくは「イデア（原型）」なのかを把握しておくことと言えるでしょうね。

　ではまず、原形のままだった名詞に衣服を着させてあげると、何が起きるのでしょうか。わかりやすく説明すると、**「抽象的な原材料」**だったものが「物体」のように扱えるようになります。

　一方、名詞を原形のままで扱えば、「抽象的」「物質的」「質感的」「原材料的」なままで、形がない状態にとどまるワケです。

　なので、「I love cat!」って言っちゃうと、catという名詞は日本語で考える「ネコちゃん」というよりは、より一層生々しい、イデア的な**「物質的」「原材料的」**なイメージを帯びるため、捉え方によっては「私は〝猫のお肉〟が大好き！」のようなとんでもないニュアンスを醸し出してしまう恐れがあるのです。

こんなホラーな状況を避けるには、I love cats! としてあげること。日本語だとあえて「猫たち」という呼び方はしませんが、英語の場合はこうして「**s**」**という衣服を着せることでようやく、catという原形を「猫」という個体**に変えられるというわけです。

覚えておいてくださいね。**原形のcatに「s」というワンクッションを付ける意識**。これが大事なのです。

## » いくら足しても個数が増えない名詞は「不可算名詞」

ところで前節では、「可算名詞」か「不可算名詞」かを区別する方法として、「**イラスト化できるもの**」か「**モノとして売れるもの**」かで判断するやり方を提示しましたよね。

ただし、coffeeだって、不可算名詞のwaterやairだって、形象化しようと思えばできるし、売ろうと思えば売れてしまう……。

というわけで、今回は「イラスト化」や「売れるか否か」という判別方法から一段とグレードアップさせて、より一層シンプルな区別の方法を編み出して参りました。

そのグレードアップした方法というのが……、なんと「数学」を利用した方法なのでございます。

……苦手科目の英語に困ってこの本を読んでるというのに、それと苦手科目1位の座を競う「数学」が登場するとは言語道断！ いいえ、ご安心ください。数さえ数えることができれば良い算数のレベルなので、まったく怯むことはございません。

それは私がまだ幼いころ、非常にインパクトを受けた、とある有名な科学者の言葉からヒントを得ています。

ズバリ、「**1 + 1 = 1**」**でもある**っていう理論。

いくら1 + 1でも、それがもしも液状ならば結果は同じく1だろうという論理です。……確かにそうですよね。

1＋1が、必ずしも2になるばかりではないという考え方を、幼い私は**「水の足し算」**によって知ったのですが、この考え方を名詞の区別にも流用できるのではないでしょうか。

　皆さんも一度、「物質名詞」だの「集合名詞」だのといった細かい用語はちょっとおいといて、こう考えちゃってみませんか。

　ある1つの名詞に、もう1つ同じ名詞を足したときに……、

　**純粋に数が2つになるもの**が「可算名詞」

　**足しても数が変わらないもの**が「不可算名詞」

　これだと、リンゴ（apple）も、猫（cat）も、椅子（chair）も、曲（song）も、**もう1つ同じものを足したら純粋に数は2**になりますよね。だから、これらは可算名詞。

　一方、1つ足したときに、パッと見て2つになるというよりは、「形状が変わったり量が膨張したりしていくだけ」のようなもの、「1＋1＝1」みたいになっていくようなものは、数えられない名詞だから不可算名詞。

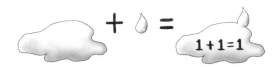

1 + 1 = 1

　代表的なのが、空気（air）や水（water）、砂糖（sugar）のようなもので、「原形」すなわち「原材料的」「物質的」な扱いが可能という共通した概念があるのです。

　音楽（music）や愛（love）、幸せ（happiness）も、いくら足してみても2つにはならない。つまり「イデア（原型）」そのもの。したがって、不可算名詞となります！

　ただし！　「原形」扱いではなく、1つひとつを「オブジェ」のように扱うの

であれば、five loves（5つの愛）やone happiness（1つの幸せ）のように**数えることも可能**ですよね。

さらには、会社名（固有名詞）であるSAMSUNGだって、個体性を帯びさせれば、「I bought a Samsung 〜！（サムスン〈のスマホを1つ〉買ったよ〜！）」と、**数えることもできてしまう。**

さらには、thisとかtheseなどの「限定詞」を付けて数えられる個体にする方法によっても、**不可算名詞を可算名詞に変えられます**ね。

## » 数が 100 増えても違和感がない名詞は複数扱いする名詞

とまあ、そんな柔軟な方法をお見せした直後なのですが、名詞には少し厄介な側面がありまして……。やつらの中には「集合名詞」とかいうハードルの高い存在が待ち構えているんですよ。

たとえば、peopleのように**「名詞そのもの」**が**「集合してある要素」**の場合は、「People is 〜」ではなく、「People are 〜」と複数扱いしなくてはならないという面倒くさいケースがあるのです。

しかも、同じ「集合名詞」でも、たとえばfamilyの場合は、通常「1つの塊」と考えてMy family is 〜と単数扱いするのですが、考え方によっちゃ1人以上だと見なしてMy family are 〜 と複数扱いもできちゃうという複雑さ。

これもやはり「単語によって違うから暗記せよ」と済ましてしまえばそれまででしょうが、そんなのは私の方針ではありませんものね。

では、複数扱いの名詞なのか、それとも単数扱いの名詞なのか、どうやって判別すればいいのか。これについても、細かいことをごちゃごちゃ考えるのは止めて、数学で決着をつけることにしました！

先ほど、可算名詞と不可算名詞を区別するために、「1」を足してみたじゃないですか。では、同じく足してください。**今度は、「100」を。**

そのときに「100」を足すことができれば、「通常は複数扱いする単語」なのだと判断すれば良いのです。

たとえば、複数扱いする代表的な単語であるpeople（人々）。**足して100人以上まで増えても単語的に違和感はありませんよね**。だからpeopleは通常、複数扱いするのだ、という具合です。

さらに、the rich（お金持ち）、police（警官）なども、どうですか？　100を足しても、単語的にムリがありませんよね？　ならばこれらの単語も複数扱いとなります。

そう考えると、familyが通常は複数扱いにならないのだって理解できる。だって、いくら何でも100人家族はちょっとありえないでしょう。だから通常は「小さな1つの集合体」と見なすってこと。

しかし構成上、複数のメンバーによって成り立っているからfamilyを複数扱いするケースもあるワケですが、たとえばpeopleのように「基本的に100以上あってもおかしくないような単語」であれば、「基本的に複数扱い」しましょうって約束事です。

さて、ここからは、少し細かい話になりますが。

基本的に100以上いてもおかしくない複数形扱いのpeopleとは言いましたものの、実はpeopleも、**例外とされるパターン**があります。ある1つの民族の集合体を意味するときが、そのケースです。

peopleという単語を用いて「いくつかの民族」という文言を作る場合、本来ならばくっ付けない「複数形のs」をpeopleに付けてsome peoplesという複数形にできるという変則的なパターンもあるのです。

まあ、こういったケースはあくまでも「細かい例外」なので、最初から無理に覚える必要はなく、英語を楽しむ延長線上でおいおい学んでいけばいいでしょう。

　しかし最後に1つだけ注意点をお伝えしておきたいと思います。
　これも日本語にはない概念なのでウッカリ見逃しがちですが、名詞には、「2つで1つ」というセット概念のやつらがいる！ってことです。
　たとえば、glasses（眼鏡）とか、shoes（靴）とか、pajamas（パジャマ）とか。ウッカリ「**a**」**を付けてしまいがち**ですが、**実際には「2つセットで1つ」**なので、きちんと「複数形のs」を付けることを決してお忘れなく。

　こういう例外がちょこちょこ出てくるのも、外国語の学習における妙味なんですけどね！　しかしまぁ、こういった様々な例外をすべて本書で紹介するなどという酷なことはしませんので、そこは心配無用です。
　イデアという言葉を説明するにあたって、普段は耳にしないような多少小難しい哲学用語がチラホラと飛び出てきましたが、実際のところ「名詞のイデア（原形）」という存在を知っただけでも、英語の名詞を見る視点はガラリと変わるのではないでしょうか。こうやって「英語のハードルがぐんぐんと下がる」結果へと繋がることを、私は心から期待しておりますよ。

我々には無い「ワンクッション」が、思考回路に組まれてるって、
やっぱり面白い違いですよねぇ。だからでしょうか。西洋言語圏でこうも哲学が
発展してきたのは。
「永遠なる不変の原形」が、「確かに存在する」のだというプラトンの哲学。
根本であって、不変で、永遠で、目に見えなくて、でもきっと存在する……
…あれ？　それって神様？って言っちゃうと、考えすぎかもしれませんけどね。

人によって、思い描くイメージは様々だけど「実体が無くたって、存在する尊いも
のがある」ってことだけは、間違いなさそうですね。言ってしまえば「心」や「思
想」だって、その一つですもの。死ぬまで目に見えず、死ぬまで手で触ることすらで
きないのに皆が一生、振り回されて生きていく。
我々の無自覚の中で、確実に影響を及ぼしている。
見えないものが、見えるところへ。

appleに、冠詞を付けるからって、
スイカにはならない。
思想と心が健全ならば、見える部分だって、絶対にそうなっているのだろう。

根本から、原形から、イデアから。
見えないところから輝ける、
そんな強い人間へとなりたいものですね。
…なれるかな？
なりましょう！（笑）　一緒に！

# 06

# 日本語と比べりゃ簡単 すぎる英語の「形容詞」

## » 難しい用語説明なんかは今後一切ゴミ箱へ

そもそも形容詞って、何でしょうか。

ちなみに検索すると、こう出てきます。

「英語の形容詞には、叙述用法と限定用法があり、数量形容詞などがある……」

うーん、あのー、あれ欲しいですね、**ゴミ箱**。

英語初心者に、こうしてムダにややこしく遠回しに難しく説明して英語自体をあきらめさせるような意地悪な教え方なんか、**今後一切ゴミ箱に捨ててしまおう**って話です。

こんなワケのわからない説明は捨ててしまって構いません。英語の形容詞を理解するために、視点を変えて**まずは日本語の形容詞から**把握していくとしましょう。

日本語にも色々な形容詞がありますよね。「青い」「かわいい」「熱い」……。堅苦しく説明すると、「形容詞とは、**名詞を修飾するものである**」とでも言えるのでしょうか。

でも皆さんは、日本語の形容詞を使うとき、正直「**飾っている**」という意識ってありますか？　おそらく「名詞を修飾している」という感覚はないと思うんです。だから、「**名詞を修飾する**」といった形容詞の説明がストンと落ちてこない。

たとえばですよ。私が愛してやまないくりぃむしちゅーというお笑いコンビですが、すでに何十年以上も活動していますけども、その期間、色々な時期が

あったはずですよね？

「海砂利水魚だったころのくりぃむしちゅー」

「高校でラグビー部員だったころのくりぃむしちゅー」

「ラジオ・パーソナリティだったころのくりぃむしちゅー」

　で、もしも私が「ラジオ・パーソナリティだったころのくりぃむしちゅー」が特に好きだと言ったら、それ以外の時期の漫才やらコントやらの姿はかき消され、伝説のラジオ番組「オールナイトニッポン」で爆笑トークを武器に〝ウケをいただいてる〟陽気な有田氏と上田氏のイメージのみが浮かぶワケですよ。

　正確には「ラジオ・パーソナリティだったころの」という言葉が「くりぃむしちゅー」を飾っている文言と言えますが、これは言わば「飾る」と言うよりは「限定してる」と言ったほうがいい。

　色んな特徴やらイメージを置いておいて、**とある1つの焦点へと狭めて「特徴を限定」させる行為**。これこそが、**修飾**という概念なのです。

　もう1つ例を挙げましょう。がっちゃんという人物について話すとき、「美しい」といった様々な修飾ができるけど、それらをわざわざ脇に置き、仮に「愉快ながっちゃん」と表現した途端、「素敵な」とか「美しい」という印象は薄れて、楽しそうで面白そうなイメージに限定されてしまうじゃないですか。

　つまり**形容詞**というのは、**「飾る」というよりは「特徴を限定する」役割を果たしている**と考えればいいのです。

　このように、名詞の前に形容詞を付けて修飾する用法のことを、英語では「限定用法」と呼びます。

　おや？　冒頭の、「英語の形容詞には、叙述用法と限定用法があり、数量形容詞などがある……」という説明で出てきた用語じゃないですか！

　そう。なんのこっちゃない、このことだったのですよ。

## 》形容詞の使い方は実はこんなにも簡単

　それにしても英語と日本語とでは語順が違うのに、ことさら形容詞に関してはなぜか「形容詞＋名詞」という同じ順番になっていることにお気づきでしょうか。

例：pretty girl（かわいい女の子）

　確かに同じ順番ですよね。そしてさらに形容詞の使い方において同じなのは、それだけではないのです。

　たとえば日本語では「かわいいがっちゃん」という文言の「かわいい」に「です」という語尾を付けると「がっちゃんはかわいいです」という述語としての表現ができますよね。

日本語は便利なもので、**形容詞に「です」さえ付ければ途端に「述語」に変化させることが可能**なのですが、実はこの特徴すらも、英語でそっくりそのまま実現できちゃうのですよ！

　もちろん英語は日本語のように、形容詞に「です」を付けるような機能を備えているワケではありません。その代わりに、位置を入れ替えることで形容詞にそのような機能を発動させることができるのです。

　That cat looks happy.（あの猫は幸せそうです。）のように、動詞のあとの「補語の場所」に形容詞を置いておくことで、述語とセットとなる機能が成立します。

　すると動詞と合わせたセットとして述語の意味を補完し、「幸せそうです」という述語になるため、この形容詞の使い方を文法用語では「叙述用法」と呼んでいるようです。

　おや？　またまた冒頭の、「英語の形容詞には、叙述用法と限定用法があり、数量形容詞などがある……」で出てきた用語じゃないですか！

　これもなんのこっちゃない、このことだったのですねぇ。要するに、**形容詞を述語として使えてしまうってだけの話**。

　どうですか。こうして解き明かすことでようやく冒頭の言葉が頭に入ってきたのではないでしょうか。

## 》「many」「much」「a lot of」だって形容詞

　前節では「名詞」について学びましたが……。大事なポイントを一言でまと

めるとしたら、**名詞には「数えられる名詞（可算名詞）」と「数えられない名詞（不可算名詞）」の2種類がある**というだけのこと。

　それを踏まえて改めて形容詞について考えてみると、**形容詞だって、実はこの2種類**で分けられるのがわかるのですよ。

　つまり形容詞も「可算名詞に付くもの」と「不可算名詞に付くもの」という分類ができるのであるっていう話。

　many、a few、a lot of　→　数の多寡を表すので可算名詞に付く、代表的な形容詞。

　much、a little、a lot of　→　量の多寡を表すので不可算名詞に付く、代表的な形容詞。

　中にはa lot of（a lot of friends〈可算名詞〉、a lot of money〈不可算名詞〉）のように両方に使えるものもあるのですが、「名詞の可算・不可算」の要素が**形容詞にも影響を与えてる**という点が実に興味深いですよね。

　それもそのはず。言われてみれば形容詞というのは、名詞の特徴を限定するための言葉じゃないですか。すなわち、**名詞の特徴に合わせて使われるのが形容詞**といっても過言ではない。ならば、名詞の可算・不可算の特徴によって分類されるのだって十分納得いくってことですよ。

　ちなみにこれが文法用語だと「数量形容詞」と呼ばれるのです。

　おや？　またも冒頭の、「英語の形容詞には、叙述用法と限定用法があり、数量形容詞などがある……」で出てきた用語じゃないですか。なるほど、これはこのことだったのですね！

このように一時はゴミ箱へ投げ捨てた、ややこしい文法説明だったものの、それを捨てて1つひとつの概念をひもといてしまうことで、むしろその用語を理解できてしまうという逆説的な結果となりました。

　しかしまぁ、難しげな用語はさておき、我々は大事なポイントさえ押さえてしまえば良いってことですよ。

　要は、名詞の特徴を限定させるのが形容詞のお仕事ってコト。そりゃまぁ、モノにだって人にだって色々な姿や事情があるのに、形容詞1つでどれか1つに限定してしまうっていうのも、見方によっちゃ乱暴なのかもしれませんけどね！

　だけど。もしこの世から形容詞がなくなって名詞だけになってしまうと考えたら……？　それはそれで、めちゃくちゃ無機質でロボットみたいな世の中になりそうじゃないですか。

　形容詞は形容詞なりに、欠かせない味付けの役割をしてくれてるってわけですよ。


　時には素敵な言葉で形容されたり、
　時には嫌な言葉で形容されたり…。
　嗚呼、なんて鮮やかな人生模様。
　人間、死ぬときは儚いけれど、
　もっと儚いのは、
　意味もなく味気もなく、ただ生きていることかもしれない。

　時には滑稽でも良い。時には嫌味でも良い。
　命ある限り、色んな角度から、様々な言葉で形容されれば良い。
　そんな味のある人生を送れれば、それで良い。

# 07

# 英語のレベルが格段と
# 上がる「動詞」の解説

## ≫ どっちが自動詞でどっちが他動詞？

　1つ問題です。次の日本語の文章のうち、どちらが正しいかわかりますか？

①彼女が泣いている。

②彼女が泣いてある。

　悩むまでもなく、①ですよね。

　さすがに簡単すぎたので、質問を変えましょう。これも日本語なので、ちょろいはずです。

「発生する」

　この動詞は**自動詞**ですか？　それとも**他動詞**ですか？　**る・規則用言**ですか？　**る・不規則用言**ですか？

　ほぼ全員のネイティブ日本人は、こう答えることでしょう。

　不思議ですよね。いざ文法の用語が出てくると「は？」としか返せないのに、それでも日本語の不自然な文章だけは、ほぼ100％キャッチできてしまう……。

　これは外国人にとっても同じです。英語圏の友だちがいたら、一度聞いてみてください。

「feelとgiveって、どっちが自動詞で、どっちが他動詞？　ちなみに何文型動

詞に値するの？」って。

　すると、おそらく英語を母語とするネイティブのほとんどはこう答えてくれるはず。

　そんな彼らだって、英語の不自然な文章だけは、ほぼ間違いなく見抜いてしまえるのです。

## 》「自動詞」「他動詞」ではなく、 「状態の動詞」「動きの動詞」で区別すべし

　そもそも英語を速攻であきらめてしまっていたとなると「自動詞」「他動詞」という用語自体を初めて聞くって人もいるかもしれませんね。

　大半は、用語は知っているけれど**「何で習ったのか使い道すらわからない」**というケースでしょう。

　何でこんな分類を習わされるのか。私も謎でした。強いて言うなら、テスト問題を作るためか、もしくは5文型のうちのどれかに分類するためでしょうね。

　困るのは、真面目に動詞を「自動詞」と「他動詞」で分類しながら散々覚えたにもかかわらず、あとになってとんでもないことを言われること。

**「同じ単語でも、自動詞が他動詞になるときがあります」**

**「同じ単語でも、他動詞が自動詞にもなります」**

え——っ！

　こんなオチ、あんまりでしょう。せっかく無理して覚えたのに！

　中には無理せずカンタンに覚える「分類のコツ」と称して、「後ろに前置詞がきたら自動詞と覚えてください」

とか教える人や、「後ろに『を』を必要とするのが他動詞です」とか教えてくれる人もいるようですが、コツも良いけれど、こっちはその場しのぎのコツではなく**「なぜ、これを教わってるのか」**から、**根本的に理解したい**じゃないですか。コツ程度では満足できません。

　**一体、なぜ、**こんなヘンテコな概念を教わってるのか。

　私の場合は、大学で**日本語の授業を受けているときに、ふと思いました。**

　この「自動詞」「他動詞」という用語自体が、**日本で生まれた**のではないかと。意外にも実際のところは**「日本語を習うとき」に避けて通れない難関**がこの「自動詞」と「他動詞」なのです。

　皆さんは自然と習得するので学ぶ必要がございませんが、外国人が日本語を習う際には「自動詞」「他動詞」を分類しないと、これらの違いを理解できないのです。

　自動詞「開く、付く、育つ、冷える、生きる、始まる、消える」

　他動詞「開ける、付ける、育てる、冷やす、生かす、始める、消す」

　これを外国人の立場では、**述語が「す」で終われば他動詞……だけど2グループ動詞だと「る」で終わっても他動詞……その場合にはア段を工段に変えて**……といったふうに、頭のこんがらがる規則をいちいち覚えなくてはならず、日本語の難易度の極悪さが最も際立つ部分でもあります。しかし天才的なことに、皆さんはこの規則を何の苦労もなく100％正しく使い分けておられるのですよ。

　もちろん皆さんは「自動詞・他動詞」という用語までは習わなかったものの、それぞれの分類ごとに共通点があることは直感的にわかりますね。

　それぞれパッとわかるのは、自動詞は**独り立ちしていて、「○○を」がいらないもの。**一方の他動詞は、**何かの介入が必要な動詞で、「○○を」が必要なもの。**

　さらにそうした共通点をひっくるめて、より大きな特徴に括れるのがわかりませんか。

　ズバリ「自動詞＝自分だけで成立する」「他動詞＝何らかが関与する」ってこ

と。

こういう分け方ができるのです。

そして実は、英語にもこの考え方が当てはまります。

しかしどの動詞も、特殊なケースにおいては「もう一方に分類することも可能だ」って、受け取れることがあります。

面白いことに、それが「自動詞だけど他動詞にもなる動詞」「他動詞だけど自動詞にもなる動詞」という概念に当てはまるのです。

問題は、そんな場合にはどうすれば良いのか？　私は「そんなときにこそ和訳してみれば良い」と思うのです。

動詞が「動き」を表しているならば、素直に訳せば良いですよね。一方、動詞が「状態」を表している場合の和訳は？

ズバリ、「○○な状態」と置き換えれば意味が通るのです。

## » 宇宙語を理解できなくても、和訳するだけで簡単

「○○な状態」ってなんのこっちゃ？

と思われたことでしょう。例文にて具体的に解説してみたいと思います。

I love you.（私は、愛してる状態なんです。アナタを。）

ではこれは？

I feel happy.（私は、感じている状態なんです。）

自然と浮かぶ疑問は？　「どんな状態を？」ですよね。

ここではhappyなので、「幸せな状態」を。

ちなみに、この「どんな状態を？」という訳し方の部分を、最大限にムズカシイ表現で表すと「**補語**」と呼ぶのです。

とにかく、状態に近い動詞の場合は、「動詞な状態である」もしくは「（○○な状態を）動詞な状態である」と訳せば良いということ。

あくまでも、キーワードは「○○な状態」ということだけ覚えておけばヨシ。

この考え方に慣れておくと、問題を解くときにも実は役に立つのです。

たとえば、こんな問題があったとします。
次の2つの選択肢から正しいほうを選びなさい。

I feel [①happy / ②happily].

これを解く際、まず「私は感じる」と直訳をしていく人が多いと思います。

問題はその次。形容詞happyは「幸福な」という意味です。一方、副詞happilyは「幸福に」ですよね。

日本語で素直に訳してみた場合、自然な日本語はどちらですか？ 「私は〈①幸せな〉感じる」もしくは「私は〈②幸せに〉感じる」。

**当然、②を選びたくなってしまいます。**だって言葉が①よりも自然なんですもの。ところが、それでは**不正解**。

「オッカシイな？？ 幸せ『に』感じる、が正しいんじゃないの？？ 何で幸せ『な』感じる、が正解なの？」と大混乱ですよね。

それについての解説がまたひどいのなんのって。
「この文は第2文型なので、動詞の後ろには補語として形容詞を置くのが正しい。よって副詞happilyではなく、形容詞happyが正解になるのである」

……学校の先生って、こんな宇宙人みたいなこと言いますよね？

でもこれに先ほどの考え方でアプローチすると、どうでしょうか。

まずは動詞を「状態」なのか「動作」なのかで考えてみましょう。この場合、feel（感じる）という動詞が「状態」なのか「動作」なのかを判断すると、感情なので「状態」に近いことがわかります。

そしてその場合には、どう和訳しようと言いましたっけ？

すなわち、feelなので「○○な状態を、感じている状態である」と訳せば良いワケですよ。

I feel、私は感じている状態である。「どんな状態を？」。happy（幸せな状態）

を。

　だから、happy（幸せな）が正解なのです。happily（幸せに）ですと、「幸せに状態を」って、**日本語で考えても不自然**でしょう？

　「私は幸せ『な』状態を感じてる状態」なのですから、「happily〈幸せに状態〉を感じる」の②ではなく、「happy〈幸せな状態〉を感じる」の①が正解となるのです。

　このように、「和訳をするだけで」問題が解けてしまうのですよ。

　理解を深めるためにも、もう1問解いてみましょう。

　He walks [①happy / ②happily].

　「歩く」は状態というよりも「動作」ですよね。となると、「彼は〈幸せな〉歩く」ではなく、「彼は〈幸せに〉歩く」のほうが**しっくりときます**。したがって、答えは②。簡単に解けました。

　宇宙語が理解できなくても、和訳をするだけで簡単に解けてしまうってことです。

## ≫ 大多数の人が「状態」と「動作」のうち、「動作」しか気にしていない件

　皆さん、この説明がわかった結果、もう1つすごい概念を理解できるようになったことをこれからお伝えしましょう。

　英語の動詞のなかには、have、get、take、make、keep、hold、put、lay、set、placeのように、意味がたくさんある単語がありますよね。

　これらは「多義語」と呼ばれるものですが、実は「意味がたくさんあるから多義語」と見なす必要がないのです。

　これらの動詞は**「状態」と「動作」の両方を表せる単語**なのにもかかわらず、**通常は「動作」のほうしか気にしない**から、別の意味と出くわしたときに「多義語」と感じるだけなのです。

　「makeって、どうして『～させる』って意味も持ってるわけ！？」

　そもそも、こんなふうに混乱を覚えるのは、**「動作」的な意味を覚えることに集中しすぎて、「状態」的な意味に目を向けるのを蔑ろにしていた**からです。

ですから動詞を覚える際には、動作的な意味と、状態的な意味の両方に目を向けてください。そうすることで、「多義語」という「全く違う意味がある」というアプローチではなく、その動詞そのものに対する理解が大きく飛躍するはずです。

　その点を頭に刻みつつ、もう1つ、別の問題に挑戦してみましょう。

He made me [①happy /②happily].

　はて、make（madeはmakeの過去形）を「動作」として捉え、「彼が私を動作的に作った」と訳せるでしょうか？　私という人間を作るのは普通に考えて不可能ですよね。じゃあ、動作ではない。

　となると、動作じゃなくて「何かしらな状態にした（作った）」と考えるほうが自然でしょう。その観点から問題を解いていけば良いのです。

　「私を、○○な状態に作った」の○○を選べば良いわけです。

　「私を〈幸せに（happily）〉状態にした」ではなく、「私を〈幸せな（happy）〉状態にした」と訳すのが自然なので、①が正解になるのです。

　ところが……。

**もしも同じmadeでも。**

　「いやいや、神様が、本当の意味で私という存在を作ってくれたって意味だよぉ！」

　こんなふうに捉えることができる場合もあるかもしれませんよね。実際にmakeしたのだと。

　その場合は、makeは動作になるので、問題の解き方は変わってきます。

## » たとえ同じ動詞でも、「動作」だと考えるとガラリと変わってくる意味

He made dinner [①quick/②quickly].

　上記の文章の場合、"make dinner"は「動作的」なので、正解は②quicklyとなります。

このとおり、ややこしい文法を理解しなくても、和訳するだけで問題は解けるのです。

通常ならば、**何文型だの、補語だの、形容詞だのと色んな用語を持ち出してきて解くような問題**ですが、そんなことをせずとも、いとも簡単に解けたでしょう。

これ、あまりに新しい概念なので、用語にこだわっていた人はむしろ戸惑ってるかもしれませんね。その場合は、もう一度読み返してくだされば、きっと何を言っているかわかってくると思います。

今回紹介した動詞の分類の仕方。英語における「自動詞」「他動詞」は隅に置いといて、むしろ**日本語を学んだときの「自動詞」と「他動詞」のムズカシイ見分け方からヒントを得られる副産物**であるという事実。

いくら難しくても、理解しようとしつこく追究した結果、得られたオマケのご褒美なのでしょう。努力というよりは「しつこさ」への報酬だったのかもしれませんね。

皆さんの中にも、
努力しているのに壁を越えられない人がいるのではないでしょうか。
そんなときは、しつこさにシフトしてみるのもいいのではないですかね。
努力って、ポジティブな言葉だけに必ず報酬が得られそうな気になりますが、
その反面、手ごたえがないと途中でくじけてしまいがち……。
そう。英語だけじゃなく何事も、せっかく本気を出すなら、
「あー、もうしつこいな!!!」と言われるぐらい、
ねばってみる価値があるのではないでしょうか。

# 08

# 自動詞・他動詞そして
# 5文型とは何なのか？
# を徹底解説

## » そもそも「自／他動詞」や「5文型」が何なのかすら わからない人のために

前節にて私は「自動詞」と「他動詞」という用語から「解き放たれる方法」を紹介しました。

要は、動詞を覚える際に「goは自動詞」と**単語ごとに用途を決めつけて覚えるものではない**ということ。

ところが、「**そもそも用語がわからないこと自体に困ってる人も多い**」という点も感じずにはいられませんでした。

なるほど。言われてみれば確かに「自／他動詞」という用語そのものを知りたい人からしたら、逆に「自／他動詞」にこだわらなくて良い理由から教えてもらっても……というのも頷けます。

ならば、難しい用語から解き放たれるのも大事ですが「**そもそも何を難しがってるのか**」がわからない！という人のためにも、この機会に「自／他動詞」を説明する節を設けてみようと思い、ご用意いたしました。

「自／他動詞」とは何なのかのみならず、「自／他動詞」の理解を通じ、さらに**「5文型とは何なのか」まで同時にひもとける**よう、この場で整理整頓を終えてしまいたいと思います。

## » 読むだけでも頭の痛い既存の習い方

ひとまず、我々が一般的に「自／他動詞」について学ぶ方法をお見せしましょう。

自動詞とは：目的語を必要としない動詞で、動詞に「を」「に」という意味が含まれない。

他動詞とは：目的語を必要とする動詞で、動詞に「を」「に」という意味が含まれる。

　……お馴染みの難文に、頭がクラクラしてきますね。

　それに加え「**自動詞は第1、2文型**」で使い、「**他動詞は第3、4、5文型**」で使うという説明も聞いたことがあるハズです。

　極めつきは「**授与動詞**」「**補語の有無**」「**不完全自動詞**」「**不完全他動詞**」、これらによって第何文型なのかが決まるという、文字としては読めるのに、内容がまったく頭に入ってこない日本語の文章を一度は見かけた経験があるでしょう。

　この怪文がいまだに解読不能なままである英語戦士の皆さんは、今からほんの少しだけ、じっくりとこの本を読み進めてみてください。

　私を信じてほんの少しじっくりと読み進めるだけでも、皆さんはおそらく今後一生、この問題に頭を悩まされることはなくなるでしょう。さぁ出発！

## 》「何を？」が自然なのが他動詞、「何を？」が不自然なのが自動詞

　「目的語の有無」という言葉がピンと来ない人はこう覚えておけばよろしいです。
**「何を？」という質問がしっくりくれば、他動詞。**
**「何を？」という質問がぎこちなければ、自動詞。**
　**これだけです。**

　たとえば「私は走ります。」という文章に「何（誰）を？」……ぎこちないでしょう、＝自動詞です。
　「彼は殺しました。」「何（誰）を？」……しっくりくる質問ですよね。＝他動詞です。

　ちなみに専門用語では、自動詞は「vi.」（非推移的な動詞〈vi.：intransitive verb〉）、他動詞は「vt.」（移っていく動詞〈vt.：transitive verb〉）と略されます。

他動詞における「trans：トランス」という用語は、映画のタイトルなどでも見かけるので聞き慣れているでしょう。「変換」「通過の」という意味合いの言葉です。

　ということは他動詞とは、何かが「移っていく動詞」ということですね。

　つまりは「動きの焦点が移っていく」のが他動詞と思えばいいワケです。

I　→　love　→　you
（焦点が動詞を通って目的語へと移っていくということ）

　動きの焦点が、主語から始まり、動詞を通って、youへと移っていくのがわかりますね。

　ということは逆に考えると、動きの焦点がどこへも移動せず、主語で完結しているのであれば、transではない（＝自動詞）ということ。

The bird sings.（鳥がさえずる。）

　このように、焦点が動くことなく、「主語＋動詞」だけでも文章の意味が十分伝わるのがわかりますね？　　これが自動詞。

　ですから単純明快に考えれば「何（誰）を？」が自然かどうかで判別が可能ということです。

　じゃあ、とりあえず「何（誰）を？」を基準として、自動詞と他動詞とに分けてみましょうか。

　すると、自動詞が第1・2文型で、他動詞が第3・4・5文型なのですから、つまり言い換えると？

　自動詞と他動詞を分けるということは同時に「5文型が2つのグループに分かれる」ということでもあるワケです。

　まずはこう分かれるって話。

## » 自動詞の２種類──第１文型そして第２文型

　ありがたいことに「主語＋述語（動詞）」の直後に「名詞」が続く場合は、英語の特性上、その名詞は「目的語」である場合がほとんどです。

　結果的に動詞というのは、文章内では大抵「他動詞」として使われている！と考えてしまっても良いということでしょう。

（例）I love you.

「何（誰）を？」がしっくりくる文章なので、ここでのloveは他動詞で使われています。

　じゃあ、問題となるのは？　「主語＋述語（動詞）」の直後に付く単語が……**「目的語」じゃない場合。つまり「何を？」が不自然な場合**でしょう。

　それこそが、あえて用語で言うならば「**自動詞**」の文章。つまり**第1文型**、**第2文型**ってことなのです。

　ならば肝心の「第1文型」と「第2文型」とでは、互いをどう見分ければ良いのかが最初のステップですよね。

　ハイ、皆さん。それではもしも「次の文章がそれぞれ第何文型だか当ててください」と言われたら……？

She looks happy.（彼女は幸せそうに見える。）

He goes to school.（彼は学校に通っている。）

She smiles brightly.（彼女は明るく笑う。）

He became a lawyer.（彼は弁護士になった。）

　もちろん真面目に5文型を勉強した人ならば難なく当てることができるハズ。

　でも、第1〜5文型の概念どころか、自動詞・他動詞ってそもそも何物？という人にとっては、正直これを「どう区別するのか」はおろか、「どうして区別しなくてはならないのか」すらもわからないハズ。

　そう。この節は、そんな方々のために書かれたのでございます。

自動詞・他動詞とは一体何なのか、第1～5文型とは結局何なのか、そのキーポイントとなる「補語」とは何物なのか……。

　それでは今から手取り足取り説明して参りましょう。

## ≫ 5文型のキーワード「補語」←結局、何物なのか？

　私も学生のころ、非常に紛らわしいと思ったのがこの「補語」という概念でした。

　**「補語」**なのに**「名詞」**でもあり**「形容詞」**でもある。……あれ？　でも**「名詞」**は**「目的語」**でもあったよね？

　そう！　こういう「ダブる」現象がややこしいったらない！

　たとえば、「水」という単語が、「名詞！ハイ終わり！」ならば簡単な話なのに、ある文章では「補語」とも呼ばれていて、ある文章では「目的語」とも呼ばれている。

　**「補語って何？」「副詞とは違うの？」「形容詞とはどう区別するの？」「何がどう違うの？」**

　どうでしょう……。まるで皆さんの頭の中を覗いてみたような「あるある」疑問じゃないですか？

　しかし皆さん、もうこんな悩みはこのくらいで止めにしましょうよ。悩みの渋滞を一つひとつ整理してしまいましょう。

## ≫ 一瞬で腑に落ちる「補語」の説明

　それでは一瞬で「補語」を理解させてしまいますね。

　自動詞の中でも**「主語＋動詞」**の直後に**「補語」**が付けば第2文型、**「補語」**が**付かなければ第1文型**だという説明は、既存の教科書でも散々言い聞かされたでしょう。

　**ならば第1文型か第2文型かを区別するキーワードは「補語」**ということになるワケです。が、それだけじゃ、なんのこっちゃわからないじゃないですか。

肝心の「補語とは結局、何なの？」がわからないと話になりませんよね。

では例文を2つお見せしましょう。もちろん片方は第1文型。もう片方は第2文型です。

She looks happy.（彼女はハッピーに見える。）
She smiles brightly.（彼女は明るく微笑んでいる。）

「主語＋動詞」の直後の「happy」「brightly」のうち、どちらが「補語」なのかがわかれば良いわけですよ。

それを見分ける最も簡単な方法は、ズバリ……

**「主語と＝（イコール）」（主語を描写する）関係なのが、「補語」なのでございます。**

つまり、上の例文に当てはめてみますと。

She（主語）＝happyですか？（happyはsheを描写していますか？）　それとも、look（動詞）がhappyですか？　……もちろん、She＝happyなんですよね？　Sheが、happyなんですよね？

ならば、happyは「補語」です。はい、これだけのことです。

つまりこの文章は、第2文型！

……そんなに単純なものだったの？

ハイ。そうですよ！

では、「brightly（明るく・にっこりと）」は、何に対しての「＝」（何を描写する関係）でしょうか？

brightly（明るくにっこり）なのは、彼女ですか？　笑みですか？

……もちろん、考え方によっちゃ彼女が明るいという見方もできますが、どちらかと言えばこの文章の場合「brightly」なのは「smiles」じゃないですか。どんなふうに笑ってるかに関する補足なのですから。

要するに、「主語」じゃなくて「動き」、つまり「動詞」を説明しているのが「brightly」ということですよね？

なので、これを「副詞」と呼ぶワケです。

つまり2番目の文章は別に「brightly」という副詞（動詞へのくわしい補足）がなくとも、**「主語＋動詞」だけで十分成立する文章**じゃないですか。

ってことは、第1文型。……そうなんです。実は、こんなに単純なものだったのですよ。

初心者だとついつい、第1文型というものは「主語＋動詞」だけで終わっているイメージを持ってしまいがちですが、このように、直後に補足が付いてる場合がとても多いです。

しかし、**「補足がなくたって主語＋動詞だけで意味が十分伝わる」**というのがわかれば良いってこと。

ちなみに「主語 ＋ 動詞だけでも意味が完全にわかる」という意味合いでもって**「完全自動詞」**という別名も存在していますが、覚える必要はございません。

## 》 初心者が陥りがちな早とちり

「補語」と「副詞」の見分け方がわかったところで、第1文型と第2文型については説明が付いたことでしょう。

**第1文型**というのは、**主語＋動詞だけでも十分意味が成立する文章。**

**第2文型**は、主語が何なのかを**「補語」で補足説明しなければならない文章。**

第1文型：I go.

第2文型：I am Tom.

最強に単純明快な例が、これですね。

ただし、例の第2文型の例のように「主語＋動詞」だけでは説明不足な部分を、直後にくっ付いて説明してくれる単語であれば何でもかんでも「補語」と見がちですが、大事なポイントは「補語」は「主語」との関係が「＝」であるべきというところ。

　先ほどの例文では、I と Tom とが「＝」の関係ですよね？　ならば「**補語**」で合っています。もちろん第2文型です。
　しかし、英語を習いたての戦士たちは下手すると油断して、こう混乱するワケです。
　自動詞の「主語＋動詞」の直後に「補足してくれる単語」があるから、She smiles brightly.のbrightlyは「補語だ！」と。
**早とちりしてはいけません。**
　なぜならば、「brightly」は「She（主語）」と＝な関係というよりは、**動詞の「smile」がどんな感じなのかを補足**しているじゃないですか。
　したがって、これは「補語」ではなく、動詞を付加説明してくれる「副詞」。
　She smiles……？　「彼女は笑う。」か、ふむふむ。「何を？」がないから、自動詞だ！」……ハイ。とりあえず、ここまでは良いのです。
　しかし自動詞の「主語＋動詞」の直後に単語があると、……なんとなく**第2文型っぽい！　と、ウッカリ判断してしまいがち**。だってS＋V＋Cに見えるから。
　そりゃ確かに「補語」と「副詞」との違いが何たるかを知らなければ、仕方がないですよね。
　しかし、今の解説でもうおわかりになりましたよね？
　キーポイントである「補語」を判断するうえで最もラクな要領として「**主語と＝関係である（主語を描写する）**」という事実さえ知れば、もう怖いものなし。

## » 「主語と＝な関係（主語を描写する関係）」こそが 「補語」である

念のため、もう1つだけ区別してみましょうか。


①He became a doctor.（彼は医者となった。）
②The bird sang joyfully.（鳥は楽しそうにさえずった。）


どちらも、「主語＋動詞」の直後に補足の単語がくっ付いておりますね。
「a doctor」と「joyfully」。

まずは①から。「a doctor（医者）」は、＝He（主語）ですよね？

じゃあ「**主語と＝**」な関係なのですから「主語＋動詞」の直後の「a doctor」
は「**補語**」になるワケです。

ハイ、**第2文型！**　カンタンでしょう。自動詞の文型というのは、こう判断
するものなんですよ。


では②の「joyfully（楽しそうに・嬉しそうに）」を見てみましょうか。

果たして「The bird」が「joyfully」なのでしょうか？　それとも、「sang（歌
った・さえずった）」様子が「joyfully」なのでしょうか？

どちらかと言えば、「主語＋動詞」の直後の「joyfully（楽しそうに）」は、The
bird（主語）と＝の関係と言うよりも、sang（歌った）という**動詞と密接な関係**
ですよね。

ってことは、「joyfully」が説明してい
るのは「歌った」という動詞。「**主語と＝
な関係**」ではない。

ならば、**動詞を付加説明**してる時点で
「**副詞**」となる。

ということは、別に「副詞はあってもなくても」文章は成立するのですから、
**第1文型**ってワケです。

基本的に自動詞は、付加説明してあげずとも文章としては成立するのですか

ら。

　ならば「主語＋自動詞」の後ろに単語があったとしても、**それが副詞であれ
ば、れっきとした第1文型**ってこと。

　……とまぁ、第1文型と第2文型というのは、こんなふうに判断すれば良い
ワケです。


　ですから皆さんは、もしも文章が第何文型かを把握する必要がある場合には
「補語と目的語とを区別する方法」などを先に覚えるよりも、まずは「何を？
誰を？」が自然かどうかで自動詞・他動詞を先に区別してから、そこでようや
く「補語」の有無で第1文型か第2文型かを判別するのがラクだということ。

　ちなみに第1文型か第2文型かを判断するキーポイントはズバリ「**主語＋動
詞**」の直後の単語が「**主語と＝な関係**」かどうか。「＝」ならば補語。すなわち
**第2文型**。

　これだけでOKなんですよ。ね？　超簡単！


## 》 文章が長くなったって第 1 文型は第 1 文型なのである

　それでは次の文章はどうでしょうか。

He goes to school at 8 in the morning.

　**文章がちょ〜っとでも長くなると初心者は一瞬ひるみがち**ですが、落ち着い
てひもとけば良いだけです。

　皆さん。どうか文章の長さに振り回されないでくださいね！

　あくまでも基本は「主語＋動詞」ってことさえ忘れなければ良いのです。

　主語は何ですか？　「He（彼は）」です
よね。動詞は何ですか？　「goes（行
く）」ですね。で、その後ろに単語が続
いているワケですが。

　とりあえず「何を？」と質問してみれ
ば良いのですよ。

……**不自然な時点で、これは自動詞**なのです。

　もう、半分クリアしましたよ。他動詞である第3 〜 5文型は脱落したので、**これは第1文型もしくは第2文型**ってこと。

　じゃあ残るは？　直後の to schoolが「**主語と＝な関係**」かどうかさえ見極**めれば良い**んですよ。

「He」と「to school」とは、同一人物ですか？　「＝な関係」ですか？

　当然、あり得ませんよね？

　どう考えても、to schoolは、**go(es)という動詞の行先についての付加説明**でしょう。

　すなわち「副詞」ってこと。

　（2つ以上の単語が合わさって副詞になってるので、通常はこういうのを「副詞句」と呼ぶワケです。）

He ≠ to school

もし ＝だったら？ 補語 となるので「第2文型」。
でも ＝じゃないので、実際はこう。

goes ⇆ to school

副詞(句)。

ズバリ「第1文型」。

## » 第 1 文型のためにも大活躍している「前置詞」の役割

　実は、今お見せした「副詞句」付きの文章によって説明できる、もう1つの事実がありまして。

　「主語＋動詞」の直後に「名詞」をくっ付けてしまうと、文章の構成上どうしてもその名詞はまるで**目的語のように見える**ワケですよ。

　しかし「第1文型」にもかかわらず、「**主語＋動詞**」の直後に「**名詞**」を付け加**えたい場合**だってあるでしょう。

　そんなときにはどうすれば良いのか。

　もしもその名詞を「目的語」と誤解されてしまうと「動詞」は「他動詞」で、その文は「第3、4、5文型のどれか」ということになってしまいますよね。

　すると問題は、「自動詞」のときとは**動詞の訳し方が全然違うものになってしまう**ということですよ。

　なぜならば、動詞というものは多くの単語が「**自動詞**」「**他動詞**」両方の意味

として使えるので、ここで一歩間違えれば、別の意味として使われてしまうおそれがあるのです。

　そして当然、動詞の訳し方が異なってしまうと、文章全体の意味がまったく違うものになってしまうってこと。

　ならば、そんな混乱を避けるための方法だって、当然あるワケですよ。
　それがズバリ、動詞と名詞との間に「**前置詞**」を入れることなのでございます。

　He goes「to」school.
　The boy lives「in」the house.
　They play「in」the playground.

　こうすれば「主語＋動詞」の直後に「名詞」が付いたところで、「ひょっとして他動詞？」などと混乱しません。「前置詞＋名詞」は、「**副詞（句）**」として受け止めることができるのだから。
　すると、これらの文章には「主語＋動詞」の次に「副詞（句）」があるので、第1文型として扱われるのでございます。
　では次の文章に。

　The bird sang「in」the tree.

　もしもここで「in」が抜けてしまうと？……動詞の後ろに名詞がくっつきます。
　名詞がくっ付いてると、**もしかすると「何を？」という目的語として「the tree」を判断してしまうかもしれないじゃないですか。**

（鳥は、木をさえずった……？？）
　要するに、「前置詞」がなければ、話し手の意図を知らない限り、いく

らでも誤解が生じるってワケですよ。

　そのような誤解を防ぐために、**前置詞**はとある役割を任されたのです。

「主語＋動詞」の第1文型の直後に「名詞」が付くときには、**「前置詞」**でワンバウンドさせて「副詞であることを表す」という役割。

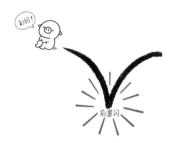

The Earth moves around the sun.

　もしも「move」という動詞だけを見て**「移動させる」という他動詞の意味合いと受け取り、「何を？」と思い浮かべてしまえば**、この「move」は**「他動詞」**になってしまいます。その結果、「地球は太陽を移動させる？？？」という意味不明な文章が生まれてしまうワケです。

　ちゃんと「主語＋動詞」と名詞との間に「around」という前置詞でバリアーを入れることで、

「あ、ならばaround the sun は副詞かぁ。じゃ、moveは、自動詞としてのmoveなのね！」

　となり、ようやく、

「地球は回る。(←ここまでだけでも十分文章として完結するので第1文型) 太陽の周りを。(←補足)」

　という、話し手の正確な意図を受け止められるということ。

## 》「自動詞（第 1 文型と第 2 文型）」のまとめ

　では、ここまでの「自動詞（第1・2文型）」に関する内容を一気に整理してみましょうか。

英語の文章は、基本的に「**主語＋動詞**」で始まります。

そんな「**主語＋動詞**」を聞いたとき、「**何を？（誰を？）**」という疑問がしっくりくるなら他動詞。当てはまらなければ自動詞。

するとここで、ひとまず2つの道に分かれましたよね？

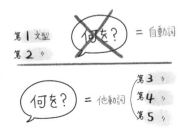

1つは「何を？」がしっくりとこない文章。「自動詞」が使われる第1文型と第2文型。

中でも、「主語＋動詞」の直後の単語が「**主語と＝な関係**」であれば、それは「補語」。するとその文章は、**第2文型**。

I am a teacher. (I＝teacher)
I am happy. (I＝happy)

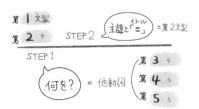

一方、「主語＋動詞」の直後の単語が「主語と＝な関係ではない」場合は、動詞を説明する「**副詞**」と見なせば良し。

**すなわち「主語＋動詞」だけでも十分文章として成立する、第1文型。**

He goes to school. (he≠to school。動詞goについての説明である。すなわち副詞〈句〉)
She smiles brightly. (she≠brightly。動詞smileについての説明である。す

なわち副詞）

　という区別でもって、第1文型か第2文型かを判断すれば良いのでございます。

　おめでとうございます。皆さんは第1・2文型を把握しただけではなく「補語」と「副詞」という用語までおまけに把握してしまいましたよ！
　前もって言いましたよね？　この節さえきちんと読めば「**自動詞・他動詞って何？**」「**第1〜5文型って何？**」「**補語って何？**」という疑問から解き放たれるという約束。しかと守りましたよ。
　なるべくわかりやすいように、砕いて、砕いて、砕きまくって書いたせいで、むしろいっぺんに全部飲み込めなかった方もおられるかもしれませんが、ぜひ、もう何度かゆっくり、じっくり読んでみてください。
　きっと理解できるハズ。

## 》 それじゃ残るは「他動詞」の解説！<br>〜第3文型と第4文型と第5文型について〜

　皆さんの中での色んな用語の謎が解けていくのが実感できますね？　「目的語」という用語だって、本来はとても簡単な概念だったじゃないですか。
　「主語＋動詞」を聞いたときに「**何を？　誰を？**」という質問がしっくりくればいいのですから。
　しっくりくるのであれば？　ハイ、他動詞の文章、すなわち第3、4、5文型なのです。では今度は、「何を？　誰を？」がしっくりくる「他動詞」の文章を解説してみるとしましょう。

I love you.

　私は愛してる。何（誰）を？　アナタを。

　こういうのが、典型的な「他動詞」です。特に「主語＋動詞＋何を」で完結されていると文法用語では「**完全他動詞**」と呼ばれたりもしますね。

しかし、そんな用語すらも覚える必要はない。完全も何も、単なる「第3文型」とさえわかればよろしいのです。先ほどの第1文型と同じように、**続けてさらなる補足が付いたって構わないけれど、なくてもそれ自体で十分意味が完成するときに「完全他動詞」と呼ばれるだけのこと**。それがズバリ第3文型です。

　一方、**「何を？」がしっくりくる文章ではあるけれど**、それよりも先に「何に？（誰に？）」という質問が自然と浮かぶ文章であれば、その文章を「第4文型」と見なす。ただそれだけ。

I told him a funny joke.

「何を？」がしっくりきますよね？　しかし、それと同時に「誰に？」という疑問も自然と浮かぶでしょう。そういう文章を、第4文型と呼ぶのです。

## » 第 3 文型と第 4 文型と第 5 文型の最もカンタンな見分け方

　それでは、次の例文はどうなるでしょうか？

He made me a doll.

　彼は作った。「何を？」がしっくりくる。じゃあ他動詞だ！
**しかし同時に「誰に？」も似合う文章だ！**　なるほど、じゃあ、この「made」は他動詞で、そんでもって第4文型の動詞か！という流れ。
　ただ、注意すべき点は「madeってのは第4文型の動詞なんだ！」「madeってのは、第4文型の授与動詞だ！」といったふうに決めつけて暗記をしてはいけないということ！
　前もってお話ししたじゃないですか。
　「動詞」は、むやみやたらに「自動詞」か「他動詞」かを、決めつけて覚えてはいけないのだと。
　特に私の見た中でひどかったケースは、「自動詞」か「他動詞」かだけじゃな

く「○○という単語は第何文型」というように、**単語を何文型だか決めつけて覚えさせる参考書**です。こればかりは断固として間違った教え方だと主張したいところです。

run←これ、皆さんは「自動詞」だと思いますか？　「他動詞」だと思いますか？　答えはズバリ、

これが、正解なんですよ。

made←これ、皆さんは「第4文型の動詞」だと思いますか？

この答えだってズバリ、

これが、正解なんですよ。

「動詞」が「自動詞なのか・他動詞なのか」ましてや「第何文型なのか」は、実はわからないんです。**……文章が完成するまでは。**

He made me happy.

たとえば、こういう文章があるとします。さっきの主張でいけば「make（made）」は第4文型の他動詞の単語なので、「誰に、何を」作ってあげたという文章になりますよね？

ってことは……？

「彼は、私に、happyを作った？？？」のです
か？

　オカシイじゃないですか。**happyという名
のオモチャでも作ってくれたのであれば話は別
ですが**、通常はそういう意味じゃないってこと
はわかりますよね？

　これを文法的に区別する方法があるワケです。それがズバリ、さっき登場し
た「補語」。この「補語」が、こういった区別で再び活躍するワケでございます。

　方法は、カンタンです。

「主語＋動詞」の後ろに、単語が2つ続いた場合。

　あるときには「○○に」「○○を」という第4文型で話は片付くのですが、別
にそういう意味で言ったワケじゃないことだってあり得るワケですよ。

　もしもそこで判断ミスをすれば、全然違う意味の言葉になってしまいます。

　ここで、ミスを防いでくれるのが、「補語」という概念。

　さて皆さん、補語って何でしたっけ？　「主語と＝な関係」だったでしょ
う！

　そうです。しかしここでは、「主語＋動詞」の主語との関係を言ってるのでは
ありません。

　ズバリ「me」と「happy」という単語同士の関係が「＝かどうか」、それだけ
の判断。「補語」というのは、前の名詞と「＝」かどうかさえ見極めれば良いの
です。

　すると？　me＝happyですか？　どうですか？　meが、happyなんです
か？

　**そうでしょうよ！**

　meがhappyなんですから、happyはmeにおいての「補語」と見なせば良い
わけです。

　ズバリこれこそが、

「主語(S)＋動詞(V)＋目的語(O)＋目的格補語(C)」でお馴染みの、第5文型の文
章なのです。

　早い話、**目的語に「補語」がくっ付いていれば、第5文型**なんですよ。

「主語(S)＋動詞(V)＋間接目的語(IO)＋直接目的語(DO)」でお馴染みの、第4

文型の文章との違いがわかりますね？

　つまり「誰に」＋「何を」なのが**第4文型**で、「何を」への付加説明を「『何を』と＝関係である**補語**」が助けてくれるのが、**第5文型**ってこと。

happy

　だからこそ「He made me happy.」という文章から「私にhappyを作った。」という第4文型的な和訳ではなく、「彼は私＝happyな状態に作った。」（＝彼は私を幸せにしてくれた。）という、第5文型の自然な訳が完成するというワケです。
　同じ「made (make)」という動詞でも、〈「誰に」＋「何を」作ってあげた。〉という第4文型なのか、はたまた〈「何を」＋どんな状態にしてあげた。〉という第5文型なのかで、かなり意味合いが違ってしまうのがわかりますよね？

　そしてこの第5文型での、他動詞において登場する補語こそが、皆さんの大嫌いな用語「目的格補語」というヤツの正体だったのです。もちろん用語を覚える必要はございません。「補語」ってものの概念さえわかれば良いのですから。
　他動詞で登場する目的語と「＝な関係」であれば、その補語は「**目的格補語**」と呼ばれているだけのコトなのです。
　結論として、他動詞を使った文で登場する目的語に、「＝な関係」である補語がくっ付いたら、それは「第5文型か！」と判断すれば良いというワケ。

　要するに、第5文型かを誤解せずに判断したい場合は、他動詞の後ろに来る単語同士が「＝な関係」かどうかさえ把握してしまえば良いのです。
　単語同士が＝な**関係**なのであれば第5文型。目的語と直後の単語が「**＝」の関係じゃなければ**、第3文型か第4文型のどちらか。

　そしてその上でもって、「**副詞**」というものの概念を知っていれば、第3文型か、第4文型、第5文型かで悩むこともございませんね？

I do my homework after school.

「主語＋動詞」＋「（何を：目的語）my homework 宿題を」の次に来る「after school」は、my homework と＝な関係でもなければ、目的語でもない。

単に「do」という動詞に関する「補足説明」なので「副詞」。すなわち、なくても成立する存在ということ。

ならば結論としてこれは、第3文型の文章ってワケですよ。

以上。こうしたふうに、消去法で解決していけば良いってことでしたとさ！

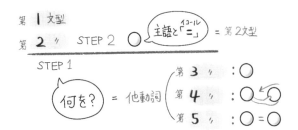

これぞ究極の見取り図！

## 》「自動詞・他動詞」そして「5文型」、さらに「補語」「副詞」「目的語」などの用語に関する解説を終えつつ一言

今の今まで、5文型、自動詞、他動詞、補語、目的語、目的格補語などの用語が大の苦手だった方々は、今回この節を読んだことによって驚くほどスンナリ区別の仕方が腑に落ちたことでしょう。

「長年の疑問が、ようやく腑に落ちた！」

と、晴れ晴れとした気持ちになったことと思います。

5文型なんて、せいぜい……

① S + V
主語＋動詞

② S + V + C
主語＋動詞＋補語

③ S + V + O
主語＋動詞＋目的語

④ S + V + IO + DO
主語＋動詞＋間接目的語＋直接目的語

⑤ S + V + O + C
主語＋動詞＋目的語＋目的格補語

　こうした説明が意味不明な記号にしか見えなかった人たちにとって、今回の内容はきっと物凄く役に立つ内容だったハズ。

　これにてようやく、ひととおり理解できましたね？

　と、いうわけで。「自動詞・他動詞」並びに「5文型の判別」に関するスペシャル書き下ろしの解説をこのへんで締めくくりたいと思いますが……。

　しかし、この期に及んでもやっぱり結局一番言いたいことはコレです。

　絶対に「自動詞」の動詞なんてありませんし、絶対に「他動詞」の動詞というものもありません。

　「run」って自動詞？　他動詞？と聞かれたら、正解は「わからない」のだということ。

　単語を勝手に「自動詞」「他動詞」「第何文型」と決めつけてはならない。「文章あってこその、後付けで決まるものなのだ」という事実を決してお忘れなく。

　しかしながら、私の学生時代に見た問題集では、「runは自動詞だから、正解はコレ」みたいな乱暴な解説やら、「turnは第1文型の動詞だから正解はコレ」**と解説されている次のページで、別の問題においては**「turnは第5文型だから正解はコレ」と説明されている、というふうな支離滅裂な解説が多かったわけです。

　初心者にとっては、どれだけ大混乱を巻き起こしたものか想像に難くないでしょう。

　きっとこの本を読んでる方の中には、このような大混乱を招く解説で英語をあきらめた学生も少なくないハズ。そんな絶望の淵に沈んだ方々にとって、こ

の内容が命綱になるのであれば何よりの喜びです。

　今の今まで私がYouTubeの動画で「自・他動詞」やら「第1〜5文型」「補語」などという用語を極力使わなかったのは、他でもない。そもそも「**そんな用語にこだわらなくたって英語はできる**」ということを主張するためでした。

　たくさんの動画にて既存の固定観念を幾度となく覆し、皆さんを唸らせてきたワケですが、やはりそれでも「テストのために自・他動詞についても解説してほしい」「学校で習う第1〜5文型という概念を解説してほしい」という受験生からのリクエストが少なくなかったのも事実です。

　実際、「**知ってるけど、こだわらない**」のと、「**そもそも何が何だかすらわかってない**」のとでは、受け止める感覚にも少なからず差があるでしょう。

　既存の固定観念を覆そうにも「そもそもの固定観念すら、何なのかわからない」点に困ってる人もいる。

　だからこそ今回だけは特別に、この項目においてのみ例外として、**あえて既存の固定観念どおりの用語を1から手取り足取り解説してみた**……という経緯でございます。

　　何度も言いますが、「こういった用語や文法説明を撲滅しよう!」
　　というのが私の基本的なスタンスです。
　　決して、「こだわるために」解説したのではない、
　　あくまで「撲滅するために」解説したのであるという事実をお忘れなく。
　　敵を倒すにはまず敵を知るべし!ですものね。
　　そしてこの内容もいずれ、
　　一人でも多くの英語戦死者にとって救いの一歩となりますように。

# 09

# 意外と知られていない
# 「未来形」の真実

## » 日本語には「未来」がない

突然ですが、「現在」っていつのことですか？

「今だろ！」

え、今って、本当に現在ですか？？

**「今」って言った瞬間、「今」は過去になりましたよね。今この瞬間も、今、過去になりましたよね。**

「今の見た？」っていうのも、結局はほんの1秒でも過去のことを言ってますよね、完全に。

「うーん、じゃあ現在は今日だよ、今日」

えっ？　じゃあ、**今日の00時00分01秒は？　それ過去じゃないですか？　今日の23時59分59秒は現在ですか？　それ未来じゃないですか？**

「がっちゃん、何をまた小学生の屁理屈みたいなこと言ってんだ……」

失礼。何が言いたかったかというと、「現在ってのは、時間の概念ではない」ということなんですよ。

「なんのこっちゃ？」と思われたついでに、もう1つ〝なんのこっちゃ〟な話をしましょう。

実は私たち韓国人は、日本語を習い始めると非常にビックリすることがあるのです。

それは「**日本語には『未来形』がない**」という事実。

「え——っ！？　未来あるだろ！」

こう驚かれた方もいるでしょう。

これまで意識してこなかった人であれば、
「当然あるんじゃないの？」と思うかもしれま
せん。

でも、韓国人の日本語学習者にとっては、「ない」ことがわかるのですよ。

たとえば、日本語の「行く」。これをもしも韓国語で表現すると、가다 (現在形)、갔다 (過去形)、가겠다 (未来形) となります。

ところが日本語の場合、行く (現在形)、行った (過去形) という言い方はあるのに、動詞自体では未来形の表現がないのです。

だって現在形と同じく「**行く**」という形だけでも、**未来のことを表現できる**でしょう。

もしも、より具体的に未来を表現する場合には、意志や計画、予想を表す名詞や助動詞を活用して、「行くつもり」「行く予定」「行くだろう」という言い方をするといった感じですよね。

ですから私としては、「現在形」という呼び方もちょっと**正確ではない**と思っています。

実際には「行く」のように、目先の未来を表現するケースのほうが多いじゃないですか。ですから私はこれを「現在形」よりは「基本形」と呼ぶようにしています。

## 》日本語と英語との意外な共通点！

今お伝えした話を読んで、何か1つピンときた人はいませんか？

日本語と韓国語の2つの言語の違いを考えた末に、私はあることを発見したのです。それは、**日本語と英語は「同じだ！」**という事実でした。

「go (行く)」を例に説明してみましょう。

現在形 (基本形) はgo (行く)、過去形はwent (行った) ですよね。では未来形は？

実は英語には一言でgoの未来を表現する言葉はないので、**will、plan toなどの助動詞や動詞を添えて**、「will go (行くつもり)」「plan to go (行く予定だ)」

と表現します。

ほら！　日本語と同じでしょう。
未来形はないから、**基本形（現在形）
に言葉を足して未来を表す。**

will go（行く＋つもりだ）
plan to go（行く＋予定だ）

ほらね？？

## 》「現在・過去・未来」は、時計が表す時間の概念ではない

　おそらく皆さんは、英語でも日本語でも「現在・過去・未来」の概念がしっかりとあると思っていたのではないでしょうか。

　きっと私も、韓国語という「**第三者の言語からの視点**」**から見つめていなければ**、おそらく気付けるハズが無かったでしょう。

　ついつい「現在・過去・未来」があると思ってしまうのは、時の概念を時計的に見ているからです。この節の冒頭でのやり取りを思い出してください。言語において、時の概念はいかに曖昧かを。「現在」は、今、この瞬間に現在ではなくなり、「今日」という概念にしても、その時刻によって過去にも未来にもなり得る。

　つまり、言語における現在・過去・未来というのは、**時計が表す時間の概念とは考えないのが正しい**のです。それを知るだけでも、時制の理解が簡単になるはずです。

　では、「現在・過去」とはどういう概念なのでしょうか。まずは、現在から一つひとつ考えてみましょう。

　冒頭の質問、もう一度お聞きします。

　「現在」って何ですか？

　時刻的なことではないと言いましたよね？

　ならば、より抽象的なアプローチとして「確実で、鮮明なこと」もしくは

「非常に密接している状態」って考えられませんか。

　次に、「過去」って何ですか？

　過ぎ去った時間？　まぁ、そうとも取れますが、「現在」だって、今この瞬間に過去になってしまいますよね。このように非常に曖昧なものなので、時計的な概念からは離れましょうとお伝えしました。

　じゃあ、過去とは何なのか。先ほど話した現在の概念に照らし合わせてみると、比較的に「不鮮明なこと」もしくは「密接せず、遠い状態」と言えませんか。「過去だって鮮明だ！」と主張する人もいるかもしれませんが、言語が確立されていった昔の時代には、今のような映像や写真という技術はなかったので、普通に考えると、過去の記憶はそこまで確かではなかったハズでしょう。

　でもって、**現在**における「密接した状態」に比べると**過去との距離感は？**「遠い」印象のハズ。

## 》「現在」：自信たっぷりな印象、「過去」：自信なげな印象

　皆さん、私がもしも「鮮明で確実なこと」だけを喋ると仮定してみてください。「〜です！　〜ます！」……非常に自信家に見えることでしょう。

　それと同時に、「何だ、こいつロボットみたいだな……」という気がしませんか。**人間味がない**ですよね。すべてにおいて現在形で喋られると、どうしても人造人間っぽくなるのですよ。

　逆に私が、もしも「不鮮明で回りくどく、距離感が遠いこと」ばかり喋っていると仮定してみてください。

「こう思ったんですよ……」

「〜と感じたのですよ……」

「〜でしたね……」

　すごく頼りなくて、**超弱々しい感じ**がしませんか。

　だからです。だからこそ英語の演説などを見ると、話し手はなるべく現在形を使っているのです。自信に満ち溢れて見えるから。

　もしもアメリカの政治家や、英語圏の営業担当の人たちが、過去形ばかり使う人だったら、どんな感じになるのか。

「時間的に過去の話ばかりしてるんだなぁ」ではなく、正確には「この人、自

信なげだなぁ」という印象を与えてしまう結果となるワケです。

　だから大衆を相手にして話すときには、皆さんが「未来形」と思っている形式すらも控えて、なるべく**現在形を多用**しているのです。皆さんが未来形だと思い込んでいた**willを使った文章よりも、基本形の現在形を使ったほうがむしろ自信に満ち溢れて映る**から。

　現在形は時間的な「今」を表すだけでないのです。「**現在形**」を使うことで「**鮮明で確実**」な印象を与えられるのです。

## » 言語的な「距離」は相手への「配慮」と同じこと

　現在形が「**近い・鮮明**」、過去形が「**遠い・不鮮明**」と考えると、本当にたくさんの概念が一気に覆る気がしませんか。

　たとえば、皆さんがよくご存知の助動詞「can」という単語がありますよね。

　これの過去形が「could」だということもよくご存知でしょう。これまで皆さんが当然「過去形」だとばかり思っていたであろう、could。

　こんな些細で基礎的な単語も、まったく意味合いが変わってくることを今から説明いたしましょう。

　canの過去形couldだって、今までご存知だったとおり「時間的な過去」とも当然とれます。しかし先ほどの定義で見るとなると、単純に「過去」で片づけてしまっていいんですかね、これ。

　これだって過去形として、「**不鮮明なこと**」もしくは「**密接にせず、遠い状態**」という概念でも考えるべきではないでしょうか。

　Can you please 〜? というのは、「〜してくれますか（できますか）？」という表現です。

　一方、Could you please 〜? はどうでしょう。「**過去に〜できますか？**」という表現でしょうか？？？　おかしいですよね。時間的にもおかしいでしょう。

　おそらく皆さんはこう習ったハズです。Could you please 〜? というのは過去形ではなく、「へりくだり表現」なのだと。

　でも、厳密にはcouldに「へりくだり」なんていう特殊な訳し方が別途にあるワケではないのですよ。

そう考えると混乱するのです。そうではなくて、この項目で語ってきた概念に当てはめてみると、一発で腑に落ちるはず。

現在形＝**鮮明、密接**
過去形＝**不鮮明、距離感**

皆さん、**あまり親しくない相手との距離**って、密接ですか、それとも遠いですか？……普通、遠いですよね。

だから距離感のある人に対しては、過去形を用いてCould you please ～？とお願いするのです。

つまり過去形＝距離感を使って、相手への**配慮**を表しているのです（厳密には、上記は仮定法の表現ですが、時制を過去にして距離的な隔たりをとるという点では同じです）。

一方で、相手があなたの恋人や家族の場合、密接していますか、それとも距離がありますか。……密接していますよね。

したがって、「**密接**」すなわち現在形のCan you～？で尋ねるのです。

要するに、時間的な過去の他にも、**過去形を使って相手との距離感を出すことで礼儀を示せる**から、結果的に「へりくだりのcould」なんて言われたりするわけです。

## » 英語圏における「過去形」は「敬語」のようなもの

よく言われる英語の一般常識として、「**英語には敬語がない**」って聞きますよね。**でも、違うんです。**

英語圏の人たちは、彼らなりに過去形を使って距離を置くことで、謙遜しながら優しい言い方をしているのです。

パーソナルスペースを大事にする英語圏は、**上下関係よりも距離関係をより尊重する文化**と言えるのかもしれません。相手が見ず知らずの他人の場合、ある程度の距離を取ってもらわないと尊重されていないと感じる文化のため、「距離を置く＝謙遜・配慮」と考えるのです。

アジア圏が「上下関係」で相手を配慮する文化だとしたら、英語圏は「距離

感」で相手を配慮する文化だと思えば良いですね。

アジア圏

英語圏

　今回の内容である「時制」を通して、英語と日本語のシステムが私に教えてくれたのは、「未来って結局、意志であり、計画であり、予想なんだな」ということ。ならば未来は運命なんかで決められているものじゃなく、自分の意志で決めるものなんだということ。

　意識した途端に過去となってしまう「今」という時間をムダにすれば、その分、望んでやまない未来は遠ざかってしまうんだってこと。

不思議なものですよ。

何で、「夢を叶える」のは「3か月以内じゃ無理」って思うのに

何で、「10年後ならば」「夢が叶う」と思ってしまうのでしょうかね。

何で過去と現在に無いものが「遠い未来」にはあると

思ってしまうのでしょうかね。

なんとなく、10年後には叶っていそうなんて、不思議な人間の心理じゃないですか。

でも「今日」やらずに「3か月後」に手ごたえが無ければ「10年」はもちろん、

「100年」経っても何も変わるワケない。当たり前。

だから私は、アナタの「10年後」なんて知ったこっちゃない。

これを読んだアナタの「今日」が、

変わればと思う。そんな「今日」が

積み重なった10年後ならば、

楽しみじゃないですか。

心から。

# 10

# あなたの英語人生が変わる究極の完了形解説

## »「完了形」を毎日のように使っている日本人

「完了形は、日本語には存在しない」

「完了形は、日本では使わない」

　日本では、多くの方がこう教わるようですね。

　……何を言ってるんですか！　普段、「完了形」をめちゃくちゃ使っているくせに！

　はい、ついに登場しました、英語七不思議の1つ、完了形。

　ほとんどの方が、学校でも、塾でも、こんな悲しい教わり方をしたことでしょう。

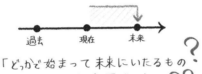

「どっかで始まって未来にいたるもの
　　　＝未来完了で〜す。」???

　この説明を聞いて「なるほど」と思う人も、ひょっとしたらいるかもしれません。しかし大多数の方々は、なんのこっちゃ……と思われたことでしょう。

　きっと**「実際にどんなときに使えばいいのか」について本当に理解できている人は少ない**のではないでしょうか。

　だからでしょうね。相当英語ができるレベルにならない限り、完了形を使いこなして話せないし、文章も書けない……。

　そりゃ**「どんな場面で使えばいいのか」**をしっかりと理解できていないのですから、使いこなせないのは当然です。

　「過去に始まって現在に至るのが現在完了形で〜す」だなんて教えてもらっただけで、会話の節々に完了形を挟めますか？……ちょっと無理ですよね。

　でも実は、この意味不明な「完了形」を皆さんは……、毎日のように使っているんですよ？　ホントに何気なく。

　ビックリ仰天でしょう。だって、日本語にはない概念のハズなんですから……。

　**予言しましょう。**この項目を最後まで読み終わるころには、皆さんから「完了形」への漠然とした恐怖が消えているはずです。

## » まずは日本語で「完了形」を理解しよう

　ではさっそく。これまで同様、日本語との比較から把握していきましょうか。

「あれ？　顔色悪いよ」
「あー……ヘンなもの食べたんだ」

これ、よくある自然な会話ですよね？

　でも、ちょっと**時制的にはおかしい文章**じゃないですか？

　だって聞き手は、「今現在」顔色が悪いことを聞いているのに、答える側は、「過去」の話で返してるじゃないですか。


　しかし日常会話としては、すごく自然な流れですよね。

　ヘンなもの食べた（過去）→だから腹が痛い（現在）ってことなんですから。

　こうした会話を普段から交わしている皆さん、**おめでとうございます。アナタは完了形を完璧に使いこなしておられます。**

　なぜならこれが「完了形」だからです。


　ヘ？？？　と思ったでしょう。

　実は、英語圏の人たちが日本語を習うとき、とても不思議に感じるのがこのタイプの会話なんです。

　「おや？？　過去の話を持ち出して、現在の状況を説明しているぞ！」

　なぜなら英語には下記の基本性質があるのだから。

　「過去形で聞かれたことには、過去形で答える」

　「現在形で聞かれたことには、現在形で答える」

　という決まりごと。

　ところが日本語では、過去形で現在の状況が説明できてしまうではないですか。例をもう1つ挙げてみます。

　「お腹すいてる？」（現在）

　「さっきちょっと食べすぎた。」（過去）

　英語の大原則から言うと、「はい、すいてます」とか「いいえ、すいてません」と現在形で答えるべきなのに、「食べすぎた」と過去形で答えているのです

から。

しかし、こういう会話の仕方に慣れている日本人の皆さんは、すぐにわかりますよね。「だから今はすいてない」という状況を伝えているのだと。

そう。こういうことなのです。

実は日本語の過去形には、過去のとある時点が、現在の結果に影響している状況を表す「完了形」の要素が含まれているのです。

これはまさしく英語の「現在完了形」と同じこと。

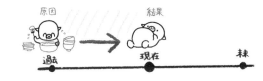

要するに、こういうことなんです。

日本語では、過去形1つで「今とは関係ない過去の話」と「今に至る原因」の両方を表現できるのに対して、英語の過去形では「今とは関係のない、本当に過去の話」しか表せない。

だから「今に至る原因」としての「過去形」を使いたいときに、その代役として「現在完了形」を使う！というワケだったのです。

これだけなんです。「なーんだ、完了形ってすごく簡単じゃん」って思ったでしょう？

## 》完了形とは、時制を合わせるための〝ワンバウンド〟なのである

「ねぇー、どうして昨日電話取らなかったの？」
「寝てた」

はい、これが完了形。細かく言うと「過去完了形」ですね。

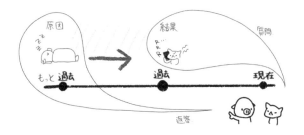

　おそらく、過去完了形なんて「過去に始まって過去に至るから過去完了形」という意味不明な説明をされてきたことでしょう。

　しかし、もうわかりますよね。**「過去形」で聞かれたことに「過去よりも以前の時制で」答えたい**から、時制を合わせるために完了形を用いたのだと。

　日本語では、「過去形」1つで**「完了」も「過去」も表せる。**
　**なのに英語では、この2つが分かれている**という事実を、大多数の人が知らない。
　じゃあ、**現在形に対して、過去形で答えたいとき**にはどうすれば良いのか。
　そこで編み出されたのが「現在完了形」なのです。現在形で聞かれたとき、現在形で答えるために「have」という現在形で〝ワンバウンド〟させて、過去を表す過去分詞を付け加える。それがズバリ、have＋過去分詞という形式なワケ。
　「過去にこういうことが起きて（原因）、今はこうなっている（結果）」ということなのです。**現在の結果を、遠回しに説明**しているワケです。

## » むしろ理解できていたほうがオカシイ「完了形」の教え方

　おおざっぱに言うと、完了形は「言い訳・理由・遠回し」という説明でも成り立ちます。「因果」の「因」の部分なのです。
　こんな物凄く大事なニュアンスを教えずに「過去に始まって現在に至るから現在完了形！」なんて説明されて、**ピンとくるほうがむしろオカシイ**ですよ！

　そして皆さん、おそらく「現在完了形の文には**yesterdayは使えない**」と教

わりましたよね。実際には、そんなことすら考えなくていいんです。だって現在完了は「現在」の話をするときに使うんだから。そんなの覚えるまでもなく**「当たり前」**なんですよ。

あと「現在完了形には『継続、経験、完了、結果』の4つの用法がある」と習ったでしょうが……。これもいちいち覚えなくて大丈夫。

読んでいる文章に実際に完了形が出てきたら、そのときに「継続、経験、完了、結果」のどの意味なのかをお考えください。**結局はどれも「現在に至る何かの説明」をしているだけ**なんですから。

beforeが後ろに付いていたら「経験」とか、justが挟まっていたら「完了」とか、そんな分類で覚える必要がないのです。

「現在に至る何かの説明」が「継続、経験、完了、結果」のどれかに当てはまるというのは、しごく当然のことなのですからね！

## » 完了形はコミュニケーション能力を上げるための処世術

完了形を使いこなせない人は、どうしても現在形ばかりを使ってしまいがちです。当たり前ですよね。具体的なニュアンスの違いがわからないのだから。

前節で触れた「現在形の概念」を思い出してみてください。現在形を使うと**「確実で、鮮明な印象」**を与えると言いましたよね。

つまり、現在形で質問されたことに対して、文法を守るためとは言え、頑なに現在形ばかりを使って答えていると、非常に自信のある印象を相手に与えてしまうワケです。

しかし何でも現在形で自信を持って話していたら、攻撃的に見えてしまうことでしょう。

だからこそ、完了形を使いこなせるようになると、コミュニケーションを和らげる効果があるのです。

過去のことを用いて答えるので、**遠回しの表現**になるじゃないですか。すると、**印象が柔らかくなる**のです。こうした特徴のおかげで、完了形が使えるようになると、表現力が格段に豊かになりコミュニケーション能力も自然と上がるのです。

Why are you reading Manga?（どうしてマンガを読んでるの？）

たとえば親からこう聞かれたとします。

Just because I want to.（だって読みたいからだよ。）

仮に現在形でこう答えたら、すぐに〝戦争勃発〟ですものねぇ！
では、こう答えたら、どんな印象になりますか。
Because I have finished my homework.
（だって宿題を終わらせたからだよ。）
前の文章よりは、だいぶ印象が柔らかいでしょう？

このように、現在完了形のhave＋過去分詞を使い「さっき勉強した（過去）から、今は遊んでる（現在）んだよ」という表現をすることで、相手に**理由や言い訳を遠回しに伝えられる**のです。

とりあえず今回の項目では、**英語の完了形というのは、実は日本語の過去形と一緒**なんだとわかってもらえたのであれば、立派な成果です。
　一とおりまとめてみましょう。日本語の過去形には2つの使い方があり、**1つは英語でいう「過去形」、そしてもう1つは「今の状況の遠回しな説明」**。一方、残念ながら英語の過去形には**「今の状況を遠回しに説明する」**という要素が含まれないので、その代役として完了形が存在するというわけです。

　今に至る**過去**（因）があってこそ、現在の**結果**（果）がある。人の生きざまも結局は、完了形ってことですね。

今に至る過去って思えば楽勝なんです。原因があってこそ結果がある。

この本を読んで、「なるほど！」と頭を雷で打たれた人ならば

もうこの本を見る前には戻りたくなくなるハズ。

そうやって今を大事にしながら、前向きに生き抜いたあなたが

いつか、立派に夢を叶えた暁に。

周りから、「あなたの成功のきっかけは何ですか？」

そう聞かれたときに、「とある本と、出合ったんだよね。」

なんて、夢のある話。あなたの成功過程の完了形に、

ほんの一部でいいから加わりたい。

そんな欲張りな私は、あなたの成功を応援してます。

心から。

# 11

# あなたが勘違いしている「受動態」の概念

## 》「君は、僕によって、好かれている」？？

「好きだよ」って言われたら、ドキドキしますよね。

じゃあ、意味は同じでも、もしも……

「おまえはさぁ、オレに好かれてるんだぜ。はっはっはっ」って言われたら？

いくらポジティブな内容だって、言い方によって印象が大きく変わるものです。これが「おまえはもう死んでいる」ならばマンガの名言になりますが、「おまえはオレによって好かれてる」となると、これほど不気味な言い回しも他にないでしょう。

しかし「～される」というこの言い回し、英語の授業で散々出てくる文章ですね。特に受動態（受け身）の時間ですと、『能動態の文章「～する」が「～される」「～られる」に変わった形式である！ 能動態の、単語の順番を置き換えた文章である！』といった説明を、当たり前のごとく聞かされて育ったハズ。

ズバリ今回は、その考え方を「根本から覆してしまおう」と思います。

## » 受動態は「そもそも能動態とは別物」であるべき

そもそも、能動態とは何でしょう。文法学者でもない限りは明らかに聞き慣れない用語なのに、当然知っているという前提で説明されてきたのも、思えば癪な話です。

だって普段の生活で日本語を話しているとき、「能動態」や「受動態」という文法を意識しますか？　**母語ですら意識しない**ことを、英語で能動態とか、受動態とか急に言われても困るだけでしょう。

ここではっきりとさせておきたいのは、日本語でも英語でも**能動態は能動態であり、受動態は受動態**であるということ。つまり文章としては、まったくの別物であるという話なのです。

例を挙げてみましょう。

「ゆうべ、上司に飲まされたんだよね」

こう話すとき、まずは能動態で「上司が私に飲ませた」という文章を作ってから、「飲ませた」という動詞を受け身の形にするために「飲まされた」に変えて……とか考えたりしますか？　いちいち、そんなことはしないでしょう。**能動態を経ずに、完全に別個の文章として**自然と「上司に飲まされた」という表現にたどり着きますよね。

それなのに英語の授業では、構造をわかりやすくするためなのか、必ず次のような図を見せるじゃないですか。

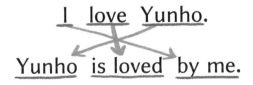

この、やたらと矢印で順番が置き換えられてる図……イヤってほど見た覚えがあるでしょう。

I love Yunho.（私はユノを愛してます。）って文章を持ち出しては、「これが、能動態ですね〜？」と来て、そこからいきなり「ここから受動態（受け身）を作るんですよ〜」と矢印を書いて、順番の置き換えを押し付けてくるワケです。

「諸君！　受動態は、主語を入れ替えたあとに動詞を過去分詞にして、順番を
Yunho is lovedに変えて、前置詞のbyにIの目的格のmeを付けて……」

　Yunho is loved by me.

「ユノは、私によって、愛される。←これがズバリ
受動態である〜！」

　なんだか釈然としない……。そもそも、何でこん
な変な文章を使うの？という疑問ばかりが浮かぶこ
とでしょう。

## 》「能動態→受動態」を考える

　以前、「**英語は場所がどれだけ大事か**」という話をしましたよね。

　①がっちゃんはユノを愛してる。

　②ユノをがっちゃんは愛してる。

　このように、**日本語だと単語を好きな場所に移動できる**。ところが**英語はで
きない**……という話。

　① Gatchan loves Yunho. (がっちゃんはユノを愛してる。)

　②Yunho loves Gatchan. (ユノはがっちゃんを愛してる。)

　まったく同じ単語を使っても、①から②のように単語の順番を変えてしまう
と、残念ながら意味が完全に変化してしまうのです。

　なぜなら英語には「〜を」とか「〜が」という助詞がなく、その役割を「場
所」が果たしているからである、と説明しましたね。

　では皆さん、考えてみてください。

　気持ち的に、どうしてもYunhoという単語を先に使いたい！　Yunhoを愛
するあまり、主語よりも何よりも先に口走りたい！……そんなとき、**むやみや
たらにYunhoを主語にしてしまう**と、②の文章となり、意味が変わってしま
うじゃないですか。**そんなときのための対策**として、「Yunho is loved.」とい
う「受動態」の形が、言葉の意味を変えない上での動詞の変化球だと思えば良
いでしょう。

ちょっと言い方を変えれば、「する側 (動作をする主体)」の存在感が省かれても別に問題ではないときに、この形式が役に立つってワケですね。

①I broke the window.
②The window was broken.

①の能動態は、私が原因で壊してしまった感じで、②の受動態は何かの影響によって壊れてしまった感じを表しているのです。受動態の場合、動作主か明かされていません。

要するに、受動態と能動態とでは、表現したいポイントが異なるということ。

## »「試験問題」を解くのに役立つ受動態の「特殊な訳し方」

せっかくなので、「試験問題を解くのに便利な」訳し方について、もう少し解説いたしましょうか。

先ほど、皆さんが英語の授業中に教わった「受動態」の説明の図がありましたよね？

I love Yunho.

Yunho is loved by me.

この、やたらと矢印で順番が置き換えられている図。

このように「**主語と目的語の場所を交換**」して「ユノは、私によって、愛されている」と訳すのが受動態だと教わったじゃないですか。

でも、ちょっと待ってください……。

もし単語同士で場所を**交換**するのだとしたら、「～を」とか「～が」という**助詞の役割も一緒に移動させるべきじゃないですかね？？？**

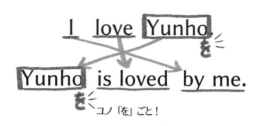

## »「交換」におけるそもそもの誤り

　だって、そうでしょう？　「場所が助詞の役割をしている」と言うならば、「場所を交換させる」ために単語が移動するときに、**助詞ごと動くのが当然じゃないでしょうか？**　上の例文で場所を交換したのは、「Yunho（ユノを）」でしょう？　ならば、ユノ「を」ごと移動しなきゃでしょ。交換ってそういうことじゃないですか、皆さん？

　すると、目的語のYunhoを主語の場所に移動したのであれば、訳し方としても「ユノは」になるのではなく「ユノを」と、助詞の要素も一緒に移動する必要があるのです。

　この理屈で、単語が含んでいる助詞の意味までも丸ごと移動させると、訳は次のようになるでしょう。

　Yunho is loved by me.　（ユノを、愛してる、私は。）

「主語と目的語」の位置が「交換」されたのですからね。

「いや、これ受動態だから『〜される』だろ！」だとか「さっき、受動態は『〜てある状態です』って言ったじゃん！」という異議は、いったん脇に置いといてください。これはあくまでも、**テスト問題を解くのにより便利な訳し方**としてお話ししているのですから。

　この感覚に慣れてもらうために、次の例文のニュアンスを見ておきましょう。

　①Yunho cooked today's lunch.（ユノは、作った、今日のランチを。）

→②Today's lunch was cooked by Yunho. （今日のランチを、作った、ユノは。）

③Everyone loves Yunho. （皆が、ユノを、愛してる。）
→④Yunho is loved by everyone. （ユノを、愛してる、皆が。）

あえて「される・られる」といった形式は使わなかったものの、この訳し方だけでも、伝えたいニュアンスは伝わりますよね。

もしもこの文章が試験問題だとして、たとえば①と②の動詞が「cooked」なのか「was cooked」なのかで選ぶ問題だとしたら……？

①Yunho [1. cooked / 2. was cooked] today's lunch.
　（ユノは、作った、今日のランチを。）
②Today's lunch [1. cooked / 2. was cooked] by Yunho.
　（今日のランチを、作った、ユノは。）

①は主語が「ユノは」の「**した側**」だと訳せるので当然「cooked」を選べば良いでしょう。

一方、②は主語が「今日のランチを」の側、すなわち何かしら「**影響を受けた側**」なのだと訳せるから受動態と見なして「was cooked」を選べば良いってこと。

## 》「受動態」の理解のまとめ

以上、「受け身」の新しい捉え方について紹介してみました。

内容をまとめますと、受動態というのは、love（愛する）がis loved（愛される）の形に変わったという事実よりも、主語のI（私は）と目的語のYunho（ユノ）の場所が入れ替わったという事実に注目すべき形式なのです。

すなわち、ユノをあまりにも愛するあまり、**強調したいがあまり**、「ユノ」というワードを**どうしても先に言いたい、だけど**場所を入れ替えただけで形はYunho lovesのままだと意味が変わってしまうので、**混乱させないために動詞**

**を受動態の形に変えた**だけの話。ですから、「される・られる」などの日本語の訳し方自体にこだわる必要はないのです。

　さらに言えば、受動態は「主語と動詞の形態が変わった」という変化そのものよりも、**「伝えたいニュアンスが変わる」**という事実こそがポイントという点をお忘れなく。

　とはいえ、「受動態」なんて、既存の教え方のようにただただ機械的に教えてりゃラクなものを、なぜこうも必要以上に噛み砕いて、わざわざ新しい概念としてお伝えしたのか……。それは、他の文法用語の概念と、どこかしらでリンクする瞬間があるからに他なりません。

　この本は「一度に通読」するのではなく、百科事典のように読み飛ばしながら、**要素ごとに読んでもらっても一向に問題ありません。**

　ただし、この本に含まれている色々な要素同士が、実は密接に繋がっているのだということだけは実感してほしい……。それを感じた瞬間、皆さんのもとに凄まじいシナジー効果がもたらされることになるでしょう。

私は皆さんに、魔法をかけたワケじゃないんです。
いや、魔法だとしても一緒。
いくら魔法を教えたって、アナタが何もせず受け身な状態ならば
私がすごい魔法使いになって終わるだけです。
この本を「おーがっちゃん、すんごい」と、「受け身」で終わらせて
私をすんごい魔法使いにしないでください。どんな方法でもいい。
私の知的財産を、自分のものにしてください。
ちゃんと盗んで、どうせなら追い越して、
私なんかよりもずっと凄くなった
ご自分を完成してください。
それこそ、本望です。

# 12

# ついに英語の最難関「分詞構文」を解き明かす

## 》「今まで完全に踊らされていた」だけの分詞構文の真の正体

「分詞構文」という大敵。すでに用語の名前を見ただけで、「とてつもなく難しいオーラ」がプンプン漂ってきますよね。

　まずは大多数の生徒が、どのように教わるのかを今から大まかに再現してみましょう。ただし、今から再現するのは「あくまでもマネ」なので、くれぐれも覚えようとせずに頭を空っぽにして見物するだけにしておいてくださいね。

　ではスタート。

　When he saw the police officer, he ran away.
（彼は警官を見たとき、逃げ出した。）
「この文章では、彼 (he) が2回も出てきますよね。重複しているので、Whenから始まる従属節の中にあるheを省略しましょう！（←？）

　次に、Whenを消したら、動詞にingを付けて分詞構文にします。（←？）」

　Seeing the police officer he ran away.
「これで分詞構文を使った文章の完成で〜す。（←？）
　完璧。これで終わり〜！（←？）」

以上のように「これが分詞構文です！！」と教わるワケですよ。
　……皆さん、今ので分詞構文の「正体」がわかりましたか？
　納得できた人が果たしているのかどうかもお構いなしの説明方式です。

でも残念なことに、今のは分詞構文の一般的な授業をそのまんま真似した光景なのですよ。大げさっぽくて、ちっとも大げさじゃないのが恐ろしい事実です。方法だけを暗記させて、概念使い方、原理については見事にごっそりと省いてしまう。

　だから、**なぜ使うかも腑に落ちない、訳し方もパッとしない。**

　だからって、教わったままの解き方を機械的に覚えれば解決するかといったら……？　現実は、大事なテストに出される分詞構文の問題は解けず、その後もずっと謎の状態は続き、社会人になってからも「**分詞構文って……一体、何だったんだ？**」とモヤモヤした気持ちを抱いたままの人生を送るわけですよ。

　そんな英語戦死者の皆さん、**長らくお待たせいたしました。長年のミステリー・分詞構文にリベンジする時間**です。今までのモヤモヤはもう忘れて、分詞構文を一気に攻略してしまいましょう。ペンもノートも必要ありません。気楽な心構えで読み進めていってください。

## 》 そもそも「分詞」とは一体なんなのかを解き明かす

「分詞構文」。まずは最初の2文字「分詞」から攻めていきましょう。

　そもそも**分詞**って、何ですかね？　英語はひとまず置いといて、皆さんが何よりを得意な日本語で考えてみましょう。

　たとえば、「**食べる**」という言葉。こちらもちょっと形を変えてみます。「食べること」「食べるため」「食べる○○」「食べられる○○」……。いくらでも出てきますよね。

　しかし、一見いくらでも無造作に出てくるようでいて、実はちゃんとパターンというものが存在するのですよ。

　この「食べる」に限らず、動詞を、動詞ではない形に変えるときには、大きく3つのカテゴリーに分けられるのです。

　①「食べること」のように名詞のようになるもの

②「食べるために」「食べるように」という言い方で目的を表すもの

③「食べる〇〇」「食べられる〇〇」「食べた〇〇」のように他の言葉を修飾するもの

　そして③のパターンこそが、ズバリ「**分詞**」**の正体**なのです。今まで散々わかりづらい説明で語られてきた文法用語ですが、実はこれがすべてなのですよ。ハイおしまい！

## 》 分詞の特徴は〝する側〟と〝影響を受けた側〟に分かれること

　要するに「食べる」という動詞の形を変えると、たとえば「上田」という人物を、次のように修飾できるわけですね。

①「食べる上田」

②「食べられる上田」

　このように、修飾、すなわち**形容詞のように形を変えたもの**が分詞の姿なんですねぇ。

　でも皆さん、よく見てください……。動詞を形容詞のように変えると、さらに2つのパターンに分かれることに気が付きませんか？

　「①食べる上田」と「②食べられる上田」。

　この2つの違いは、何ですか。

　①の上田は、「食べる側」ですよね。一方、②の上田は、「食べられる側」ですよね。①の上田は生存してますよね。②の上田はもういないですよね、食べられて。

　このように、分詞の表現というのは、**〝する側〟なのか〝影響を受けた側〟なのか**に分かれるのです。あれ？　ちょっと待って。この構図、どこかで見た気がしませんか。

　以前に受動態の説明をしたときにも登場したじゃないですか！

123

早い話、「する側」が主語のときの動詞はINGで、「影響をうけた側」が主語のときの動詞はEDなのですよ。

つまりは「は／が」という助詞で表現できる "する側" の場合は、動詞にingを付ける。一方「を／に」という助詞によって表現できる "影響を受けた側" の場合は、edを付けるという法則が成り立つのです。

これを、教科書では、**ingが付くほうを**「**現在分詞**」、**edが付くほうを**「**過去分詞**」なんて呼ぶのですが、もうその必要もないですね。

私たちは「助詞」だけで、ものごとを考えられるのですから。

イメージとしては、右のような感じです。

## » 実は「分詞構文の目的」はただ1つだけ！

では、分詞の正体がわかったところで、皆さんを悩ませ続けてきたラスボス・分詞構文に向き合っていきましょう。

先ほどお見せしましたように、皆さんが教わったのは「概念」ではなく「ただの暗記」です。それも、ロボットみたいに機械的な方法の暗記。

たとえばこういうことです。

Because I was tired, I went to bed early. （疲れていたので早く寝ました。）

こちらを学校の授業風に、分詞構文を使った文章にしてみますと、

「まずは重複しているIを消しましょう！　そしてBecauseも消しましょう！　その次に動詞にingを付けましょうね。あっ、be動詞にingを付ける際には基本形にするんですよ。」

Being tired, I went to bed early.

「はい、できました〜。でもこれでは十分で
はありません。beingで始める文章はbeing
を省略しても良いのですからね！」

Tired, I went to bed early.

「これで完成です。以上！」

　生徒たちはポカ〜ン。こんなことをしておいて「要するに分詞構文とは……
こういうコトです！」と、英語なのか、数学なのか一瞬ワケのわからなくなる
公式で締めくくられるのが、ごく一般的な授業の解説。そして、この解き方を
覚えただけで分詞構文が理解できたと思い込む生徒たち……。
　**……これ全部、忘れちゃってください。**
　なぜなら、分詞構文のこうした教え方は「正しくない」からです。この際はっ
きり言ってしまいます。この教え方は「正しくない」のです。だって分詞構
文の目的は、ダブった主語や接続詞を省略することではないのだから！！　分
詞構文の本来の目的は、それじゃないのだから！
　……一体どこでボタンを大きく掛け違えたのかを、解説いたしましょう。

When he saw the police officer, he ran away.

「皆さん、同じ主語が2回出てきましたよね〜。だから省略しましょう」
　**ここから間違ってるんです！**
　そのボタンじゃない。そのボタンから、掛け違えてるワケですよ。
　大多数の先生が誤解していること。それは、分詞構文の本質が「ダブった主
語や接続詞を省略するもの」だと思っていること。違うのです。分詞構文の目
的は、それじゃない。
　「○○だ」を、1つ消すことなんです。
　それが、本質なのです。すなわち？　**動詞を、動詞じゃなくすることが、本**

質なのです。

　動詞を、動詞じゃない形にすることが、分詞構文の真の目的なのです。

　つまり、1つの文章の中で「結論を述べる動詞を1つにすること」こそが、本質だったのです。すなわち動詞を変化させて動詞じゃなくするのが目的。ですから、「主語がダブる」とかは、実はどうでもいいことだったんです。

　heが2つあるのなんか、どうでもいい。大事なのは、そっちじゃない。

When he saw the police officer, he ran away.

　動詞が2つあるじゃないですか。sawとran。これを1つにするのが目的だったんですよ。

　はい、雷ドカーン。分詞構文に悩まされ続けてきた人の頭には、今ので、脳内に稲妻が落ちたはずです。

　要は**動詞が多いと文章が重たくなる**から、1つにしてコンパクトな文章にしようというのが、本質だと私は考えています。

## » 異なる主語が 2 つある場合は省略せずに残しておく

　ですから、「**主語が被るから省略**」ということに着目する必要なんて、端から**無かったワケです**よ。

　ちなみに、あなたが真面目に授業を聞くような人ならば、独立分詞構文という用語を耳にした覚えがあるでしょう。これだって実は相当無駄な用語なんですよ。

　「従属節と主節の主語が異なる場合の分詞構文……」という難しいことを考える必要もない。たとえば次のような英文。

It being Friday night, he came back home late.

（金曜日の夜だったので、彼は遅くに帰宅した。）

　単に、**主語が同じだったら省略するけれど、主語が違ったら省略しない**という当然の現象にわざわざ独立分詞構文という難しい用語を付けただけのものなのです。

　しかしながら、分詞構文について「**主語を省略するのが目的**」かのように教

**えてしまった**ために、実は「主語を省略できなくても分詞構文が作れる」という矛盾が生まれてしまう。それを補うために「独立分詞構文」という用語を後付けしたのでしょうね。こうした用語は頭を混乱させるだけなので、無視してしまって問題ありません。

　以上が、分詞構文の解説でした。ハイおしまい。


　どうでしたか。分詞構文、これでもラスボスに見えますか？　むしろ衝撃的なほど拍子抜けしているのではないでしょうか。
　**「文章の中の動詞を1つに減らす。その方法は、減らしたいほうの動詞にing（またはed）を付ける。」**
　これが分詞構文ですよ。
　意味がわからなくて頭がこんがらがりますか？　この用語に長年苦しめられた人にとっては、ある意味涙目ものでしょうが、こんなにもあっけなく難関・分詞構文をクリアさせていただきました。


　世の中には、英語にくたびれてしまった人が多くいます。そんな中、英語へのハードルが確実に下がっていく皆さんの様子を見るのは、本当に気持ちがいいものです。
　死ぬほど理解するのが難しいとされる分詞構文について、「なんだ、大したことないじゃん」と言えるようになったあなたは、昨日よりも確実に「すごい人」に変わったのです。
　だってほら。「分詞構文の本質」が何かを一言で言える人なんて、あなたの周りに1人でもいますか？　そんな中あなたは「動詞の形を変えて、1つに減らすこと」と、一言で整理してしまえるのですよ。
　何でもないようなことかもしれませんが、これをスパッと言えるのは本当にすごいこと。
　周囲の人たちの中で、唯一これを言える人はあなただけという事実。
　これだけでも、十分な自信を持てる根拠となるハズです。ぜひとも英語を頑張るための原動力にしてくださいますよう。

# 13

# 「完全」とはどういうことなのか。要は……

## » 日本語に置き換えれば簡単に理解できる「関係副詞」

　関係副詞……。待てよ、その前に副詞って何だっけ？
「副詞とは、形容詞や動詞や副詞などを修飾するもの」
「時や状態や程度や頻度やその他を表すもの」

　何、その他って？　一見親切に教えてくれるフリしてちゃっかり「その他」
で済ませている謎の説明。

　こんな謎の説明が始まると、途端に投げ出したくなるのが英語戦死者たちの
本能ですよねぇ。そこで私は、その本能のスイッチに触れぬよう副詞をやさし
く一言で定義してみました。　はい、一言で、ズバリ「どうでもいい情報」です。

　この説明で不安になるようでしたら、「『いつ』『どこで』『どれくらい』」を意
味するもの」くらいに考えておけば十分です。

　副詞なんて、私に言わせりゃ「その他の情報（省いてしまってもいい情報）」
なのです。

「関係」副詞についても同じことが言
えます。

　関係副詞は省いてしまっても構わな
い……。実は、この「省く」という作

業ですが、日本語を話している皆さんだって普段から無意識に行っている行為
なのです。たとえば、「**眠い**」。

　毎日のようにこぼす一言ですが、これすらも「省略されている」文章なので

すから。このフレーズでは、「**誰が**」という言葉が省略されていますよね。

　こんなふうに、普段の会話の中で私たちも色々な情報を省いているのです。そして、それは英語も同じ。にもかかわらず、「関係副詞」とかいう名前が付けられた途端、やたらと難しく感じてしまうのです。

　では、いつものように、まずは日本語の例文で説明していきましょう。

　たとえば、私が以前に旅行した国を例にしてみます。

　この国を形容したい場合、「**いつ**」「**どこ**」「**どれくらい**」という言葉を付けて、色々な表現の仕方ができると思います。

「私がいつか行きたい国」「日本からはとても遠い国」「日本よりも1.2倍ほど大きい国」

　……こんな具合に。

　ここで英語の視点に切り替えてみましょう。英語が日本語と違うのは「**修飾を長めに加える場合は、名詞の後ろにくっ付ける**」という点でしたよね。これについては関係代名詞の項目でも説明しているので、ど忘れした方はそちらをもう一度お読みくださいますよう。

　では、実際に国という単語を使った例文を見ながら説明していきますね。

国＋私がいつか行きたい国

　この形、関係代名詞を理解できた人なら、**構造が似ている**のが一瞬でわかるはずです。「国」と「私がいつか行きたい国」を合体させると「国」がダブっているのがわかりますよね。では、この重複を解消するとどうなるでしょうか。

国＋私がいつか行きたい

　いったん日本語の語順で考えると、よりスムーズに理解できると思います。

私がいつか行きたい＋国

　このように、**重複している情報を省く**のが関係副詞の用法です。

　しかし、「この『＋』の部分はどうするの？」という大事な疑問が1つ残って

いますよね。関係代名詞を学んだときは、thatがこの接着剤の役割を果たしてくれました。では、関係副詞のときも同じ考え方をして、特定の単語に接着剤の役目を果たしてもらいます。

皆さん、5W1Hって聞いたことありますよね？

誰が（who）
何を（what）
いつ（when）
どこで（where）
なぜ（why）
どうやって（how）

これら6つのことです。

この中の4つに下線を引いたのには理由があります。6つの単語のうち、関係副詞では、関係代名詞として使われる**whoとwhatを除いた4つの選択肢から適切なものを選んで接着剤の役割**を務めてもらえば良いのですから。

例文に戻りましょう。重複していた「国」という単語は場所。そこでwhereを選んで関係副詞の役目を果たしてもらうのです。

the country where I want to go someday

## » 関係副詞と関係代名詞の違い

ここで1つ質問。学校の授業で、次のように教えられたという人はいませんか？
・関係代名詞の後ろには「不完全」な文が付く
・関係副詞の後ろには「完全」な文が付く

仮にこう教わったとしても、「不完全」とか「完全」という言葉に惑わされる必要はありません。あくまでも文法用語として難しく表現されているだけであって、結局のところ**「省略が起これば＝不完全な文章」「省略しなければ＝完全な文章」**ってだけなのですから。

要は「誰が／誰を」「何が／何を」という名詞が省かれているものを「不完全」な文章、それらの名詞が省かれていなければ「完全」な文章と説明しているに過ぎないのですよ。先ほどの例文をもう一度見てみましょう。

国＋私がいつか行きたい国

この場合、「場所（国）」の部分を省略しましたね。しかし、文法の世界では「誰が／誰を」「何が／何を」に当たる**名詞が省かれていなければ**、その他の情報が省略されている場合であっても**「完全」な文であると解釈**されます。それだけのことなのです。

まとめますと、文章と文章、もしくは文章と単語とが繋がったときに、**ダブった文言を省く**のが関係代名詞や関係副詞の仕組みでしたよね。

その際、省いた単語が「誰が／誰を」もしくは「何が／何を」であれば、不完全な文章（関係代名詞）であり、「いつ」や「どこで」を表す、その他の情報であれば、「完全な文章」すなわち関係副詞と判断すれば良いってこと。

ね？　なんのこっちゃなかったでしょう！

時代は変わったんです。皆さんの欲しい知的資料や情報は、
皆さんの前にいくらでも転がってくる時代なんです。もう情報というものはエリートの特権じゃなくちょっと探したり投資したりすれば、すべての人の前に、
ある程度転がってくる時代なんです。
今までは、知らず知らずのうちに、英語ができることを特権や武器として振り回されることも意外と多かったことでしょう。意外と。見えないところでも。
もう、変わっていいと思いますよ。そういう風潮を皆さん一人ひとりが
塗り替えて良いと、思います。
外国語が使えるという便利さを、
決して武器として振り回されず、
決して人に振り回さず。
自分を守りつつも時には、弱者を助ける手段として使える人が
一人でも増えれば、この上ないでしょう。
私はそんな人を、心より応援します。遠くから。

# 14

# 誰も説明してくれなかった冠詞「the」の正体

## » 皆さんにとって「英語の上手さ」の基準は何ですか？

　ある程度英語を極めた人にとって、「この人は英語が本当に達者だ」と判断できる基準となる要素は、何だと思いますか？

　試験の点数？　発音の上手さ？　難しい専門用語をどれだけ知っているか？

　もちろん、それらもある程度の基準になるのでしょうが、私が今からお話しする基準は、英語戦死者にとって実に意外なコトに違いないでしょう。

　ズバリ「**the**」。そう、「**冠詞**」です。

　冠詞を正確に自然と使いこなせてるかどうかによって、英語の実力が見極められるなんて……すごく意外でしょう？

　ここだけの話、英語をある程度勉強した人との会話中に「**英語が本当に上手かどうかは、冠詞の正確さで決まるよね！**」というセリフを言い放つだけでも「**おっ……？　さては、只者じゃないぞ？**」と一目置かれること間違いなし。(笑)

　ただし、英語を専攻した人でもなければ逆に「**は？**」と思われるのでご注意を。

　それだけ「難しさ」がわかりづらいカテゴリーなのも確か。あまりにも微妙なニュアンスの領域なので、ネイティブスピーカーでも間違えることが普通にあるくらいなのですから。

この「冠詞」も様々な種類があるカテゴリーなので、とことん掘り下げてしまうと分類と内容が膨大になってしまう恐れがあります。

ですからこの項目では、冠詞において**最たる軸となる「the」の基本概念**についてのみ皆さんへ解説したいと思います。

基本概念といえども、この軸さえきちんと把握し、使いこなせるだけで、英語のレベルが面白いくらい立体的となるミラクルな体験をすることができるでしょう。

## » 「the」は「簡単」という誤解

しかし皆さん、「theは難しい」なんて言われると、普通はこう思いますよね。
**「何で？　カンタンじゃん！　『その』じゃん！」**

こんなふうに言い放ってしまえば、それまでなのかもしれません。しかし実際は、間違えずに「the」を自然と使いこなすためには高度なスキルが必要なのです。

ここでは「a」を付けるべきか、それとも「the」を付けるべきか、もしくは何も付けてはいけないのか、といった判断が意外とややこしい。その上、「the」は単数でも複数でもお構いなく付けられる冠詞ですからね。

その一方で、冠詞の「a/an」については「それなりにやさしい」と思われているワケですが。

その理由はきっと、「a/an」は単純に「単数の名詞」にさえ付ければ良いという**固定観念があるせい**でしょう。

注意点と言っても、「aeiou（母音）」が直後に来るときには「a」ではなく「an」を付けようという決まり事があるくらいと考えている。

ところが、この「a」は**使い方によっては大きくニュアンスが変わる**という大事な事実を、英語圏以外の人たちはほとんど知らないというのが残念なところ。

私だってネイティブスピーカーではないので完璧に自然と冠詞を駆使するのは難しいです。ただ1つだけ胸を張って言えるのは、英語を母語としないごく普通の非英語圏の人へ「冠詞のtheが、一体どんな概念か」を誰よりもわかりやすく説明することだけはできるということ。

そんなワケで私はこの項目で、本を購入してくださった皆さんにだけ特別に

「冠詞・the編」を書き下ろしで解説してみたいと思います。

## » 意外と知られていない冠詞「a/an」の実際のニュアンスとは？

　さて「the」の前に最もとっつきやすい「a」でウォーミングアップしてみましょう。

　「a/an」というのが「数えられる単数（1つ）の名詞の頭に付く冠詞」という事実は、基本中の基本ですよね。しかし「a/an」を「実際に和訳」しているケースをご覧になったことはおありでしょうか？

　「1人の少年」「1本のペン」と、**いちいち冠詞まで和訳するケースはあまり見かけたことがない**と思います。

　もちろん「a/an」が付くと「1つ」だ、ということがわかるようにはなります。しかし乱暴に言ってしまうと、わざわざ「a/an」を付けなくたって後ろに「s」を付けないだけでも単数なのはわかりそうなものですよね？　しかし頑なに「a/an」を付けるのには、それなりの理由があるワケです。

　この単数の名詞の前につく「a」を「1つの」と直訳することもできます。しかし、実際のニュアンスを把握することによって、それまでとは比べ物にならないほど視野が広がっていくことでしょう。

　**冠詞の「a」は「1つの」というよりも、こう解釈すること**でかなりの謎が解けるハズです。

　「**一般的な**」
　ズバリ、こうです。

「1つの」(one) という概念より、「ごく一般的な」「ごく普通の」といった概念で解釈すれば良いということです。要は、「an apple」というのは「**1つ**」という数字が大事なのではなく「**ごく一般的な（1つ）**」という意味として捉えたほうが自然というワケなのです。

　つまり、「a white house」は、「1軒の」という**数自体が大事なのではなく**「ごく一般的な（1軒の）」白い家という部分がポイントだということ。

　1つという数自体が大事なのではなく、その名詞を聞いただけで誰もが「ご

く平均的に思い浮かべる個体が1つ」あるのだとイメージすれば良いというワケです。

　ということは……もしも「a/an」を取り除いてしまうと「誰もが思い浮かべるごく一般的なものではない」という発想に繋がりますよね？　すなわち一般的な個体としてのイメージがない状態。そう。**ズバリ「名詞のイデア」な状態。**（とても興味深い内容ですので「名詞のイデア」の項目を必ず参照（54ページ）されますように）

　すると「a/an」1つないだけでも、とてつもなく抽象的な単語になってしまうのです。このように非常に大きなニュアンスの違いがあるので「冠詞の1文字くらいウッカリしたって……」と捉え、些細な差だろうと気を抜いてしまうと、とんでもない誤解や、なんとも言えない歯がゆさを生み出してしまう可能性があるってこと。

### That's one small step for (a) man, one giant leap for mankind.

「これは1人の人間にとっては小さな一歩に過ぎないが、人類全体にとっては偉大な跳躍である。」

　どこかで一度は見たことのある文句ですよね？　そうです。宇宙飛行士のニール・アームストロングが「月面着陸」の際に言い放ったとされる有名な言葉。

　しかし実は、「冠詞1文字」をウッカリ省いてしまったせいで、世界の総ツッコミを受けてしまったことをご存知でしょうか。

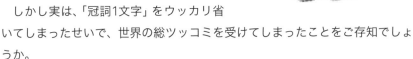

　That's one small step for a man, one giant leap for mankind.

　こちらが文法的に正しいセリフ。当時この「a」が正確に発音されなかったことによって、世界中の言語学者に文法的な指摘を受けてしまった興味深い事例でもあるワケです。アームストロング氏本人も後日談として、冠詞の使い方のミスを認めたと言われていますね。

先ほど、「a」を入れることでどういうニュアンスが追加されると言いましたか？　1つという**数自体**が大事なのではなく「**ごく一般的な**」「**ごく通常の**」という概念が生まれるのだと言ったじゃないですか。すると、この文章のどこがツッコミどころだったのかはすぐにおわかりになりますね。

「a」が入ることで、「通常的な、一般的な、ごく平凡な」（1人の）人間の一歩という正確な意味になるワケです。

では、逆にくっ付けないと、どうなるでしょうか？　その「man」は「一般的な1人の人間」ではなく「もっと抽象的な広い意義」となりますよね。**すると、これもまた「人類」といったニュアンス**となってしまうのです。**結果、後ろのmankindと意味が同じになってしまい、ドラマチックな要素が薄れてしまったというハプニングが発生した**というわけです。

## » 私たちが学んだ「the」の盲点

「the」を理解する方法として、私は以前このような教え方をする人に出会ったことがあります。「**話し手と聞き手の両者とも認識していればthe**」だと。

言われてみれば確かに一理ありますね。それに見合う例だって、いくらでも存在します。

たとえば、とある名詞が初登場する際には「This is a pen.」と「a」を付けるけれど、二度目に言及するときからはthe penと「the」を付けてあげるべし、といった規則がそうです。

おそらくこの学び方を経験した人は多いことでしょう。初登場は「a」、二度目以降は「the」。

しかしながら「**両者ともに認識してるからthe**」という説明に関しては、**必ずしも成立しない場合だって山ほどある**のが盲点なのです。

初登場は「a」、二度目以降は「the」と習ったハズなのに、小説の冒頭でいきなり「The boy is......」というくだりで始まる例も、どれだけ多いことか。

それ以外にも、「the・両者認識論」には説明のつかないケースはたくさんあります。

## » どうしても暗記するにはややこしい「the」の使い方

特に受験生たちにとって暗記が面倒なパターンとしまして、「**山脈**」「**連合国**」「**川**」などの名前には「the」を付けますが、「**湖**」「**国**」「**島**」「**山**」などの名前には「the」を付けないといった謎。

もしもこれらの基準が「話し手と聞き手の両者とも認識しているかどうか」であるとしたら、少なからずオカシイですよね。

**誰が勝手に、山脈や川についてはお互いに知ってると決めつけたんですか？**

逆に、湖や島や山をお互いに認識してる場合だって多いでしょう。なのに、そちらには付けないのは不公平じゃないですか。

その上、Japan（日本）、Germany（ドイツ）、Italy（イタリア）などの国名には付けないのに「the United States（アメリカ合衆国）」には付けている点も不思議なものです。同様にフィリピンやオランダにも「the」がくっ付きます。ちなみに日本では「オランダ」と呼びますが「the Netherlands（ネザーランズ）」が公式名称ですね。

また、「太平洋（the Pacific Ocean）」「インド洋（the Indian Ocean）」「テムズ川（the River Thames）」「アンデス山脈（the Andes）」「ミシシッピ川（the Mississippi River）」とかには必ずtheが付くのに、不思議なことに「ビクトリア湖（Lake Victoria）」や「富士山（Mount Fuji）」「エベレスト（Mount Everest）」には「the」を付けないんですよ。

**これを「二度目の登場」や「両者の認知」で片づけるのは納得がいかない**じゃないですか。この他にも数多くの例外事項が存在する始末。一つひとつを突き詰めていくと、文句の言いたくなる単語が1つや2つでは済まなくなるのです。

もちろんこれらをネイティブスピーカーたちは自然と使いこなしてはいるものの、いざ根拠を聞いてみたって、**納得のいく説明をできる人はほとんどいません。**まして非英語圏の我々となれば、もっての外ですよね。

なので、良心的な英語講師の中には「自分はtheは教えられない。自分もよくわからないから」と正直に打ち明けてしまう人もいるくらいです。それだけ「ニュアンス勝負」の頂点とも言える「冠詞」なので、「**相手の英語のレベルを垣**

間見られる基準」となるのも頷けるでしょう。

　そんな中、この項目では、そこまで細かい部分にはこだわらずとも最も簡単なアプローチの仕方として比較的大幅に適用できる「概念」を特別に解説してしまおうと思います。

　この本は「英語戦死者」向けとは言ったものの、**いまだ「the」の説明が苦手という大勢の熟練者にとってもかなり役に立つ内容**となることでしょう。

「the」だけでも、細かく分ければ色んなカテゴリーが作れますし、例外も生じますが、それでも最も広い枠での概念としては、「この説明」を超える方法は他にないハズです。少なくとも「話し手と聞き手が両方認識してること」みたいな落とし穴だらけの説明よりは、ずっと腑に落ちる内容に違いないでしょう。

## » ついに明かされる「the」の正体

「the」は、冠詞の中でも名称上「定冠詞」という名が付いています。

　反面「a」はと言いますと、「不定冠詞」という名前が付いています。

「定」と「不定」との違いですよね。

　これは何の「定」かと言いますと「定まる」の「定」。

　つまり、「何が定まっているのか」が「the」と「a」の理解の決め手というわけです。

　これをズバリイメージ的に説明したいと思います。今後、皆さんは「the」のことを、こうイメージしてください。

　こうです。

マウスで その部分だけ
ドラッグする感覚。

**「the」を付けた瞬間、その単語の位置に「輪郭を作る」様子を思い浮かべてください。**

　パソコンで言えば、マウスを使って**望む範囲だけを枠線で囲う**ことができますよね？

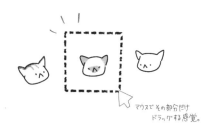

こんなイメージです。つまり「the」というのは、その単語が意味するのが**「どこからどこまでなのかの枠を定める」**＝つまり、**範囲を定める役割**なのだとお考えください。

まるで範囲を輪郭で囲むようなイメージ、その部分だけを残して周りはモザイク化してしまうようなイメージです。

要するに、「the」が付いた瞬間、ちょうどその箇所に「なかった輪郭」が登場するのだと思えば良いのです。結論だけを言えば「**the＝どこからどこまでなのかを決める輪郭**」ということなのです。

## 》「the」が付くもの、付かないものの見分け方　〜場所編〜

それでは、具体的にイメージで例をお見せして、より一層頭に刻み込んでみましょう。

たとえば「山脈」というのは、山々が繋がって名称化された場所です。ということは、ペトッと指で指して定める場所ではなく「範囲」として定まっている場所と見なせることでしょう。

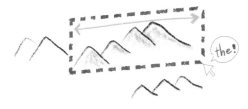

つまりはこういうことです。「どこからどこまで」と、まるでちょうどその範囲を教えてくれるかのように**「なかった枠線」**ができると思えば良いのです。

川だってそうです。特定の場所というよりは「どこからどこまで」と範囲的に見なすほうがふさわしいのが川じゃないですか。

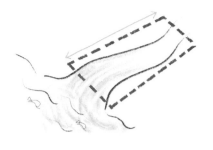

「ここからここまでですよ」と、theを付けることでようやく、範囲がはっきりするのです。

　ならば肉眼では境界線の存在しない「海」だって「範囲」が何よりも必要不可欠な代表的な場所じゃないですか。だからこそ「the」という輪郭を付けてあげることで、名称を定めることができるワケですよ。

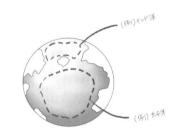

「ここからここまでが太平洋ね〜、インド洋ね〜！」といったふうに。

　しかし、山はどうでしょうか？　富士山にはtheが付きましたっけ？

　正解は、**「付かない」**です。なぜだと思いますか？　簡単です。なぜならそこは**「あえて輪郭で範囲を指定する必要がない」**場所だから。

　湖もそうです。一度思い浮かべてくださいな。もうすでに輪郭があるようなイメージじゃないですか。だからこそ「the」を付ける必要がないのです。

　同じ理由で、比較的輪郭のハッキリしている「島」（沖縄本島：Okinawa Island）には「the」を付ける必要がないのです。同じく、比較的輪郭がハッキリしている場合は「国」の固有名詞にだって「the」は付けない。（JapanやKoreaなど）

　しかし、島は島でも、国は国でも、**多くの島々が集まって、それが国になれば話は変わります。**

　代表的な国がフィリピン（the Philippines）ですね。海抜の低い区域が集合して国家となったオランダ（the Netherlands）もそうですし、州同士の集ま

りであるアメリカ合衆国（the United States of America）なんかは、まさに代表的ですね。

　皆さんはおそらく「United States」と書いてあるだけでも「アメリカじゃん」と思われるのかもしれませんが、実は「United States」だけだと厳密に言えば「連合州」という意味となり、これではアメリカとはならないのです。

　つまり、どこからどこまでの範囲なのかを「the」が定め、そこで初めて「あ、例の、あの合衆国！　つまりアメリカ合衆国ね」と意味を成すことになるのです。

　そして皆さん、我々を毎日照らしてくれる「太陽」にも「the Sun」と必ず「the」を付けることをご存知でしょうか。

　これを聞くと、「あれ？　太陽は範囲必要ないじゃん」と思われるでしょう。しかし、実はこれだって、厳密には**範囲を縁取りしている**のですよ。

　なぜならば、宇宙には我々を照らす太陽系の太陽以外にも、惑星にとって太陽のような恒星がたくさんあるからです。その中で、私たちが指す「太陽」は我々の暮らす地球を含む太陽系の中心である「the太陽」。つまり、**範囲を太陽系の恒星（太陽）に定めた**ってことですよ。

　実は「月（moon）」も同じ。「moon」とは、惑星の周りを公転している衛星のことで、地球以外の惑星の周りにも数多く存在しているのです。で、我々が普段話題にする「moon」は、地球の周りを回っている「あの月」ですよね？**だから、数多くのmoonと混同しないように「the」を付けた**ってワケです。

## 》「the」が付くもの、付かないものの見分け方　〜抽象編〜

　それでは地形の概念を整理したところで、もう少し「抽象的な次元」へと進んでみましょうか。

先ほども触れた話で、「一度登場したら、その次からはtheになる」という概念がありましたね？　それだって実際のところ、言い換えればこの「輪郭作り」と同じことなのですよ。

　ただ、対象が「抽象的」なものに変わったと思えばいいです。原理は一緒、**「無かった輪郭作り」**であるのだと。

　たとえば、最初に登場するときは「a boy」。つまり「一般的な（1人の）男の子」。しかし、一度登場して認識したことで、次からは「その」男の子という**「範囲の輪郭」**を作ってあげるのだと考えれば良いのです。どこにでもいるごく普通の1人の男の子じゃなくて、我々の認識する**輪郭の範囲内**にちょうど入ってしまった、その男の子ってこと。

　ならば「the」がどういうときに使われるのか、段々カンが掴めてきますね？

　「話し手も聞き手も知っているからthe」というよりは、言い換えれば、**私たちが認識する範囲という輪郭を作ってあげた**だけのこと。

　他にも、「the」が付く代表的な抽象的な概念の中には「最上級」というものもありますね。

　これだって同じ考え方で納得できます。**「そこだけを輪郭付け」**するかのように**最上級という範囲を定めた**のだと考えれば簡単じゃないですか。

　The most romantic dinner……

　数多くのディナーがあるけれど、ちょうど「最高の部分」という範囲で定めたディナー。

　The most romantic song……

　数多くのロマンティックな歌の中でも、「最高の部分」という範囲で定めた歌。

　あとちなみに、英語で「残りの……」って何て表現するのかご存知でしょうか？　母語でも普段の生活の中でもよく使う表現だけに、この際覚えておくと良いですよね。

　この「残りの」という言葉においても活躍しているのが実は「the」なんです。

　残っている物が単数か複数かによって、複数形のsを付けたり、付けなかっ

たりの差はありますが、どちらにせよ「残りの範囲」というもの1つ、もしくは全体に「輪郭」を作ってあげたと考えれば、十分納得がいくでしょう。

だからこそ、残りが1つなら「the other (the other book など)」、残りが幾つもあるのであれば「the others (the other books など)」という具合に使いこなすというワケです。

ね？　こうアプローチすると、すべてにおいてすっごく腑に落ちるでしょう！？

これから先、theと向き合う自信すらも湧いてくる気がしませんか？

## 》「the」について改めて整理

それではザッと、今の内容をまとめてみるとしましょう。

冠詞の中でも、「不定冠詞」と言われている「a/an」は、名詞が1つであるという情報を教えてくれると同時に、**「ごく一般的な」という要素までを加味してくれる役割**を果たすもの。

反面「定冠詞」と呼ばれるtheは、「それ相応の範囲を輪郭作り」してくれる役割を持っていますね。地形であれ、抽象的な範囲であれ、輪郭を作って囲ってくれているのだと考えれば理解がずっとラクになるでしょう。

だからこそ、「a white house」と書いてあると「ごく普通の、ごく一般的な、どこにでもある1軒の白い家」という意味になるのですが、この「a」が「the」になった途端、「the White House」となる。さて、どの家のことでしょうか？

そう、「ホワイトハウス」。世にある数多くの白いhouseの中でも、アメリカ合衆国大統領が居住し、執務するあの白い官邸を表す表現となるワケです。**暗黙**

のうちに約束された範囲として縁取りされた（the）**White House**なのだから。

　似たような例を挙げるとしたら、「civil war」もそうですね。シビルウォーと言えば単に「内戦」を意味する言葉。しかしそこへ「the」が付くことで、暗黙のうちに歴史上のある特定の戦争を「範囲」として輪郭付けしたものと考えるワケです。ゆえに、「the Civil War」と書いてあったら、アメリカ国内で起きた、あの「**南北戦争**」のことか、と受け止めれば良いワケです。

　「a」と「the」のニュアンスによって発生する面白さは、世の中のありとあらゆる方面で存在するので、普段から興味深く観察してみると良いでしょう。

　通常、**自分の母親**を表現するときには「a」や「the」は付けません。なぜならば「範囲を縁取り」する必要のない、「ごく一般的な概念」ではない唯一無二の存在であるからです。しかし、自分の母ではなく、「他人の」母親についてならば、時と場合によってはいくらでも冠詞を付けられます。


　どうでしょうか。今の今までなかなか腑に落ちなかった「冠詞a/the」の存在を、これから先はずっと素直に受け止められる気がしませんか？

　「冠詞」とは、単語のニュアンスを**より一層繊細に表現する役割**を果たしてくれる存在なのです。器用に使いこなせれば、互いの混乱を防ぐ役目としても、魅力的なニュアンスを与える役目としても、実に便利に使える道具ってことです。

　まるで我々が母語のシステムをわざわざ自覚せずとも使いこなせているように、英語を母語とする人たちは、こうした概念を自覚せずとも自然に使いこなせているという事実。羨ましいですよね。


　ただし、いくら英語圏の人でも、「冠詞」というものに実はここまでの興味深い要素があることを自覚するのが困難となってしまった模様。

　英語を母語として自然に習得したネイティブにとっては、「冠詞」というものはあまりにも説明しづらいもの、ニュアンスだけの概念となってしまったのでしょう。だからこそ、英語を勉強する外国人の立場からしたら「英語圏の人らも腑に落ちる説明をしてくれないミステリーな冠詞」扱いになりがちなのも仕方がないのかも。

しかし、この節をご覧になったことで、皆さんは今までとはまったく違う観点から「the」と「a」を見極めるきっかけを掴めたことでしょう。

　もちろん、ここで私が説明した「範囲」にすら当てはめるのが難しく、例外とされる用途だってきっと存在するはず。おそらくこれから先も言語というのは、時代と共にいくらでも進化していくのですから。

　それでもやはり「ごく一般的に」観察した限りでは、**この本でお話しした内容が「the/a」を理解するための最もわかりやすいアプローチであると信じて疑いません。**

　ぜひとも皆さん、この場で紹介した内容を基盤として、これから先も「the」を注意深く観察してみてください。

　ここでの内容に何かを代入してみたり、応用したり、ときにはこじつけてみたり……。どんな方法にせよ、今回の内容こそが、柔軟な思考へと導く潤滑油となってくれるでしょう。

　その思考の延長線の中で、自分なりの新たな公式を発見できたのなら、なお素晴らしいことです。

　これを機に、皆さんの英語の実力がグン！とレベルアップすることを心から願っております。

# 2

# 前置詞解説
# スペシャル

英語でよ〜〜く「in」「on」「to」などの短い単語たちを見かけますよね。
これらを「イメージ」として理解することで、
あなたの英語の実力は信じられないくらいレベルアップするのです。
英単語の中でも特に大事な要素なので、
これらのイメージを頭に叩き込みやすくするために、
がっちゃんがオールカラーイラストで仕上げてみました。

# 魔法使いもハッと驚く、
# 前置詞という「魔法」

## » 絶対的に足りていない必需要素「前置詞」

変なことをお尋ねしても、いいですか。皆さんは、日本語が母語ですよね？
ほとんどの方が頷いてくださったとして、ではもう１つ質問します。

**アナタの日本語は完璧でしょうか？**……母語だからといって、そうとは限り
ませんよね。

いくら母語といえども、ニュース記事や経済新聞、哲学書や論文をすべて理
解しながらすらすら読めるかと言ったら、そうでない場合のほうが実際には多
いはず。

でも皆さん、だからといって、日本語としてそれらをまったく理解できない
かと言われたら、そうではありませんよね。

いくら母語だって、日常で誰かと会話をしていて、よくわからない単語や熟
語が出てくることがあると思います。だからといって会話が成り立たないかと
いうと、そんなこともないはず。

ちょっと具体的に確かめてみましょう。次の文章を読んでみてください。

本因坊察元の碁盤裏書の四言古詩を紹介した際、誤りがありました。第一句
「盤数勝贏」は「盤数勝贏」が正しい。「贏」とは敗れるとのこと。したがって訳
は「多く打てば勝ったり負けたり」です。（「週刊碁」2015年7月20日号より抜
粋）

「本因坊察元」、**いきなり読めない。**
「盤数勝贏」、**わからない。**「盤数勝贏」
も、わからない。「贏」、**読めない……。**

　こんな短い文章なのに、知らない単
語や読めない単語がいくつも出てきた
のではないでしょうか。仮にそうだと
しても、「漢字を1文字間違えたせいで
誤った訳を紹介してしまったのを、こ
こで訂正している」という流れだけは、かろうじてわかりましたよね。

　言語は所詮、こういうものです。たとえ難しい単語だらけで、完全な意味ま
ではわからずとも、何が言いたいのかは何となく掴めるもの。

　たとえ単語が難しくとも、前後の文章さえしっかりと読んでいけば、全体的
な流れが理解できるでしょう。

　たとえば下のイラストのようなシチュエーションでも、全体の骨格さえわか
っていれば、見えない単語すらも何となく予想できちゃう能力が発動するワケ
ですね。

このように、単語が見えなくとも意
味を把握しつつ、だいたい読めてしま
うのは、なぜだと思いますか。

　ズバリ、助詞と骨格の理解があるか
らです。

　何が、何で、何と言い、何の、何で
ある……。

　こういった骨格がわかるから、「全体の流れ」が掴めるのでしょう。これにつ
いては、英語でも同じことが言えるのです。

## 》「前置詞」、この魔法のような存在について

　ではこのへんで、今回のメインテーマとなる「前置詞」に登場してもらいま
しょう。名詞の前に置かれるという意味で「前置詞」という名前になっており

149

ますが、これこそが、英語において本当にすごい存在なのです。

　そもそも前置詞が何のことかよくわからない方もいるでしょう。具体的に言いますと、of、as、on、in、at、overのような英文の中でちょくちょく見かける、短い単語のことです。

　残念ながら、前置詞の存在にまったく興味のない人も少なくないハズ。

　しかし、皆さんが思っているよりも、前置詞は英語において絶対に不可欠な存在。もはや「**英語の骨**」と言っても過言ではないくらいの役割を担っているのです。


　前置詞の存在に無頓着だった方々は、きっと「英語における、２つの大きな間違い」をしているからなのでしょう。

　まず１つ目。

　**「前置詞さえわかれば、文章がだいたい読めちゃう」**という重大な事実を、知らないから。

　驚きじゃないですか？　英単語の意味を完全に知らなくても、前置詞がわかれば英文を読めてしまうのですよ。まだピンとこない人のために、これがどれだけすごいことか実際にお見せしましょう。


　I don't like the taste of this medicine.

　（私は、この薬の味が嫌いです。）


　もしもこの英文の中で、medicineの意味がわからなければ、普通なら、ここで読むのをあきらめますよね。しかし、あきらめることなかれ！

　知らない単語があれば、**いったん無視しちゃえば良いのです。**

　前後の単語が、ちゃんと手がかりになるのですから。


　それでは、medicineの手がかりとなる単語を見てみましょう。

　見るからに、ofという単語と密接にくっ付いてるのがわかりますよね。

そして「of」には、次のイラストのように「繋がっている」というイメージがあるのです。

ということは、ofを使って互いに「繋がっている」同士の単語の場合、**前後のうち片方だけわかれば、だいたいの意味がわかってくる**ということですよ。

tasteってのは「味」。ということは、味と繋がっている意味なのだと考えられるワケですよね！

　要するに、medicineがわからなくとも、「私は、この味が嫌い」と、ひとまず解釈できる。もしくは逆に、tasteの意味がわからない場合なら、「私は、この薬が嫌い」と解釈することができる。

　どちらにせよ、文章のだいたいの意味は掴めるワケですよ！

　もう一例、紹介しましょう。asです。

spring flowers, such as the magnolia

　仮にspring flowers（春の花）ってのはわかるのに、magnoliaが何なのかわからない……という場合でも、その間で使われている前置詞がasならば、もうこっちのもん。asには「＝（イコール）」もしくは「≒（ニアリーイコール）」の意味があるのですから。つまり、**asの前後はほぼ同じようなもの**と思って間違いありません。

　つまり「これ（the magnolia）は、春に咲く花なのね！」という予想が立つ

ワケですよ。

このように、asの前後に来る単語のどちらかがわからなくても、途中であきらめずに最後まで読んでみれば、案外意味が把握できるってコト。

次のasは前置詞ではありませんが、別のフレーズも見てみましょう。

a man as simple as a child

この場合、仮にsimpleの意味がわからなくても、manとchildの意味さえわかってれば、「asは＝だから……」なるほど、じゃあ「**子どもみたいな男**ってことか！」という予想がつくはずなのですよ。

## » 単語がわからなくても文章が読める理由

いかがでしょうか。とにかく読み進めれば良いワケですよ。単語の意味なんて100％わからなくても、**知っておくべき前置詞の意味さえしっかりと押さえておけば**、文章を「最後まで読み通す」ことはできるのです。

もちろん、英単語が一切わからない初歩のころは、「○は○で、○と○の関係である……？」のように、ほとんど何もわからない状態にだって陥るでしょう。でも、それでもいい。いくら日本語で書いてあっても、経済にくわしくない人が専門的な経済新聞を読んだとき、それとまったく同じ状態に陥るのですから。

「何とかが何とかで、何とかと何とかの関係である」という読み方でも構わないから、とにかく**知り得る限りの前置詞に頼り**ながら徐々に単語の意味を把握していくうちに、文章の意味がおぼろげに浮かんでくるようになるはずです。

前置詞の意味を理解するだけでも、英語への勘が**いつの間にかびっくりするほど身に付いていることに気づく**ことでしょう。

英語の学習で挫折してしまう大きな理由は、一つひとつの知らない単語につまずいて、あきらめて最後まで文章を読み切れず、途中でバテてしまうからです。

　単語に執着するあまり、「**こんな短い文章すら最後まで読み切れないとは……**」と自分自身に絶望して英語の学習を辞めてしまう人がとにかく多い。

　もちろん、単語がまるでわからない白紙の状態からであれば、完全に文章が読めるようになるまでは遠い道のりを歩まねばなりません。いずれは、単語をコツコツと覚えたり、ややこしい文法の法則を理解したりする必要にも迫られるでしょう。

　しかし、たとえ読めない英文に出合ったときでも、むやみやたらに英語学習を放棄することはないという話なのですよ。仮にわからなかったとしても、まずは落ち着いて「**これは興味のなかった分野の英単語だし、知らなくて当然だもんね！**」と自分に言い聞かせ、心に余裕を持たせるようにすればいいのです。怖気づくことはありません。大切なのは、速攻で投げ出さずに、たどたどしくとも、とりあえず最後まで読んでみようという姿勢を保つことなのです。

　そして、**そのための心強い武器**として「前置詞」の存在は、相当頼れる味方になってくれるでしょう。

　私が「**あらゆる英単語の中でも、最初に覚えておくべきなのは、前置詞**」と主張する理由が、ここにあるのです。

## 》前置詞は「日本語訳」で覚えてはいけない

　前置詞をないがしろにしてしまう、もう１つの理由についても説明していきましょう。

　それは、「**単純な意味しかない**」という思い込みです。

　確かに、of、withなど、前置詞は一見簡単そうに見えます。

　でもそれは、これら前置詞の本質にまったく気付いていないことによる、大きな誤解なのでございます。

　たとえばofは、通常「〜の」という日本語訳だけを習うことでしょう。

しかし、前置詞はこんな単純な「日本語訳」では説明しきれないものなのです。

実際、ofが使われる文章の多くは、「〜の」という和訳では到底説明のつかないものばかりじゃないですか。そのたびに**あれ？　習ったのと全然違う…**と混乱するのです。こういう経験を何度も繰り返すうちに、英語戦死者としてバタバタ倒れてしまうワケですよ。

授業で習った「〜の」という意味しか知らないと、ofを十分に使いこなすことなど不可能なのです。ズバリ前置詞は、日本語訳ではなく「イメージ」で把握する必要があるということ。

ちなみにこのofは、「〜の」と平面的に覚えるべきではなく、こういうイメージで捉えるべきなのです。

**「繋がっている」**というイメージ。ここには「**所有**」や「**所属**」などの様々なニュアンスが含まれているのです。

ついでに豆知識をお話ししますと、ofはoffという単語の語源でもあります。

皆さんも普段よく使う「オフ」ですね。これを**「消す」**だとか**「休み」**という意味で覚えてる人が多いようですが、**本質はそうじゃない**のです。これも、単語をイメージ化すると明確になります。

offはこのとおり、「分離」のイメージなのです。このイメージから派生して、色んなオフのニュアンスへと繋がっていったのだと考えるのが妥当ですね。

それにしても、**「分離**(off)」の語源が**「繋がり**(of)」だなんて、妙だと思いませんか？　通常、語源と言えば、意味がほぼ一致するような単語から発生するものでしょう。

あまりにも違う意味なのに、「どうやってofからoffという単語が生まれたのか」に関する意外な真相につきましては、**このたび特別に皆さんへ、動画を無償で特別公開しておきました。** 165ページに掲げておりますQRコードのリンクへ接続してくだされば、そのすべての謎に対する答えと、目から鱗が落ちる驚きの知識までもが手に入ることでしょう。

## » 前置詞の本質は「日本語訳」じゃなくて「イメージ化」で掴む

atの使い方を正確に把握している人はどれだけいるでしょうか。forとtoのニュアンスの違いはちゃんとわかりますか？　withを「一緒に」という平面的な意味としてのみ覚えている人が大多数なのではないでしょうか。

前置詞が持つニュアンスをしっかりと理解しない限り、いつまで経っても英語は上達しません。しかし既存の授業方式ですと、どうしても前置詞の立体的な本質に到達するのは難しい。

すべての問題は、前置詞を単なる**「平面的な訳し方」**でのみ覚えていたことが元凶なのです。であれば、これをただちに止め、前置詞を「イメージ化」すればいい。これをするだけで、一気に解決するのです。

## » 丸暗記のシステムから解き放たれて手に入る感動

前置詞というと、単なる**「熟語にくっ付いてくるもの」**として捉えている人もいるでしょう。この「熟語（句動詞・イディオムなど）」という存在に、学生時代相当なストレスを感じた方も少なくないハズ。

単語をせっかく覚えたのに、**「おや？　いざ文章では全然違う訳し方になっている」**と。

なぜなのかと質問すると、お約束のごとく**「熟語だから覚えなさい」**と言われる始末。**「そういうもんなんだから、実際の文章では意味が違っても暗記しろ」**だなんて、そんなの生徒の立場からしたら「丸投げ」のように感じても仕方ないじゃないですか。

一つひとつの英単語を覚えるのに必死なのに、組み合わせると違う意味になってしまう熟語というものを「とにかく丸暗記しろ」なんて言われちゃ、英語

から遠ざかろうと思ってしまうのも仕方のないことでしょう。

　前置詞に関するしっかりとした説明もせずに「**熟語だから丸暗記**」させるなんて、無責任この上ない話ですよ。こうして怒っている私もやはり、学生時代は皆さんと同じ被害者だった。だからこそ、心から憤慨しているのです。

　熟語、特に句動詞なんて、本来は無理に丸暗記が必要なものではないのです。それぞれの表現にくっ付いている**前置詞や副詞が持つニュアンスさえしっかりと理解していれば、すんなりと頭に入ってくるもの**だから。

　たとえば、onを「〜の上に」とだけ覚えている人にとっては、put onの「着る」「被る」「はめる」という意味を、とにかく丸暗記するしか方法はないでしょう。

　一方、onを「〜の上に」ではなく、しっかりとイメージ化して「on＝接触」というニュアンスで把握している人ならば、「着る」「被る」「はめる」をイメージするのは容易なはずです。


　要するに、前置詞や副詞は単一の意味を覚えるのではなく、それが持つニュアンス全体を理解すべき。そのためには、前置詞や副詞を「イメージ」として理解するのが**最善の方法**。前置詞や副詞のイメージの数々さえ把握しておけば、英文の読解は信じられないほど捗るようになるのです。


　たとえば皆さんの日常において、偶然ツイッターなどで英文が流れてきたときに、**英単語が４つ以上並んでいるようなものなら**……即、スクロールしちゃいますよね。
　**３単語以上の英語は読まないのが、英語戦死者あるある**じゃないですか。


A man climbs up the rock with the help of his friend on the top of the mountain.


　こんなの、冒頭の「climbs」に差し掛かる前に「**うわぁ！！　絶対読めな**

い！　長い！」と、スルーしてしまわれることでしょう。

しかし待ってください。今後は、少しでもいいから向き合ってみませんか。「いや待てよ、ちょっと目だけでも通してみようかな？」と。

こうして、いざ実際に目を通してみると……。

A man climbs up the rock with the help of his friend on the top of the mountain.

「あれ？　前置詞がこんなにたくさん挟まってる……！」ということに気付くはず。

すると、これがまるでパズルの欠片のような役割を果たすので、あとは穴埋めだと思って残りの単語を見ていけば良い。

A man（とある１人の男が）climbs up（アップだから……上ってるのか。）the rock（ロックは岩だったよな…？）with the help（何かの助けが傍に付いてるのか？）of his friend（助けの出処は友だちかぁ！）on the top（トップは頂上って意味だったっけ。）of the mountain.（繋がってるのは…山か！）

ズバリ、このように、あくまで英語戦死者の視点での解釈なので大雑把な訳し方ではあるものの、いざ読んでみると**単語自体は案外カンタンだったりもするワケです。**

完璧じゃなくてもいい。それでも文章を最後まで読んでみる。すると何となく文章の意味がわかった気がする……。

これを一度でも経験した瞬間、皆さんは思わず**「おっ！？」**という感嘆の声を漏らすハズ。

歴史的な瞬間です。その瞬間から、あなたと英

語との新しい付き合いが始まるのですから。

　**英語ができる日本人の誰もが一度は通った道。**この小さな感動こそが、必死に頑張って英語を自分のものにした人が感じた最初の原動力なのです。

　一度でも良い。これを経験してほしい。そうすればあなたはきっと、思い出すハズ。

「あっ、がっちゃんが言ってたのって、この感動か！」

　その感動を味わった地点が本当のスタートとなるでしょう。

　この「小さな手ごたえ」を実感するまでは、まだまだスタート地点にも立っていないのと同じ。「あっ、できたかも！」という最初の一歩。それはきっと今後の自信へと繋がるアナタご自身の「可能性」。

　ぜひ、それを味わってくださいませ。

# 02

# run の意味は
# 「走る」なんかじゃない

## 》海外生活で一度は言われる
## 「英語圏では、そんなふうに言わないよ？」

　前置詞がわかればわかるほど、英語のレベルが格段に上がるのは当然のこと。

　ちょっと大げさに言ってしまえば、英会話というのは中学生レベルでもわかる基本的な動詞（goやらhaveやらgetなど）＋前置詞20種類程度の組み合わせを把握しておくだけで、日常表現の7〜8割はできてしまうというワケです。

　それこそが、**前置詞の使い道においての真骨頂**。ズバリ、「句動詞」というものなのですよ。

「句動詞って何ですか？」

　と先生に尋ねると、「動詞＋前置詞もしくは動詞＋副詞、もしくは動詞＋副詞＋前置詞のパターンで成り立っている慣用句」と、マニュアルどおりの解説で答えてくれるケースが多いようですね。

　もうこんな堅苦しい説明は脇に置いてしまいましょう。がっちゃん流に説明すれば、実はもっとシンプルなのです。

「ボコられた〜！」

　これです。

　皆さんは友だち同士で「**暴力を振るわれた**」なんて言い方、しますか？

　そんな堅い言い方しませんよねぇ。

　他にも、家族同士で「**ちょっと嘔吐の症状が……**」なんて言い方、しますか？

「あー、ゲボ出そう」

　これですよねぇ！
　これが、英語で言うところの「句動詞」のようなものです。
　もちろん、こんな話し方は公式的な場所では絶対に使いませんね。だってどう考えても親しい者同士の会話で使うような言葉遣いでしょう。いくら親近感があっても、**「ゲボが出そうですか？」**なんてお医者さんには言われたくないですもの。
　このように、句動詞とはまさに「話し言葉」であり、「くだけた英語の表現方法」なのです。
　そしてこの句動詞を、英語圏の人たちは本当によく使います。「よく使う」なんて言葉では足りないほど、日常会話のすべてに含めてくると言っても過言ではないくらいです。

## 》ネイティブは「angry」とは言わない

　では、英語の句動詞はどのような形なのか。
　大概、実にカンタンな単語の組み合わせによってでき上がっています。
　誰でも一度は聞いたことのあるような**身近な動詞**に**副詞**や**前置詞**がくっ付くことで、**意味が爆発的に豊富になったもの**だと思えば良いのです。
　たとえば、皆さんがよく知っている「go」や「run」といった動詞に副詞や前置詞が付けば、たちまち動詞の意味が大幅に広がるのです。
　具体例を紹介しましょう。
　英語で「失望する」というとき、あなたならどう表現しますか。
　ネットで検索すると、disappointedと出てくるはずです。ならば文章内では、次のように使うと考えていい。

I'm disappointed.（私は失望する。）
Don't disappoint me.（私を失望させないでくれ。）

しかし、実際に英語圏の人がこの表現を耳にすると、まるで教科書を開いたかのような、とてもお堅い印象を受けるのです。

もしも英語で「私を失望させないでくれ。」と伝えたいのであれば、Don't disappoint me. よりも、Don't let me down.（ガッカリさせないで。）というフレーズのほうが英語圏の人たちには自然に聞こえるのです。

この英文で使われているのが、let 〜 downという句動詞なのです。

では、「怒る」という表現はどうでしょうか？

**「怒る」**という単語ならば、常識の領域で知られていますよね。「**angry**」でしょう。

ならば「彼は私を怒らせる。」を英訳するとどうなるでしょうか。

He makes me angry.

多くの人がこのような英文を作ると思います。しかし、英語圏の人たちからしたら、これですらも、とても堅苦しい文章に聞こえてしまうのですよ。実際には……。

He pisses me off.

こちらが普段の会話で使われるフレーズであり、この文の中のpiss 〜 offが「怒らせる」という意味で使われる句動詞なのです。

## » 「run」が「走る」じゃない理由

このように、英語圏の人たちが使う実用英語は、句動詞で満ちています。よくよく考えれば、日本語だってそうですね。

友だちとの会話では、**「悪心がひどい」**なんて表現せず、一言**「ゲボ出そう」**で済ませるのも、それと同じ現象なのだとお考えください。

このように、ラフな言い方を新たに生み出す日本語との違いは、英語だと「すでに存在する動詞」＋「副詞や前置詞」**の組み合わせ**で主にでき上がっているという点ですね。ですから、前置詞の備わっていない日本語のシステム上、

いくら高学歴な人でも、難しい英単語ならばむしろわかるのに、句動詞となるとまるでわからなくなるという現象が起こるのです。

こうして英語圏では日常的に使われている句動詞ですが、問題は、句動詞の数があまりにも膨大で、覚えるのが大変だという点。すべて丸暗記するにはあまりにも数が多いので、いちいち覚えるなんて容易ではありません。英語圏に何年間も住んでいる外国人でさえ、意識して習得し続けていかねば追いつかないほどなのですから。

しかし、誰もが挫折してしまうくらい覚えるのが困難ならば、英語が "**世界共通語**" になれるハズがないのです。

よくよく考えれば、英語を母語にしている人たちだって、**そんな多大な数の句動詞をいちいち学習して覚えているワケありません**よね。

ちゃんと、それなりにパターンが存在するのです。

組み合わせの「パターン」や「イメージ」に従って、それらの意味をいとも自然に吸収しているということ。つまり、句動詞についてのある程度のパターンさえわかれば、生まれて初めて見る句動詞の表現に遭遇したとしても、意味が何となく推測できるようになることでしょう。

その感覚を理解してもらうためにも、ここでは代表的な例を用いて、句動詞のイメージの身に付け方を紹介しておきましょう。

ここで取り上げるのは「run」という身近な動詞です。

そう、「走る」ですね。おそらく100%の確率で、このような非常に大雑把な**「1つの意味」だけで覚えているであろう英単語**です。

これを「走る」という意味だけで把握しているからこそ、いくら副詞や前置詞と結びつけたところで、ピンと来ないワケですよ。

実はこの「run」という単語、副詞や前置詞と結びついて句動詞として頻繁に使われる超代表的な動詞のうちの1つなのです。でも、世間一般の常識として「走る」という**日本語の意味だけを覚えてしまっているせい**で、句動詞としての意味がむしろ掴みづらくなってしまう単語でもあるワケです。

そりゃ「run」にはもちろん、「走る」という意味は存在します。

しかし、いざrunを辞書で調べてみると……。「運営する」「(新聞などに) 掲載する」「提供する」などなど、**「走る」とは無関係な意味が実にたくさん載っているのです。

すると当然、「うわぁ、全部覚えるの？」とゲンナリしてしまうじゃないですか。

しかし、心配には及びません。いくら「run」の意味が辞書に山ほど載っていようとも、すべての意味を覚える必要などまったくないのです。

要は、「単語の本質のイメージ」さえ押さえてしまえば良いのですから。

そして……**runの本質となるイメージ**は、実は、こうなのです。

**まんま「走る」じゃん！** ……とツッコミが入ってきそうですが、それは誤解です。皆さん、矢印にご注目。

そうです。「run」というのは驚くべきことに……イラストのような「くるくる回るイメージ」が本質なのです。

つまり、「走る」という意味だって、この「しきりに動く (回る)」イメージから派生したもの。

runというのは、まさに「回っている」イメージそのものなのです。より広く抽象的に言うとしたら、「川がしきりに流れるような」イメージでもあります。

とにかくこの「しきりに回っている」イメージ。

これがそっくりそのまま表れているのが、次の表現ですね。

run a factory、工場を運営する。

しかも実はこれ、日本語でも見事に使われている表現なのですよ。

そう、「**工場を回す**」。こう表現するじゃないですか。

これが英語でも同様に、run a factoryという言い回しで使われているワケですね。

**工場でしきりに回るイメージ**。もしくは
しきりに流れるイメージ。

機械によってしきりに流れると言えば
……こんな風景も思い浮かびませんか？

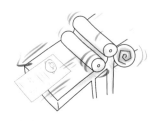

**機械が新聞に活字を印刷してぐんぐん流れていく**イメージ。

こう輪転機がしきりに回っているイメージも、頭に浮かんできますよね。ズバリここから派生して、「掲載する」という意味も追加されたのではないでしょうか。

既存の「走る」という意味しか知らないと、これらのイメージにたどり着くのはかなり困難でしょう。ところが、「回る」という本質のイメージさえ頭にあると、「走る」以外の辞書の意味がずっと理解しやすくなるのです。

ならば、runのイメージができたところで、「run on」という句動詞を見ていきましょうか。

このonを「～の上に」という和訳で理解していると、その時点で詰みです。前の節でお話ししたじゃないですか。onというのは「～の上に」ではなくて、何かに「接触している」イメージなのであると。

この２つのイメージを組み合わせると、
何らかの流れに乗って（接触して）しきり
に動き回る状態が想像できませんか。

そのとおりです。run onというのはその組み合わせのイメージのように、「**進行する**」という意味なのです。

流れにくっ付いて**しきりに進んでいくイメージ**を浮かべれば、「進行する」と

いう意味は容易く頭にインプットされることでしょう。

　というワケで、句動詞そして何よりも**副詞や前置詞の重要性**についてお話しして参りましたが、これほどまでに英語には欠かせない大事な前置詞を、具体的に紹介しないことには意味がないでしょう。

　そこで私は、英語の文章において最も頻繁に使われる**最重要・前置詞**を厳選しまして、大多数の人が知らないでいた「本来のニュアンス」の本質を、ここから先、なんとカラーページを使って**「前置詞・イメージ化」を、一つひとつ直接描いて施して参りたいと思います。**

　これらの単語を把握するだけでも、英語においてはかなりのレベルアップが実現するハズ。もちろん私は皆さんに「外国語をマスターさせる」なんて大それたことは、できません。たとえマスターを目指すとしても、それを実行するのは、結局あなたご自身です。

　私はただ、よちよち歩きの英語戦死者が、見事独り立ちできる地点までエスコートできれば本望なのです。そんな意味でも、この「前置詞のイメージ化」並びにこの本で記述するすべての内容は、間違いなく皆さんの英語の再チャレンジの手助けとなることでしょう。

　皆さんがこれから先、英語を必死に勉強していく上で、あなたの決死の「99％の努力」に、少しでも足しとなる**「幸運の１％」**となりますよう心から願いつつ、この本を捧げます。

※本をご覧になってくださっている皆さまへ特別に公開する、がっちゃんのVIMEO有料動画「【あの意味不明なミステリーをズバリ、謎解き、そして解説。編】と【史上初、「前置詞の呼び名を変えてみた」編】」を、なんと無償でご覧いただけるQRコードです。がっちゃんの力作動画もぜひご覧になって、前置詞の理解のパズルを完璧に完成させてくださいませ。

# into

~の中に、~へ

## プールの中でおしっこをするのが「in」。
## プールの外から中へおしっこをするのが「into」

「空間」のinと「矢印」のtoとが合わさった「中への動き」がintoの概念。空間の中へ入り込むイメージです。とある物事や環境へと入って、その一部となると、結果的に性質が変わるとも見なせるので、何か別のものに変換させるという意味合いでも使えます。

> **例文** He translated this Japanese sentence into English.
> （彼はこの日本語の文章を英語に翻訳した。）
>
> **Please stop peeing into the swimming pool.**
> （プールの中へおしっこをするのはやめてください。）
>
> **He went into the classroom.**
> （彼はその教室に入っていきました。）

# in

## 〜の中に

## inとは「囲いの中」だとイメージすれば良し。
## 時間的・空間的・抽象的のいずれかにかかわらず通用！

　inは「囲いの中」と捉えましょう。たとえば時間ですと、in timeはある程度の幅で囲った「時間内、間に合って」という意味合いで使われます。 ただ、「See you in 3 hours.」と言われると、inは「中に」だから「3時間以内に」かな……？ と思われそうですが、要はコップに水が一杯になったかのように「中身がギッシリinした」状態であって、一杯になった時点で会おう ＝「3時間後に」ってこと。

　乗り物に関しても、タクシーに乗るときには車体という「囲いの中」に入るイメージから get in the taxi という言い方をします。しかし、（中を歩いて移動できる乗り物に）乗るという場合は、onを用いることが多いです。もしon the taxiだと、アクション映画みたいに車体にへばりついてるような感覚になってしまいますね。

**例文** **She is walking in the park.**
（彼女は公園を歩いています。）

# at

〜で、〜において、〜に向かって

## 一言で言えば「ピトッ！」のイメージ。
## ある特定の地点にピンポイントで印をつけるような
## 感覚と考えればラクちん！

　もしも公園で待ち合わせをしたいときに in the park「公園で！」と言われたら、「OK、公園の中でね」と思えば良いのですが、at the park「公園で！」と言われたら、「OK、でも、公園のどこで待ってれば良いんだろう？」と思えば良い感覚です。一方、これを「時間」に適用するとなると、in the morning（朝に）、in the winter（冬に）など、**幅のある時間を指すような広い範囲である「期間」の場合は**「in」がふさわしいのですが、その期間の中の**どこか1点を「at」で指差せば**、朝食どきはat breakfast、正午はat noon、夜も更けた時点はat night、特定の時間をピンポイントで表すときにはat 3 o'clock（3時に）というように、**より細切れの時点をピトッ！ と描写できるのです。**

　こう理解しておけば、季節や年月や朝昼晩はinで、朝食や時刻はatで……などと無理な丸暗記をしなくても、バッチリOKですね！

> 例文 **The meeting is scheduled at 3 pm.**
> （ミーティングは午後3時に予定されています。）

# on
〜の上に、〜にくっ付いて、（日・時・機会を表して）〜に

## 横であれ、下であれ、裏であれ、「くっ付いてりゃ」とにかくon。物質的にも、時間的にも、onはとにかく「接触」のイメージ

　普通は「〜の上に」と暗記してしまいがちですが、実際には何かに「くっ付いている」接触のイメージを浮かべるとわかりやすいです。

　「上に」だけではなく、横でも下でも裏でも、何かにくっ付いていたらonなのです。空間的な意味だけでなく、時間を表す際にもonが使えます。たとえば、He is on a diet.（彼はダイエット中です。）など、時間的な文脈でonが使われていると、時間に「くっ付いている」イメージが重なり、「進行」や「連続」という意味合いが生じます。とにかく「接触」のイメージからだと思えば良いでしょう。

---

**例文** Raindrops are falling down on the window.

（雨のしずくが窓に落ちている。）

**There's a shadow on the wall.**

（その壁には、かげがある。）

# as
〜として

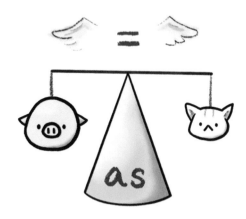

## asが見えれば
## とにかく全部脳内で「=」と置き換えて良し

asのイメージは、=（イコール）です。したがって、He treats me as a child.は、「彼は扱う、私=子ども（彼は私を子どもとして扱う。）」と訳するといいでしょう。

次のasは接続詞として使われていますが、asは、「同時性」を強調する場合もあります。たとえば、She came just as I was leaving.（私がちょうど出かけるとき彼女が来た。）という英文は同時性を強調しているニュアンスと受け止めていいでしょう。

**例文** **She works hard as our boss.**
（彼女は、私たちの上司として一生懸命働いている。）

**He opens the door as I come in.**
（私が入ってくると同時（イコール）に、彼はドアを開ける。）

※この場合、asは接続詞

# of

〜の

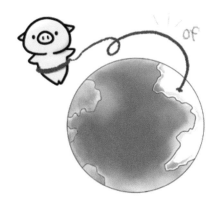

## A of B というのは「BのA」というよりも、 「繋がり」「所有」というイメージを持つべし

　たとえば、the history of Japanを日本語に訳したい場合、「ofの後ろにJapanがあるから、日本の歴史！」とするのではなく「歴史、繋がってる、何と？　日本」と考えていき、最終的に「日本の歴史」と訳すようにするといいでしょう。従来のように「〜の」と訳してばかりだと、複雑な長文に遭遇したときに途中でつまずき、的確に訳せません。

　ちなみにofと根っこを共にする単語がoff。昔はofだけで「離れる」という意味も担っていましたが、それだとややこしいから、別途で「off」という形ができたと……。その名残でofにも「離れる」のイメージが生じる場合がありますが、基本的には「繋がり」「所有」だと理解しておけばいいでしょう。

---

**例文** **He is a friend of mine.**

（彼は私の友人です。）

171

# by
〜のそばに、〜によって、〜までに

## 大きさであれ、存在感であれ、価値であれ、役割であれ、影響を受けてしまう状態

　byは「周辺からの影響力」「何かの存在による影響」と捉えましょう。Wi-Fiの電波が届く範囲にいれば、ネットに繋がるというイメージです。単純に「○○によって」「○○までに」とだけ覚えていたら、Sit by the window.の訳は「窓によって座りなさい。」「窓までに座りなさい。」になってしまいます。そうではなく、窓の〝影響力が及ぶ範囲〟と捉えると、「窓のそばに座りなさい。」と訳せます。

> **例文** This role was played by a famous actor.
> （この役は有名な俳優によって演じられた。）
>
> She goes to work by bus.
> （彼女はバスで通勤している。）
>
> The cake was made by my mom.
> （そのケーキは私の母が作りました。）

# for

〜のために、〜の間

## 価値であれ、動作であれ、気持ちなどの及ぶ、範囲とその先の方向を表す

　多くの意味があるforですが、基本の概念は「何かへ向かうもの」。まず、目的を表すfor。気持ちが何かに向かうと考えましょう。そこから、「〜を求めて、〜のために」とイメージできます。例文を見ると、He is looking for some shoes.の訳は、「彼はシューズを探しています。」となります。

　次に対価や交換を表すfor。上記の「〜のために」から「交換」の意味が生まれたのでしょう。「価値の投与」や「価値の交換」と考えればわかりやすいです。

　I bought a present for 7,000 yen.は「私は7000円でプレゼントを買った。」となります。他にも理由や期間を説明するためなどにもforは用いられます。

---

例文 **I've been studying English for 10 years.**

（私は英語の勉強に10年という時間を投入しています。）

173

# to
~へ、~に

## to は、「→（矢印）」だと思えばOK
## 方向や目的のイメージ！

　toは本文中でも取り上げたとおり、「→（矢印）」をイメージします。つまり、たどり着く到達点がどこかを示しているのです。ですから、A to Bは、「Aがたどり着く先はB」と順当に捉えます。She went to the movies.は、「彼女は映画に行きました。」と、左から右に訳す（日本語と同じように読む）場合には、頭の中では「彼女は行ったんだけど、たどり着く先は映画」と順番に訳せばいいわけです。

　toには他にも「一致」や「対比」「限界」などを表すこともあります。

　例えば「対比」の場合、He prefers math to music.の訳は（彼は音楽より数学を好む。）となります。

> **例文** He has gone to Tokyo to work.
> （彼は働くために東京に行ってしまいました。）

# from

〜から

## もうその場所にはいない
## 「抜け殻」（出発点）のイメージ

　セミでも蝶でもいいのですが、自分の抜け殻をずっと背負い続けていませんよね。成虫になるときにそこから抜け出して、離れたら抜け殻には戻りません。fromにも似たようなニュアンスがあり、もう「そこにいない」状態や状況を表すときに使われます。ですから文中のfromの後ろには、どこの抜け殻なのか、何の抜け殻なのかという単語を持ってくるのです。

　たとえば、「この薬はサメから作られています。」という英文を作りたいとき、薬効成分を抽出したあとには「サメ」の抜け殻だけが残る状態をイメージしてください。完成品には、サメは跡形も残ってない感じ。このときに使うのがfromなのです。根拠や区別を表すときにも使われます。

**例文** **These sweets are made from fruits.**

（これらのお菓子は果物から作られています。）

# before

〜の前に

## 「前に」でお馴染みの before だけど、日本語的には「のあとに」と考えても理解できる

　beforeの意味は「〜の前に」ですね。しかし日本語的（左から右に読む場合）には「〜のあとに」と考えるとわかりやすくなります。要は、出来事を順番どおり捉えていくと、そう訳すべきなのです。次のbeforeは接続詞として使われてますが、たとえば、The thief left before the police arrived.という文章は、「泥棒は去った。そのあとに、警察が到着した。」と訳せば、一般的な訳し方のように「警察が到着する前に泥棒は去った。」とひっくり返さなくて良いってこと。A before Bは、文言の順番どおりに「AのあとにB」と解釈するべし。こうして発想の転換をすれば、複雑な事柄も一気に単純化できる（ただし、Before B, A...の際にはこの考えはできないので注意）。

　つまり、A before Bは、空間的に見れば目標地点の前にあるのがAであり、目標地点にまだ達していないのが、Aなのです。

例文 **I spoke with him before the meeting.**
（私は会議の前に彼と話した。）（≒私は彼と話した。そのあとに、会議）

# after

〜のあとに、〜のあとを追って

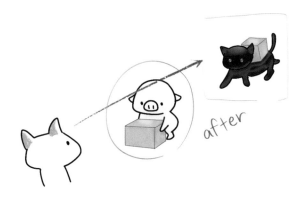

## 「あとに」でお馴染みのafterだけど、
## 日本語的には「の前の」と考えても理解できる

　afterのイメージは、「追いかける」もしくは「〜のあとに」です。ほとんどの人は、A after Bを「BのあとにA」と訳すと思いますが、日本語と同じ語順で読みたい場合には、これをやめて、「Aの前にB」と解釈するといいでしょう。たとえば、A cat runs after a mouse.なら、追いかけるほうは必然的に後ろにいると考えて、「ネコが自分の前にいるネズミを（走って）追いかける。」と理解するのです。「〜のあとに」ではなく、「追いかける」もしくは「〜の前に」という発想をすると、意味の理解が飛躍的に楽になるはずです（ただし、After B, A...の際にはこの考えはできないので注意）。

　ちなみにquarter after 10 o'clockは「4分の1、つまり15分」という時間の前にあったのが「10時」なので、これは10時15分という意味なのです。

**例文 I'll tell him after the meeting.**

　（私は会議のあとに、彼に話します。）（≒私は彼に話します。その前に、会議）

# above

〜の上に

上を見上げて、アナタよりも上に位置しているもの、
それらは大体すべて above です

　あるモノの位置よりも上にあり、それと触れていなければ、aboveといって
ほぼ間違いありません。A above Bというフレーズがあった場合は、日本語と
同じ語順で読みたい場合には、他の前置詞と同様、「Bの上にA」と単語をひっ
くり返す必要はなく、「Aが上にあって、その基準がB」と理解すると楽です。
They're having a party in the apartment above us.なら、「彼らはパーティー
をしていて、アパートで、上にいて、その下に私たちがいる。」と解釈します。
またaboveは比較表現として、優越関係を表す際にも使われます。さらに、
The city is 20 miles above Tokyo.（その都市は20マイル上〈北〉にある。その
基準は、東京。 ＝ 東京よりも20マイル北にある）のように平面的な概念での
「上の位置（北）」としても用いられるのも特徴です。

> **例文** There's a picture hanging above the television.
> （絵がかかっています。上に。その下にテレビ。＝テレビの上には絵がかかっています。）

# below

〜の下に

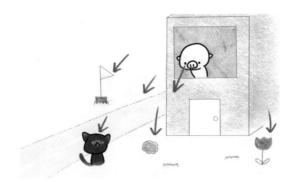

## 皆さんが建物の2階以上にいるとして、窓から下を見下ろしたときに目に見えるものは大体belowです

　あるモノの位置よりも下にあり、それと触れていなければ、belowです。aboveと対になる関係ですね。日本語と同じ語順で読みたい場合には、A below Bというフレーズがあれば「Aが下にあるんだけど、その基準はB（Bの下にA）」と考えます。I was standing below the eaves all day.は、「私は立っていた。下に、どこの下かというと、軒。一日中。」と解釈してください。そして何よりもbelowは「be low」なのだと覚えればラクでしょう。つまり低い（low）状態なのです。位置だけでなく、点数などの平面的な概念でも使えます。また、地位や価値などが基準より下にあることも表します。

例文 **Your score is below the average.**
（あなたの点数は、下にあります。何を基準に？　平均。
＝ あなたの点数は平均点未満です。）

# over

〜の上に、〜を越えて、〜を覆って

He jumped OVER the fence.

## まさにイラストのとおり。
## 覆うような、この「形」が、overそのものなのです

　同じ「上」という概念でも、overは、aboveにはない要素を持っています。aboveとは違い接触していて、どちらかと言うと動いているイメージ。たとえば、I walked over the hill.は「私は丘の上を歩いた。」となりますが、地に足を付けて覆うように歩いていく情景を思い浮かべてください。

　まるでカバー（cover）のように、overには覆い被さる形のイメージがあるのです。したがって、over the rainbowは虹の上に覆い被さり、さらにその先へ動くイメージなので「虹の彼方に」と訳されるのです。また、覆うようなイメージから、over the summer vacationは「夏休みを覆う ＝予定などが夏休みを覆っている」という解釈ができます。

　なので、「夏休みの間ずっと」と訳すことができます。

> **例文** His father traveled all **over** the world.
> （彼の父親は、世界中を旅行しました。）

# under

〜の下に、〜の内部に、〜の影響下に

## 上がありゃ、下もある。
## aboveの対がbelowならば、
## overの対となる下の概念は、underである

　overの対になるのがunder。接触・非接触にかかわらず下にある状況をイメージするといいでしょう。映画『リトル・マーメイド』の中で「Under the Sea」というタイトルの曲が流れますが、これには「覆ってるのが何かと言うと海」というニュアンスがあるので「海の下」ってことになるワケです。A under Bを「Bの下にA」と習った人は多いと思いますが、日本語と同じ語順で読みたい場合には、「Aが下にいて、何の下かというとB」と解釈してください。たとえば、There is a cat under the table.なら、「猫がいるのね。下に。テーブルの。」と訳します。またunderには覆われるようなイメージがあるので、belowの持つ「単なる下」の感覚よりも「支配下」「統治下」といった表現にふさわしいです。

> **例文** He touched under his chin.
> （彼は触った。下を。何の下かというとあごの。）
> （＝彼はあごの下を触った。）

181

# up

## 〜の上へ、〜の上に

## より高いところへと「上がっていく」イメージ。
## 上昇する「動き」を含めてこそ、up

前置詞・副詞のupは、低いところから高いところへ上がっていくイメージ。すなわち、aboveの「動きのあるバージョン」だと思えば良いでしょう。たとえば音量を上げたいときに、turn up the volumeと表現するのは、音量が「上にある」のではなく「ぐぐっと上昇させる」というニュアンスがあるからなのです。

また、**上がっていくと、いずれは限界に達しますよね。その状態を「終了」という意味でupで表すことがあります。たとえばTime's up.は「時間です。」という意味合い。** 他にも、show up「現れる」という表現でも用いられます。

> 例文 **I climb up the mountain.**
> （私は山を登ります。）
>
> **She promised to up my salary next month.**
> （彼女が来月私の給料を上げると約束してくれた。）

# down

~の下へ、~の下に

## 下にあるというよりは、下のほうへ向かう「動きそのもの」が、downの基本イメージ

　下へと向かう「動き」までを含むのが、downの基本イメージ。He went down the stairs.（彼は階段を降りていった。）が代表的な例です。つまり、underとbelowの動きのあるバージョンだと考えれば良いですね。The ball rolled down the roof.ならば、前から順に「ボールが転がったんだ。下のほうへ。屋根の。」と訳せば良し。時にdownには動きが伴わないケースもあります。例えば、Our house is down the street.（私たちの家は、通りを少し下ったところにある。）などです。

　また、次のdownは形容詞ですが、The fire is down.（火が消える。）というように、「消滅」のニュアンスが含まれることもあります。

例文 **Please walk down this street.**

（この道を歩いて行ってください。）

# about

〜について、〜の周りに

## 今までずっとアバウトに習ってしまっていた about。
## 実は、「周りに散らばっている点」のようなイメージ

　aboutは、あるモノを含みつつ、さらにあちこちに散らばったものを囲むイメージです。たとえば、あるモノが車だとしたら、性能や色、大きさ、メーカーなど、すべてひっくるめて、車に関するaboutという意味になるのです。例文だと、I like a book about gardening. (私は園芸の本が好きです。) のようにaboutを使用します。ちなみに、有名な海外映画『About Time』というのも実は「時間について」ではなく、イメージどおり「辺りに散らばっているもの」の概念だと思って鑑賞すると、ネーミングセンスの抜群さに感心することでしょう。副詞の場合には、「およそ〜」など数値の概略を表します。

　例えば、about sevenで7時ごろという意味になります。

例文 **She talked about music.**
　（彼女は音楽について話した。）

# around

〜の周りに、〜の四方に

## aboutの兄弟のような存在。
## 存在の周りの点をぐるっと
## ま〜るく繋ぎ合わせたイメージ

　aroundは、あるモノの周辺を取り囲む円のイメージです。円とは言え、きっちりと360度を囲むワケではなく、周囲をめぐる曲線だと考えると理解しやすいでしょう。兄弟のような単語であるaboutの場合は散らばっているイメージですが、aroundは辺りに散らばったものを曲線で繋いだ感じです。たとえば、They all sat around the campfire.は「キャンプファイヤーの周りをぐるっと囲み、座った。」という意味になるのです。時間の感覚もそう。7時を取り囲む付近だからこそ、around sevenというのが、7時付近 = 7時ごろという意味になるワケです。

> 例文 **I'll be home around seven.**
> （私は7時ごろ家に帰るつもりだ。）
>
> **The Earth revolves around the Sun.**
> （地球は太陽の周りを公転する。）

# out
〜の外へ

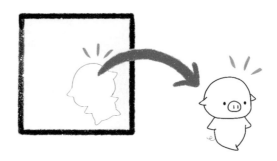

## 基本的には「内側から外側に出ていく」イメージ。
## しかし元々外側にいた立場からしたら、
## 「現れる」「生まれる」イメージもある

　out単体は副詞として用いられることが多いので、副詞の用法を取り上げます。outには「内側から外側に出ていく」というイメージがあります。

　しかし一方、外側の立場から見ると、「なかったものが現れた」とも受け取れますよね。この視点を持ち合わせておけば、outの理解は一気に伸びます。だからこそThe flowers are out.が「花が外へ」ではなく、「花が咲いている。」という意味となるワケです。そこを押さえておけば、The stars are out.の訳が「星々が見える。（星が出現する）」なのもすぐに納得できます。

　さらに、外に出るということは、目立つことでもあります。そこから転じてoutには「はっきり」「すっかり」というニュアンスが加わるのです。たとえば、Please hear me out! は「もっとちゃんと聞いて！」という意味で、かなり力が込められているのがわかりますね。

**例文** **She's out of town for the week.**
（彼女は今週旅行中です。）

# through

〜を通して、〜を通り抜けて、〜を通じて

## 完全「スルー」のときに使われる「スルー」が、ズバリこのthrough。図のまんま、「通過する」イメージ

throughの基本イメージは「通過」です。「入って、通って、抜ける」の3拍子を合わせたのが通過。ただし、throughが重きを置いているのは、「入る」ところよりも「通る過程」と「抜けた先の結果」です。だからこそthroughの抽象的な意味には「過程・経験」「克服・終了」があるのだと言えます。つまりthroughのイメージには「過程や経験を通して努力を伴って終了し、克服した」というニュアンスがあるのです。もちろん空間的な意味としてのthroughの理解はもっと簡単です。They went through the park.なら、単純に「彼らは公園を通り抜けて行った。」と訳せばいいだけのこと。ファストフード店の中のdrive-through（ドライブスルー）が、最たる例ですね。

例文 **He became rich through hard work.**
（彼は一生懸命働いて豊かになった。）

**I met her through the website.**
（そのウェブサイトを通して、彼女と知り合いました。）

# across

〜を横切って、〜を渡って

## 「クロス」って言葉、聞いたことがあるでしょう。
## 十字架のクロス。
## そう、そこから生まれた前置詞が across なのです

　十字に交差したものが across のイメージです。完全な十字にならずとも、交差してさえいれば across。The bridge is across the river. なら、「橋が横切っているんですよ、川を。」という意味になります。The gas station is across from the park. のように from が加わったら、「ガソリンスタンドは、横切って渡っていったところにある。公園から。」と解釈すればオーケー。また、across には交差のニュアンスがあるので「出会い」の要素も含まれます。come across 〜の意味が「ばったり出会う」なのはそのため。そして地図の上であちこち交差が広範に起きるような状態は、across the world（世界中至るところで）と表現できるのです。

**例文** A good idea came **across** my mind.
　（いいアイデアが思い浮かんだ。〈いいアイデアにバッタリと鉢合わせる感覚。〉）

# along

~に沿って、~づたいに、~に面して

## longという馴染みのある単語。
## まさにその状態から生まれた前置詞が、
## alongなのです

　alongには、何かに沿って前に進むようなイメージがあります。皆さんは「long」という単語には馴染みがありますよね？　そこから生まれた前置詞だと考えればラクなはずです。「その長さに沿っていく」感覚だと思えば良いのですから。I walked along the street.（私は道に沿って歩いた。）がいい例です。alongは副詞としてもよく用いられます。モノや人を同伴させるときもalongを用い、I took my sister along.（私は妹を連れていった。）と表現したりします。「一緒に」という意味でも、along withというフレーズはよく耳にしますね。他にも、長いこと寄り添っているイメージから派生して、I get along with my friends.（私は友だちと仲がいい。）という使い方もします。 たまに映画館で「Sing Along上映」というものがありますが、これは音楽に合わせて観客も一緒に歌いましょう！ という意味なのです。

例文 **There were people fishing all along the river.**
（川沿いで釣りをしている人がずらりといた。）

189

# between / among

〜の間に、〜の間で

# betweenは、漢字の「間」だと思えばヨシ。
# amongは、存在感のぼんやりとした
# 「群衆」に囲まれているイメージ

「betweenは2個、amongは3個以上のときに使う」と習う人が圧倒的に多いはず。しかし、betweenだって、3つ以上のときに使う場合があります。betweenは漢字の「間」をイメージしてください。The cat is between the rabbit and the tiger.なら、「猫はいる。間に。ウサギと、トラの。」と解釈します。すなわち「何と何の間」なのかがはっきりしていれば、3つ以上の場合でもbetweenは使用可能です。一方、amongは「3つ以上」ではなく「集団性」がポイント。個々を明確には把握できないような、薄ぼんやりとした存在感の群衆に囲まれている状況で使えると考えればOK。

**例文** Choose one card between one and ten.
（1から10の間からカードを1枚選んで。）

**He is very famous among young Japanese people.**
（彼はとても有名。若い日本人たちに。＝彼は若い日本人たちの間でとても有名です。）

# against

〜に反して、〜に反対して

## 基本的には強い接触。
## つまりぶつかっていく概念……からの、「反して」「ぶつかって」「逆らって」「寄りかかって」と派生する訳し方

　againstの概念を厳密に言うと、「強い接触」です。たとえば、物理的に力が加わってくるほうに接触して歯向かっている場合、We rowed our boat against the current.（私たちは、ボートを漕いだ。何に向かって？　潮の流れに。）となり、潮の流れに逆らっていることになります。また、強い接触のイメージから派生して、They battled against great difficulties.（彼らは戦った。大きな困難に対して。）という抽象的な用法で、勇敢な様子を表現することも可能。こうして派生する意味はザッと10通りにも及びます。逆行、寄りかかり、対立、衝突、反抗など。ただし、基本的な概念は一緒です。

　例文　**I'm against the idea.**
（私は強く歯向かう。そのアイデアに。＝反対する）

**We should save money against our old age.**
（我々は貯金すべきだ。老後に備えて。）

# away

離れて、遠くに、はるかに

## 特定の場所、物、または人から離れていくこと。もしくは、ある基準から離れていること

awayは前置詞ではないのですが、説明します。awayの基本イメージは、離れていくというもの。有名なフレーズとしては「Go away.（あっちへ行け）」というのがありますよね。また、遠くへ飛ばす「放射」というニュアンスもあります。The soldiers fired away at the target.なら、「兵士は発射したんですね。何に？　ターゲット。」という意味です。時間的用法でa month away（1カ月後に）という表現も可能です。さらに、遠くに離れていくと結局見えなくなってしまうという意味合いから「消滅・不在」というニュアンスにも派生します。たとえば、My mother is away today.は「私の母は本日、不在です。」という意味です。

**例文** I had to keep **away** from greasy food.
（私は保ってなきゃならなかったんですね、どんな状態を？　離れた状態を、脂っこい食事から。）

# beyond

～の向こうに、～を越えて

## ビヨ～～～ン（ド）と、遥か彼方へ伸びていく矢印のイメージ。さらに翻訳をラクにするコツは、「＞」（不等号）を活用すること

　言葉のとおり、ビヨ～～～ンと「遥か彼方」へ伸びる矢印を思い浮かべれば、それが基本的にbeyondのイメージです。X beyond Yは、「XはYの向こう側にあって、ある程度の距離が離れている」と解釈すれば良し。ならばHe lives beyond the river.は「彼は住んでいます。ビヨ～～～ンと遥か向こうに。何の？ 川の。」となります。また、抽象的な意味として、It is beyond understanding.は、「理解を超えている」＝「理解できない」という意味。その一方、That is beyond doubt.は、「疑い」の領域を超えているので「疑いようのない」という、逆にポジティブな表現になります。

　翻訳のコツは、「beyond」を「＞」という不等号に置き換えてしまうこと。そうすると理解がすごくラクになります。

**例文** His idea was beyond（＞）our imagination.
（彼の考え ＞ 私たちの想像 ＝ 彼の考えは、私たちの想像を超えていた。）

# like

〜のように、〜みたいな

### likeのイメージは
### 「合う・似てる」

　前置詞likeの意味は、おおかた「〜のように」「〜みたいな」です。「似ている」というイメージからも連想できますよね。

　英語圏の人が話すとき、やたら「like」を乱発するときがありますよね。すぐに言葉が浮かんでこないときに、「何に似ているかって言うと……」という意味で、likeを繋ぎ言葉にしているのです。

---

**例文** **What was the weather like?**
（天気が何に近かった？＝天気はどうだった？）

**I have never met someone like you.**
（私はアナタのような人（誰か）にこれまで一度も会ったことがない。）

**That sounds like a good idea.**
（それはいい考えです。）

# during

〜の間中

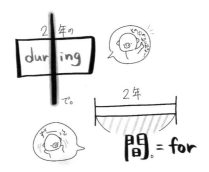

## forとduringの違いを、漢字一文字で正確にお見せいたしましょう。ズバリ、forは「間」、duringは「中」！

　よく、duringとforとの違いが区別できなくて悩む人がいますよね。共に「〜の間に」という意味なので、どちらを使えば良いのかわからないって。これらを使い分けられるようになるには、実は漢字を当てはめればいいのだと私は発見しました。　ズバリ、forは「間」。その間ず〜っと起こっていた出来事と解釈すれば良しで、duringは「中」。その期間の中のどこかしらで起こった出来事、つまり、その期間「中」に起こった出来事と捉えれば良いのです。

---

**例文** **She cried for 30 minutes.**
（彼女は30分間ずっと泣いていました。）

**I often met him during my stay in Sapporo.**
（私は札幌滞在中に彼と頻繁に会った。）

**He had to stay indoors during the storm.**
（彼は、嵐の間は家の中にいなければならなかった。）

# with

〜と共に、〜を用いて

## 「一緒に」だけで片付けてしまうには奥の深い単語。
## 互いに違う存在が「近づく」ことで「支配・利用・同時に」
## といった関係性へ

　withの概念を定義すると「関係性」です。もっと具体的に言えば、互いに異なる存在同士が「近づく」ことにより、対人なら支配関係・協力関係、対物なら所有や利用、または道具としての使用といった関係性が生まれること。より抽象的な意味だと、原因や結果、目的、態度に絡んだ関係性を表します。また、近づいて関係性を築くことにより、同時性を表現する場合もあります。

　これは「手で掴んでいる」イメージを浮かべると、よりわかりやすいでしょう。共に、ということは、同時に進行する関係性があるのがわかりますよね。たとえば、I had dinner with my friends.は「私は食事をしたんです。友だちと（共に）」という意味合いです。

> **例文** **Please write your name with the pen.**
> （ペンを使って、あなたのお名前を書いてください。）
>
> **He always travels with his best friend.**
> （彼はいつも親友と一緒に旅行します。）

# since

〜以来、〜してから、〜のせいで、〜のゆえに

## ドミノが倒れるスタート地点を思い描けば良し。そこからずっと続いている何らかの出来事が始まったその瞬間が、since

「スタート地点から始まって、ずっと」というのが、sinceのイメージです。ニュアンス的にはfromやonと似ていますが、より一層「ちょうどそこから始まって、ずーっと」というイメージが強いです。イラストに描かれているように、ドミノの最初の１つを倒してしまった「スタート地点（起点）」が明確化されると、それがつまり「原因」であるという事実のニュアンスが強調されて、「それ以来ずーっと続いている」という状態が表せるのです。sinceはこのように「起点」や「原因」という要素を含めた「以来」であるという点で、fromやonとは明らかにニュアンスが違うのが如実にわかりますよね。

> 例文 **It has been raining since yesterday.**
> （昨日から雨が降り続いている。）
>
> **The company has been in business since 1993.**
> （その会社は1993年から営業しています。）

197

# 3

# 「ド基礎」を終わらせる、まさに「究極」の解説

もう今さら、英語に1から手を付けるなんて気が遠くなりますよね…。
しかしそんな「英語のド基礎」を
徹底的すぎるくらいに大解説してしまいました。
この章を読み終わったころには「英語の基礎が弱い」どころか、
むしろあなたが周りの誰よりも
英語の基礎を「ちゃんとわかっている人」となっているハズ。

# 01

# 目から鱗が
# ボタボタ落ちる
# 「本物のド基礎」解説

## » 目から鱗がボタボタ落ちる「あのルール」の秘められた正体

　英語の「華」である「動詞」について掘り下げるにあたって、ちょっと1つ確認させてください。次の文章を見て、**ものすごい違和感**を抱く人は、どれくらいいるでしょうか？

I plays the piano.
He have it.
They hasn't old toys.
She haves gone.

　「まるで話にならない間違え方ですね……」と思われた方は、よほど真面目に英語を勉強してきた実績があるのでしょう。反面、訂正できる自信のない方は、**よくぞこの本を手になさいました！**
　この本の目的は、英語の習得をあきらめた「英語戦死者」が感じている英語のハードルを一気にガクンと下げること。ですから、改めて超のつくほど根本的なド基礎を今から徹底的に構築していこうと思うのです。
　たとえば、「**3人称単数現在形の動詞にはsを付ける**」みたいな規則。

えぇ、そこからです。
　英語戦死者をナメてはいけません。「三単現」が常識ではないレベルの人の数は優等生が想定してる以

上に多いのですから。その上、優等生でさえも「三単現のs」の**原理までは知らない人が大多数**なのが現実。

　ですから、上の４つの文章の間違いにすぐ気づいた方もやはり、よくぞこの本を手になさいました！

「１人称のあとに続く動詞にはsが付かないはずなのに、付いてるのはオカシイぞ！」だとか、「３人称単数に付く動詞は原形じゃないはずなのに、原形のままなのはオカシイぞ！」と、真っ当な違和感を覚えた人たちも大勢いるコトでしょうが、ならば、「どうして、sが付くのか？」「なぜ原形のままじゃダメなのか？」ということまでキチンと答えられる人はいるでしょうか？

　**おそらく、疑問すら抱いたことのない人がほとんど**でしょう。

　我々は当然のごとく授業中に「三単現のs」というものを習いますが、これに関しては、ただただ覚えるのに精いっぱいで「３人称のあとに、なぜsを付けるんだろう？」なんて、おそらく考えたことすらなかったと思います。

　しかし、本来ならば悩むことすらしない「３人称の動詞に付けるsには、どんな役割があるのか」ということの真相を原理として知っておくだけでも、アナタの英語への理解度は、格段と立体的になるのでございます。

CHAPTER 3

「ド基礎」を終わらせる、まさに「究極」の解説

　実際に、**この「s」には途方もなく便利な役割があるのです。**
　次の英文をご覧ください。


　①Someone like you
　②Someone likes you.


「s」という、たった１文字の違いですが「like」に「s」が付くか・付かないかで、**「それが動詞かどうか」を一目で判断できるのです。**

　どういうことかって？　②の文中のlikeには「三単現の動詞に付いているべきs」が付いているので、これが動詞であると一目で区別ができるわけです。すると自然とsomeoneは主語ということになり、②は「誰かがあなたのこと

を好き。」という意味の文章だとわかります。

　反面、①はlikeにsが付いていないという理由で「**動詞ではない**」のが一目瞭然なので、このlikeは「〜に似ている〇〇／〜のような〇〇」という前置詞であることが判明し、したがって①は「あなたみたいな人」という日本語訳になるわけです。

　likeが動詞なのか、そうでないのかによって、文章の意味がまったく変わってきますよね。**これを判断する上で、sは非常に大事な役割**を果たしているワケですね。

　ついでにもう１つ。

These helps

　一瞬、「helpsだから、動詞だ！」と判断しそうになりましたか？　しかし、**それは早とちり**。「動詞のs」は、「複数形の主語には付かない」という規則があるのです。もしhelpsが動詞だとすると、ここでの主語はthese（複数形）じゃなくてthis（単数形）になるはずだから、この**helpsは動詞ではない！**とわかります。つまり、「助ける」という動詞ではなく「（これらの）助け」という、「**名詞の複数形**」だとわかるというコト。

　要するに、この場合の「s」は「名詞の複数形のs」なのですよ……とまぁ、こんな機能的な説明をつべこべと述べたところで、英語戦死者の皆さんは、すでに「ムズイ。無理」と、放心状態になっている可能性もあるわけですからね。

　まずは**「原理」**に触れてから**「理由」**をしっかりと理解することで、今後いっさい「３人称単数現在形のs」に関して頭を抱えないようにしていきましょう。「原理」なんて言葉が出てきた時点で、眉間にしわを寄せた人がいるかもしれませんが、**ご心配なく！**　ちょっとでも難しそうな話を始めた途端、英語戦死者の諸君が身構えてしまうことだって想定済みなのです。

　そこで私はこの際、難しい要素はできる限りそぎ落とし、究極に大事な核心だけを残して、どんな人でも超絶わかりやすいような説明を施してみたいと思います。

## ≫「動詞＝述語」ではない

　そもそも皆さんは「動詞」を何だと思っていますか？

　おそらく、「動詞＝述語」くらいに受け取っている人が多いのではないかと思います。

　まぁ確かに、その捉え方でも問題ないのですが、英語の動詞は日本語でいう「述語」とは性質がちょっと異なっています。

　**英語でいう「動詞」というものの正体**は、実は「述語」ではなく、いわゆる「原形」なのです。ほら、「**動詞の原形**」って聞いたことあるでしょう。

　**原形とは何か。**

　わかりやすく言うと、こういうことです。

　「あぁ、何だろう。この感情！　君を見ると、尽くしたい、仲良くなりたい、色々世話を焼いてあげたい、この何とも言えない感情、何だろう……！」

　「それ、loveじゃね？」

「ヘー！ LOVEかぁ！」

　ズバリ、この「言葉で表される直前」の**何とも言えないモヤモヤした感じ**が「動詞の原形」と呼ぶ以前に、「単語の原形」だとでも思ってください。

## ≫ 動詞の成り立ちを理解するためのタイムスリップ

　ストーリー形式で動詞の理解を深めてみましょう（理解を促すためのストーリーを作成しましたのでご覧あれ。英語の発展に関して正式な歴史を根拠にしたというよりも、がっちゃん流の理解の仕方になります）。

　いきなりですが、ここでちょっと**大昔へタイムスリップ**してみましょう。具体的な時期まではわからずとも「言語のルールも定まっていないほどの大昔」

にまで遡ってみたとします（あくまでも想像上の話で）。

　きっと大昔の人たちは、このloveという感情を、相手にどうやって伝えればいいのか相当頭を悩ませたことでしょう。

「ねぇねぇ！ LOVE！」

　たとえば、左のイラストのように「ねえねえ！　LOVE!」だけだと、すごくおかしい。

　要はこの単語を、「○○する」という述語状態にしたいわけです。この場合だと「love」を。

　そこで大昔の人たちは、規則を決め始めたのです。

　まず「○○する（食べる、走る、愛する）」のような**「少しでもエネルギーを必要とする動き」**のことを、**一般動詞**という括りにする。

　そして、これを述語として使いたい場合には？……**「do」という言葉を、くっ付ける決まりとする。**

　要するに、このdoという単語こそが、一般動詞を「述語化」させる必需アイテムとなったのです。

　そういうワケで、loveやgoやeatなどの「一般動詞」は、この**doと一緒に使われることで、ようやく「述語」のように使える**ようになりました。

　そして、その規則が決まると同時に「do」が置かれる場所も決まったのです。

　ズバリ、ここ。下のイラストが示すとおり、主語の真後ろ。

　この位置で、**doの直後に一般動詞を使えば、述語となる**、ということ。

　たとえば、I（主語）do love（do＋動詞）you.　こうすることで「love」が述語となり、1つの文章として成立するというワケですね。

　こうして、動詞を文章の中で使いこなす規則が定まりましたとさ！　めでたし、めでたし。

　……ただ1つ、問題は。

　**いっつもいっつも、「do」を入れることになるじゃないですか。**文章には大概、一般動詞が入るものなので、この規則を馬鹿正直に守っていると、何か話

すたびに必ず「do」を付けることとなるワケです。すると、あまりにも面倒くさいでしょう。

　そこで、この**doを「省略しよう」と決めたのです。**

　……そう、皆さんがいつも目にしている「**I love you.**」**の本来の形は、「I do love you.**」**だったのですよ。**

　そうなのです。我々が見てきた英語の文章のほとんどは、「do」が常に省かれている状態だったのです。実に意外でしょう？

　ほとんどの人は、「I love you.が完全体」だと認識しているでしょうが、実は**「doが省略されている」**という証拠は、英文の中でたびたび出現しているのです。たとえば、次のようなケース。

I love you.（省略済み）
- → 　I do not love you.（否定形）
- → 　Do I love you?（疑問形）

**「do」が復活している**のがわかりますね？

　毎回、この「do」は一体どこから飛び出してるんだ！？ と思われていたでしょうが、実は「無から有」が生まれたワケじゃないのですよ。

　省略されていた単語が、復活したものだったのです！

　このように、省略されていた「do」が、否定文や疑問文を作るときに毎回表れるのです。

## » 文章を作るときに欠かせない「時制」の位置は？

　そして英文には、絶対に欠かせないもう1つの要素があります。ズバリ、「いつ」のことなのか。**過去**なのか**現在**なのかを知らせてくれる、いわゆる「時制」が必要です。

　でもって、この「時制」の情報が、あまりにも大事なので……。

**このdoで伝えることにしようぜ！** ってことになったのですよ。

I do love you.　**現在ならば**、do。
I did love you.　**過去ならば**、did。

　すると……、さっき述べたようにdoを省略してしまうと、doなのかdidなのか時制がわからなくなってしまいますよね？

　そこで、doやdidの代わりに、d（ed）**だけは、一般動詞の尻尾に残すことにした**のです！

　はい、雷バーン！　あなたの脳に雷が落ちました！

　そう、**これこそが過去形の一般動詞にくっ付く「ed」の正体**なのです。

　上記とすると「did love」の短縮で、「loved」という形が誕生したと考えることができます。

　一般動詞の過去形にくっ付いてるedは、didのdの部分のみ、一時的に役目を委託されたものと理解できるのです。

## » 原理を理解するだけで自然とインプットされる英語の公式

　では極めつきに、もう1つ大事なことをお伝えしましょう。

　I loved you.という過去形の文章を、今度は疑問文や否定文にすると？

次のような文になりますよね。

I loved you.
→　Did I love you?
→　I did not love you.

すると、どうなりましたか？
「did」が再登場して、**loveの尻尾にあったdが消えましたよね？**
そうです。ズバリ、「**返却したから**」。

元々あった位置に「did」が復活した
のですから、一時的に委託されていた
「d」は、もういらなくなったのですよ。
だからこそ、「did」という単語がある
ときには、一般動詞に「d（ed）」が付
かない仕組みなのです。
　これを皆さんは、「助動詞の後ろには動詞の原形」という、やたら難しいフレ
ーズで今まで覚えさせられていたというワケです。

　疑問文や否定文では「do」や「did」を使い、それまで「ed形」だった動詞は
**原形に戻す**という公式がありますよね？

それは、doやdidが**突然ひょっこり
現れたのではなく**、元々存在していた
けれど省略されていたもの。特にdid
の場合は、時制の情報を示すために一
般動詞の尻尾にd（ed）という形を残
していたワケです。したがって、didが登場する際には、元々の動詞からは**過
去形d（ed）が返却され、原形となる**のです。
　それがズバリ、皆さんが授業で聞かされた公式の実態だったのです。
　「**助動詞の後ろには動詞の原形を置く**」とか言われても、英語戦死者にはなか

なかピンと来ないじゃないですか。

　しかし、架空のタイムスリップにより、順を追って原理を理解することで、無理に暗記せずとも自然と公式が理解できたのではないでしょうか。

　もちろん、勉強していくにつれて例外となるケースも稀に出てきますが、英語の基礎が弱い段階では、極端なたとえ話でも、より簡単な方法で理解するに越したことはないですよね。

## 》 3人称とは？＝対面して話していない相手すべて

　ならばもう1つ、英語において基礎中のド基礎とも呼べる仕組みを、根本から理解させてみようかと思います。

　それはズバリ、「3人称」についてです。そもそも「人称」とは何でしょうか。何となくわかるようで、わかりづらいですよね。

　そんな方のためにも、まずは「人称」というものの概念から、究極にわかりやすく説明してみましょう。皆さんは、こう考えればよろしいのです。

**1人称＝私**

**2人称＝あなた**

ここまでは何となくわかりますよね？

　これは言わば、「面と向かってお喋りをしている相手同士」とお考えください。つまりそれ以外は全部3人称なのです。

　「彼」も「彼女」も「猫」も「本」も、**対面してお喋りしている人でなければ、すべて3人称**となるワケです。もちろん「モノ」だって、対話できる相手ではありませんよね？　ならば、3人称なのです。

　だからこそ、ほら、電話越しだったり、ドアの向こう側にいる相手が誰なのかわからなくて、「誰ですか？」と聞く際には、まだ対面していないような状態でしょう。その場合、Who are you?　と2人称で語り掛けるのではなく、Who is this?　と3人称で尋ねるのですよ。

　すると、この場合は答え方も、It's me〜! と3人称になるワケですね。

さらに突き詰めると、「私（1人称）」は、
1人（もしくは1つのグループ）ですよね？
「あなた（2人称）」も、当然1人（もしくは
1つのグループ）ですよね？

しかし、私と会話していない3人称は、1
人の場合もあれば、複数の場合もあるじゃな
いですか。

そこで生まれた区別がズバリ、3人称の「単数」または「複数」。

そして、ここでついに登場するのが、いわゆる「三単現のs」という存在な
のです。皆さんも幾度となく教わったことでしょう。「主語が**3**人称で、**単数**
で、**現**在形のときには、動詞にsを付ける」というしきたりを！

ここで召喚された「s」の存在について、私は多少乱暴な覚え方を編み出しま
したのでご紹介します。

ぶっちゃけこれは「理由」や「原理」というよりは、1つの「コツ」として受
け止めていただければ幸いです。英語初心者だとウッカリ忘れがちな「三単現
の動詞にはsを付ける」という決まりを**「もう一生忘れないための裏ワザ」**とし
て披露しておきたいのです。

今この瞬間から「三単現の動詞にはsを付ける」決まりを「sabishii」呼ぶこ
とといたしましょう。

「ん？　寂しい？」

そうです。だってほら、1人称と2人称は
お話し中だけど、3人称は誰ともお喋りして
いないでしょう。すなわち「寂しい」状態じ
ゃないですか！

だから、寂しくならないようにsを付けてあげ
るんです。

She loves you......

こうやってsを付けてあげれば、**もう寂しくない**
のです。

　3人称の「単数」に、sを付けてやる理由は、「寂
しい」から！

　ならば、3人称の「複数」は？

**寂しくないでしょう！**　だって1人じ
ゃないのだから。

　だから3人称の「複数」には、sを付け
る必要がないのです。

　極めつきとして、前もって説明しておいた「動詞の原形」の話に戻りましょ
う。先ほどの仕組みで、3人称の単数の文章を作ってみましょうか。

　She do love you.

　3人称であろうが何人称であろうが、主語の直後に「do」を付けてから一般
動詞を持ってくるのは、やはり一緒なのです。

　それで、元々の形はdoなのですが、**3人称は「寂しい」**ので、ここで「寂し
いのs」をdoへ付けてあげる。

　She do**es** love you.

　そう、これこそが基本形です。つまり三単現のsというのは、**実は一般動詞
のloveとかではなくて、doに付くもの**と考えれば話が早いでしょう。

　ここからさらに、「do」を省略するのも一緒なのです。

このdoesが省略されるとき、「寂しい
のs（es）」だけは省略されずに、動詞の
尻尾へ残留することで、結果的にShe
loves you.となると考えることができま
す。

　要するに、**doにくっ付いていたsが、かろうじて残った結果**ということ。

　これを教科書的に難しく言えば、「**3人称・単数主語に続く一般動詞の現在
形に付けるs**」ということなのですよ。

きっと皆さんも「三単現の疑問文では一般動詞のsは消えて……」とか、ややこしい説明をされたでしょうが、もう、そうやって頭を痛めなくても良いのです。

単に、**省略されていたdoが、疑問文や否定文で再び現れる**ことで、

She loves you.

　　　↓

**Do** she loves you?（do復活）

She **do** not loves you.（do復活）

　　　↓

**Do**es she love you?（sをdoへ返却）

She **do**es not love you.（sをdoへ返却）

　一般動詞に一時的に役目を委託されていたsが、**元々あった場所へ戻っていった結果**なのだと考えれば良いのです！　ちなみに、3人称でも「過去形」の場合には？

She did love you.

　過去ならば、**もう過ぎ去ったことなので、「寂しい」だろうと気を遣う必要がない**ワケです。ですからsは付ける必要がなく、didだけで十分。

　ちなみにこのときは、省略する際にもd（ed）だけを動詞の尻尾にくっ付ければ良いわけです。

She loved you.

　いかがですか。ずっとわかりやすくなったでしょう！

「三単現のs」だとか「過去形のed」だとか、何だか妙にややこしかった規則も、こうして**原理を根本から把握**することで、ようやく自然と腑に落ちたのではないでしょうか。

　もちろん「タイムスリップ」から「寂しいのs」までのくだりに関しては、古

代英語の発展に関して正式な歴史を根拠にしたというよりも、現代英語の用法に合わせて割と雑にストーリー立てをしてみた節があります。英語戦死者がうっかり間違えやすい規則をなるべく楽に脳裏へインプットできるよう工夫を施してみたワケです。

　これにて、「do」の概念と省略の仕組み、「三単現のs」、そして「過去形ed」と「did」との関係など、英文における「ド基礎」と呼べる規則が、一気に腑に落ちたことと確信します。

　こうしてまた一歩、見事レベルアップしましたね！

巷では英語の成績が良いと〝偉い〟とみなされるのかもしれませんが、
この本の中ではまったく違いますからね。ここでは英語の点数が低い人ほど、
階級が高いですからね。まあ、そういうことですよ。
学校じゃ「てんでダメ」でも、ここじゃ「むしろ歓迎されるべき戦友」であることを
お忘れなく。あなたがどこかで「英語戦死者」として烙印を押されたとしても、
本書ではむしろそういう人たちを歓迎しているのです。
というか、そもそも成績や点数なんかで、人間の価値が決まるわけではないのでね。
勉強が人並にできなくたって、どんな学校に通い、いかなる職場で働いていたって、常に胸を張ってりゃいいんですよ。
子どものころを思い出してくださいな。月がどこまでも追いかけてくるのを見て
「自分って特別な子どもなのかも」ってうぬぼれたりしませんでしたか。それでいいんですよ。そのくらいで。
だってそれって事実だし。あなたは本当に特別なんですから。

# 02

# 単純そうに見えて 実はかなり奥が深い 「be動詞」

## » 「Are」なのか「Do」なのか、即座にチョイスできますか?

「今からbe動詞について徹底的に説明しま〜す」と言われると、**「は?　そんなの一番簡単なヤツじゃん……」**とか思ってしまう人、いるのではないですかね?

**「ちょっとナメないでよー!　『です、ます』でしょ」**

……じゃあ、これは?

**どう違うかわかります?**

おそらく「……よくわからない」と答える人は少なくないことでしょう。

きっと大多数の方が、「はーい、be動詞とは、am/is/are (was/were) のことで、意味は『です／である／になる』で〜す」くらいの認識で完結しているのかもしれません。

まぁ確かに間違いではありません。**ひどいケース**だと、「○○は」という主語の助詞をbe動詞だと思ってしまってる場合もありますからね。

ですからbe動詞のことを「am/is/are、です／ます」と返せるだけでも上出

213

来なのですが、問題は英語の授業でですね、be動詞を「am/is/are、です／ます」だけで済ませておいて、「さ〜て、be動詞はもう十分おわかりですね？」といった体で、一気に内容を先に進めてしまうことなんです。

え、**何そのスペースバー……やけに幅デカいな！**みたいな飛躍感。

まるで皆さんが、**さもbe動詞をマスターしたかのような前提**で授業はどんどん迷宮へと進んでいき、置いてけぼりになった経験があることかと思います。

するといつの間にか、お次のような基礎的な質問ですらも、スラスラ答えることができなくなっているワケですよ。

皆さん、次の英文のうち、どちらが正しいかわかりますか？

①Are you happy?
②Do you happy?

たとえ答えられたとしても、**本当に一瞬たりとも迷いはありませんでしたか？** もし、1ミリも迷いが無かったならば、英語にある程度慣れているお方なのでしょう。しかし大半の英語戦死者は、この「Are」か「Do」かの選択で**すら非常に悩んでしまう**ほど、be動詞と一般動詞についての概念をかなり雑に習ってきたケースが多いのです。

ですから仮に正解がわかったとしても、そうなる理由がわかっていないと、いざ「英語の疑問文を作ろう」というときに、Be (Am/Is/Are) からスタートするのか、Do (Does) からスタートするのか、**毎回まるで賭けをするような気分**になるじゃないですか。

もちろん、この程度の簡単な文章ならば、すぐにわかるでしょう。

I am a teacher.
I am Gatchan.

しかし、「疲れていますか？」「幸せですか？」と聞きたいときに、**即座に**「Do〜？」で始まるのか「Are〜？」で始まるのか出てこなくて、**毎回確率50％のヒヤヒヤの賭け**をしているようでしたら、ハッキリとこう言えますね。あなたは**be動詞を「まるでわかっていない」**と。

こんなことを言われてショックな気持ちはわかります。だってbe動詞なんて英語を習ったばかりのころにマスターしたはずだったのですから。

しかしまぁ、ご安心あれ。この項目を最後まで読めば、少なくとも「勘」だとか「何となく」ではなく、「be動詞をなぜ使うのか」という、そもそもの原理をしっかりと理解した上で、be動詞を選ぶべきなのか、doを選ぶべきなのかを明確に判断する力を備えられるでしょうから。

## » 主語と状態とを「＝」で繋げてあげる接着剤が be 動詞なのである

すかさずbe動詞の説明をスパッ！と言い放ちたいところですが、その前に少しだけ一般動詞のおさらいを挟みましょう。もちろん、皆さんの理解を手助けするためです。

一般動詞とは何でしたっけ？**「何かしらのエネルギーが必要な動き」**でしたよね。さらに一般動詞は「それ自体だけでは述語ではない」ともお伝えしました。あくまでも「do」とセットになってから、下のイラストが示す場所に置かれることで、**ようやく述語としての役目を担う**のです。

さらに、この**doは通常「省略」されていて、疑問文や否定文になるときに、再び姿を現す**という話も前節で述べました。

では問題。一般動詞と異なり、「賢い」「美しい」「幸せ」のような「エネルギーを消費しない状態」を表現したいときはどうすればいいのでしょう。

たとえば、「彼は幸せ」という場合、どこにも「エネルギー消費」はありませんよね。この場合、doは使わないので、実際下記のイラストでも意図だけは伝わるのでしょう。でも、文章の基本原則は……「主語＋述語（動詞）」なのです。

「走る」や「食べる」のような「エネルギー消費のある」一般動詞なら、runやeatをdoにくっ付けて述語にすることができました。

ところが、happyの場合は**「エネルギーのいらない状態」**なので**「動き」ではない**……。しかし文章の絶対条件を守るには、述語はなくてはならないのです。

こんなときですよ、**「be動詞」を使うのは！！**

He is happy!

ズバリ、heとhappyの**接着剤としてbeを用いる**のです。簡単に言えば、be動詞は「主語と状態を『＝』で繋ぐ役目」を果たしていると考えればいいわけなのです。

heとhappyだけでも意味は伝わりますが、文章として成立しないので、その**接着剤**の役割として「be動詞」を用いるというコト。

もっと厳密に言えばbe動詞に対する**「和訳なんてない」**ようなもの。「です」だとか、「になる」と訳されがちですが、そもそも「接着剤」なだけだと見なすのが妥当なのです。

ですから、どうしてもisやareを和訳する必要がある場合には、**「○○の状態である」**と訳してあげるのが、あらゆる文章において最もスムーズな方法と言えるでしょう。

（例：彼は幸せな状態である。）

こうして**接着剤としての役割で始まった**「be」という単語。そして、時の経過と共に「人称」という要素の影響を受け、皆さんがよくご存知の**下記のように変容していった**のです。

be動詞　→　＜現在形＞1人称：am、2人称・複数形：are、

３人称単数現在形：is、

＜過去形＞was/were

……そろそろbe動詞の正体が見えてきましたでしょうか？

先ほど、こんな問題を出しました。

① Are you happy?

② Do you happy?

どっちが正しいか、もう皆さんお気づきですね。ここまで述べてきた話を理解できていれば、**正解は①**であると即答できるでしょう。

結論：be動詞は、「**動きがない状態**」のときに、**述語を作るために**主語と状態をくっ付ける「＝」のような存在なのです。

be動詞の和訳を「です・ます」だとばかり考えていると、たとえば「彼は踊ります。」という文章を作りたいときに「彼は ＝ he」で、「踊る ＝ dance」で「ます＝ is」だから、He is dance!（彼＝ダンス……？）といった、**ヘンテコな文章になってしまう**可能性だってあるワケです。

あくまでも「エネルギー消費のない状態」での「述語を作るための接着剤」だという原理を押さえておくことが大事ってコト。

## ≫「動的」な一般動詞と「静的」な be 動詞

**「ちょ、ちょっと待って、がっちゃん。**でもさ、be動詞も動きと合体する場合があるじゃん。だって、『be動詞＋一般動詞の ing』とかはどう説明するつもり？」

鋭い方ならば、こう感じたかもしれませんね。

はい。では、ここからががっちゃんの腕の見せどころ。

私の得意な「イメージ化」を用いてご説明いたしましょう。

ひとまず、一般動詞とbe動詞を使った文章をそれぞれ、簡略的にイメージ

化してみましたので、お次のイラストを見てください。

「一般動詞」が使われている文章というのは、**Iがhomeへと順番にトントンと進んでいくような感覚**なのです。動きが持続しているエネルギーを感じられますね。

一方、「be動詞」が使われている文章というのは……。

My car is（＝）red.

上記に出てくるmy carとredからは、**動きが一切感じられません**よね。be（is）は静的で、動く概念ではないのです。

## 》動詞に「進行形の ing」が付いた瞬間、「動詞」ではなくなる

「いや、だからぁ、『**He is（be動詞）swimming.**』みたいな文章はどうなってるのさ？　**be動詞がくっ付いてるのに、動いてるじゃ～ん！**」

と、すかさず質問されるかもしれませんね。確かにswimmingは「泳いでいる」という「**動き**」なのだと思っている人が大多数かもしれません。

でも、それって**本当に動きでしょうか**……。

ちょっと質問の仕方を変えてみますね。

「He is swimming.」←**この文章の中で、動詞はどれでしょうか？**

こう聞かれると、「泳いでいる」の動きの印象が強いため、swimmingを動詞だと感じてしまうかもしれませんね。しかし、swimmingは、動詞ではないと考えてみましょう。。

この文章においての動詞は、**あくまでも「is」だと**。じゃあswimmingは？……確かに動いていますが、それは「be動詞」という「型の中での動き」なのです。

　もっと噛み砕いて表現しますと、be動詞とは「動いていない状態」。よって、be動詞にくっ付く「ing」というのは、**「動いていない型」にはまった「動き」**……。すなわち、動いていないのです。

　ハイ、まったく意味がわかりませんよね？　ここで登場するのが、ご自慢の「イメージ化」。

　今の意味不明な話をイラストで改めて説明してみましょう。

「be動詞＋動詞ing」の文章というのは、イメージ化すると……

こんなイメージなのです。

「be動詞＋動詞ing」形式の文章は、イラストが示すように「**動いている瞬間をカメラで撮って、その写真が壁にかけてあるような状態**」だと思えば良いのです。

　すなわち、持続的な動きを表現したものではないというコト。

　He swims.がまるで動画のような描写だとすれば、He is swimming.は、彼が泳いでいる姿を写した「スナップ写真」を眺めている状況なのです。

　まるで「静的なフレーム」で囲われたような状態なのですが、皆さん、「フレーム」って何ですか？　「**枠**」ですよね。その中に写っているということですよね。ここで、ちょっと乱暴なことを勘ぐってもよろしいでしょうか……。

ingと「in」って……**果たして無関係でしょうか？**

　囲いの中にいる状態を表す「**in**」という前置詞と、「**ing**」という形が何だか無関係のようには思えないのが私の見解なのですが、どちらも「**囲われている**」という見方でアプローチするとしたら……無きにしもあらずですよねぇ！

次に、このingのフレームを時間の流れをイメージ化した図へも代入してみましょう。

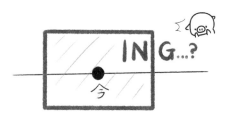

この図のとおり、**四角で囲われた範囲**なので、現在の状況「のみ」を説明している表現ではないですよね。すなわち「ing」は、現在進行形でもあれば、少しだけ過去の状態でもあり、さらには若干の未来の状態についても表現

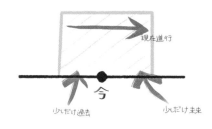

できるものなのです。だからこそ場合によって「ing」は、**未来の確実で具体的な計画**を表すことがあるワケですよ。

（主な例：「be動詞＋going to」の表現）

　要は「be動詞＋動詞ing」というのは、「ずーっと動いている」という意味ではなく、be動詞という「静的なフレーム」で囲まれた**ある瞬間の描写**だと見なせば良いのです。

　どうでしょうか。これでbe動詞の原理が少しは明確になってきたのであれば幸いです。


　これまで「当然知っているもの」と思い込んでいたbe動詞を、実際どれだけ曖昧に把握していたのかおわかりいただけたことでしょう。

　こうして「当然」を打ち破る「ノック」の重要さ。「当然」だと放っておきがちなものに対して「疑問」を投げかける行為。それこそが哲学であって、「すべての学問の始まり」に繋がってきたのではないですかね。

　大げさに言えば「文明」だって、「当然」を放っておけなかった、あらゆるノックによって、こうして進歩してきたのかもしれません。

考えてみりゃ、我々の「存在」だってそうじゃないですか。

我々が、どうやって生まれたかなんて。もう生まれてるもんは、仕方ないでしょう。

それよりも大事なのは「どうして」ここに必要なのか、じゃないですか。

この世に、どうやって生まれたのかという問いよりも、問うべきは、この世に、どうしてアナタはいるのか。どうしてアナタは必要なのか。

それを探すこと、なければ、作ること、自分勝手にでも、こじつけること。

そりゃ最後の最後まで、正解なんてないかもしれませんが。

どこかで少しは納得のいく答えが見つかれば、それまでよりは、ずっと腑に落ちる人生になるかもしれないでしょう。だから、探しましょうよ。アナタがどうやって生まれたかじゃなくて。

アナタが、どうして、いるのかを。一生かかって、探すんですよ。アナタのBEを。

# 03

## 学校ですら
## 教えてくれなかった
## 「be 動詞」の考え方

### 》 どうして you には are が続くの？
### 「am/is/are」って結局、何物？

「じゃあさ、『am/is/are』って結局何なの？」

……be動詞という言い方を初めて知ったときに、きっと最も多くの人が抱く疑問でしょうね。

だって、「**be動詞**」って言うわりには、蓋を開けてみると「am/is/are」でしょう？　「bの１文字すら出てこないじゃん！」という状況に直面するのですからね。

さらには、「**どうしてyouにはamじゃなくて、areが付くの？**」といった疑問。……言われてみると、今さらながら気になりませんか？

というわけで、今回は「am/is/are」が誕生した経緯について探っていこうと思います。

そもそも学校の授業などでの**be動詞の扱い**って、どんな感じですか。**be動詞の説明に丸々１ページ以上**を使うケースなんて、見たこともないでしょう。せいぜい人称ごとの種類の表を見せて、それで終わりじゃないですか？　実際、「もっと掘り下げるべきじゃん」って話ですよ。

ただし、掘り下げるとはいっても、学派や解釈によって見解も様々ですから、どれが正解だと断定するのは私ごときには当然無理。しかも、歴史の授業のように堅苦しく解説されても今度は皆さんが退屈する羽目になりますし、何よりもやたらムズいでしょう。

というわけで、事実に基づいた難しい過程の話よりは、ちょっと乱暴にでも

「**こう考えると、面白くない？**」と、不意を突くような解釈を共有してみたいと思います。

## » be に服を着させた姿が「am/is/are」

その前に、前節のおさらい！

be動詞って、どうして必要なんでしたっけ？

ズバリ、文章には「主語」と「**述語**」がどうしても必要だから！でしたよね。ちなみに、表現したいことが「動き」の場合ならばdoを付け、「動きじゃない」ことを表現したい場合ならばbe動詞を付けて、文章を完成させるとお話ししました。

すなわちbeというのは「＝」の役目を果たすのであって、それ自体には「これといった和訳があるわけではない」ということでした。

そしてズバリ、このbeという原形に「時制」と「誰が/何が」という情報を加味した結果、**それぞれの形へ変化したものが「am」「is」「are」**という形態というワケなのです。

別の言い方をするならば、beっていうのは「素っ裸」の状態！

そこに「時制」と「誰」という情報の服をそれぞれに着せて、おめかししたのが「**am/is/are**」ということ！

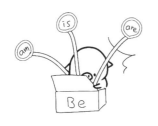

そしてここからは、ぐだぐだと長ったらしい学術的な説明はすべて省き、単刀直入にお話ししようと思います。

「なんで、**1人称**は、**am**なんだろう」

「なんで、**複数形**は、**are**なんだろう」

「なんで、**3人称**は、**is**なんだろう」

「なんで、youは、複数扱いなんだろう」

あまりにも当たり前のように使いすぎていて疑問すら感じる隙がなかった、これらの「なんで」について、この機会にスパッと一刀両断してしまいましょう！

## » がっちゃんが考える am のイメージ

「ごく普通の韓国人」である私としましては、母を意味する英語の**mamma**という言葉を聞くと、**韓国語のとある単語**を連想せずにはいられないのです。ズバリ、「オンマ」。韓国語で、お母さんという意味の単語です。「マンマ（ママ）」と「オンマ」には発音的に通ずるものをどうしても感じてしまうのですが、別の面でも、このmammaとamには深い結びつきがあると思うのです。

　つまるところ、1人称の「私」という存在は、どこから生まれてきたのかって話ですよ。私という1人称はどこから生まれますか？　言わずもがな、**mammaからですよね**。mammaによって、1人称「I」は存在するのです。**「am＝母親が関係する」**という説。これはもちろん、こじつけかもしれません。しかし真実がどうかは置いといても、興味深い説じゃありませんかね。……なんだか狐につままれたような気分の方は、さっそくお次の「are」の由来の説についても、どうぞご一読くださいませ。

## » 「you」がどうして複数扱いになるのか、その考え

　areというのは何が由来なのか。

　これに関しましても、私には歴史的に確実な事実の証明はできませんが、乱暴にもこう考えるようにしております。

　皆さん、「a」の意味は何ですか？　**一般的な、1つの**という意味ですよね。ならば、そんな「a」が、「リピート（<u>repeat</u>）」されるとしたら……？

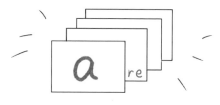

つまり、1つ (a) が、リピート (re)。**繰り返されることで複数になる**じゃないですか！　だからこそ、複数の主語に付くのは、areという理屈なのです。

もちろん断言してしまうと言語学者に怒られるかもしれませんが、なかなか面白い見解じゃないですかね。今回の説明は、事実よりも柔軟性を大切にしていますので、そこだけは改めてお断り

しておきましょう。

　ちなみに、areと結びつく代表的な人称は？　you！

「あれ？　**youは１人なのに、どうして複数扱いなの？**」

　youが複数形だと言われると、確かにモヤモヤするかもしれませんね。

　でも皆さん……。「あなた」って、本当に１人だと思いますか？

**「あなた」って言っている時点で、私と一緒にいる状態なのに！？**

　「あなた」と言われるからには、**私が話しかけている**のが大前提じゃないですか！
私がいるから「あなた」という概念が生まれるのであり、１人きりならば「あなた」という概念は存在し得ないのです。

　つまり、youに複数形専用のareがくっ付くのは、別に「あなたたち」という複数形の意味も持っているから、という理由だけではなく、「you」自体がすでに複数扱いだからなのです。なぜならば「あなた」は**１人では存在し得ないのだから**。話し手がいなくて本当に１人なら、３人称もしくは１人称にしかならないでしょう。

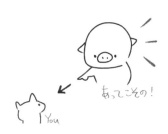

あってこその！

You

　だからこそ「you」は、その相手が１人だろうが２人以上だろうが、私という存在があってこその「あなた」、もしくは「あなたたち」と見なすわけです。それでyouは、**そもそもの概念として１人ではない**として、「are」という複数扱いのbe動詞が続くようになったということ。

　残るは、３人称単数現在形の「is」というbe動詞ですね。

　別の項目で、一般動詞のド基礎に関する話をしたときに、「三単現にくっ付くs」について「**１人じゃ寂しいからsを付けてあげる**」という、常識破りの柔軟な説明をしたのを覚えていますか？

　３人称のbe動詞が「is」な理由も、実は同じことなのです。

sheであれheであれitであれ、**寂しいから一般動詞にsを付けてあげたのと同じく**、be動詞にだって、寂しいからsなんですよ。だから、「is」なんです。と考えると……ほら、話が繋がるでしょう！？

　と、いうわけで。be動詞が「am/is/are」な理由について、奇想天外な解釈を交えて話を進めて参りました。

## 》 be を使うのは "素っ裸状態" のとき

　何はともあれ、be動詞は英語の発展に伴って色々な言語の影響を受け、それらが混じり合っていく過程で元々の**beが変化し、最終的に「am/is/are」の形に落ち着いた**というのが真実なのでしょう。

　では「be」という原形が完全に消え去ったのかというと、そうではありません。ご存知のように、**今でも「be」自体はよく使われています**よね。

　それについて一般的な授業では、こう習うはずです。

　「助動詞のあとに続くときや命令形のときにはbeという原形を用いま〜す」

　とまぁ、この解説でもいいのですが……もっとわかりやすく原理的に説明したほうが良さそうですね。

　先ほど、「**be**」という形を「原形」と言いましたよね。つまり何も着せられていない "素っ裸" の状態。これに「人称」と「時制」という情報を着せたのが、am/is/areなのだと。

　では、巻き戻して考えてくださいませ。「**人称**」または「**時制**」といった情報がいらない場合だったら、わざわざ服を着る必要はありますか？　その必要はないですよね！　そんなときには

素っ裸のほうが使い勝手がいいので、原形のbeを使えば良いのです。

　例文を使って具体的に説明しましょう。

I am happy.（私はハッピーです。）

　この文章から「人称」の情報を取り除いてみてください。

am happy

「I」を取ったので、「人称」の情報はなくなりました。**何人称だかの情報もないのに、amだとおかしい**ですよね。こんなときに使うのがbeなのです。

Be happy!（ハッピーにね！）

　他の人称での例も見ていきましょう。

You are quiet.（あなたは静かです。）

　この文章から人称の情報を取り除いてみます。

are quiet

「You」という人称の情報がなくなったので、**areからも人称の情報を取り除く**のですよ。

Be quiet!（静かにね！）

　こういうコト。

　というワケで今回は、be動詞について言語学的にどこからどこまでが真実なのかわからないような話を披露しました。あえてそうした理由は、英語学習においては「へぇー、こういう考え方もアリなんだなぁ」という柔軟な思考を持つのも、ときには有益なのではと思ったからでした。内容的に正しいかどうかは、これまた別の話ということでご理解ください。

　ただ少しでも、皆さんの理解の手助けになるのであれば、それもまたアリじ

ゃないですか。こういう内容が少なからず手助けになるケースだって、必ずあることでしょう。

　ならば私は悩むことなくお伝えするのみですよ！

そうだ。悩むべきは
どう思われるか、じゃなかったんだ。
どう力になれるか、それだけで良かったんだ。
どう見られるかの結果なんて、どうでもいいのだ。
ちょっとでも、たとえ一人にでも、
役に立てれば、それで良いんだ。
評価？　知らん。どうでもいい。どう思われたって良い。ただ、助けになりたい。
それでいい。

# 04

# 「be動詞」ならまだしも 「being」って何物?

## » 正体不明の「being」について語る

「よーし。be動詞はもうバッチリだ! beっていう原形から、am、is、are、was、wereって形になったものがbe動詞だもんね!」

ふーん。じゃ、beingは?

「えっ?」

ついでに、beenはどうなるの?

「へっ…」

その2つは、どういうときに使えばいいの?

「……うえ〜ん」

これらの疑問にすべて答えられたら、**あなたの英語力はかなりのもの**でしょう。

be動詞というと「めちゃくちゃ初歩」と思われる節があるので、今さら「**be動詞って何?**」なんて聞くのは、ためらわれてしまう雰囲気があるんですよね。

そりゃあ、英語上級者からしたら「えっ、そこから?」と思うかもしれません。でも、英語戦死者にとっては「まさにそこから」なのですよ。ですから誰の反応を気にする必要もありません。堂々と胸を張って、be動詞に立ち向かえば良いのです。

嘆かわしいことに、be動詞ってやつは、教える側も教えられる側も、意外と**油断しがちな項目**です。手を抜こうと思えばいくらでも省ける概念なので、ろくに説明もせずにさっさと済ませる傾向があったりもします。

　特にbe関連の中では、レベルが上がって「being」や「been」に差し掛かると、まるで理解できずに英語と「さよなら」してしまう人が大勢出てきてしまう。

　このように、be関連の基礎がしっかりしているか否かでその後の英語人生に大きな影響が出てくるのですから、「**be動詞、恐るべし**」と気持ちを入れ替える必要がありますね。でも、ちゃんと正しい方法でアプローチしさえすれば、心配はございません。むしろ、「**えぇっ？　こんなカンタンな原理だったの？**」と肩透かしを食らうコトでしょう。

　ですから今回は、もう一踏ん張りしまして、beはbeでも、これまで「なあなあ」のまま済ませてしまうことの多かった「being」と「been」について重点的に解説していこうと思います。

## 》 be に「未来寄り」のニュアンスが含まれる理由

　教科書的な説明で済ませるならば、「beが準動詞として２つに枝分かれしたものが、beingとbeenで〜す」と伝え、それで終わりです。しかし、**この説明で理解できるのなんて英語優等生だけでしょう**……。

　「こんなんじゃ、わからないよ！」

　こう悲鳴を上げ、泣く泣くあきらめの境地に押し込められてきたのが英語戦死者の悲しきヒストリーじゃないですか。

　ですから、ここで１つアプローチの仕方をちょっとばかり捻じ曲げて、皆様のために用意した特別な回り道のコースへとご案内することで、beingとbeenに取り組んでみたいと思います。

まずは短いおさらいから。

be動詞であるam/is/are/was/wereを用いるのは、「**エネルギー消費のない状態**」を文章として成立させるために、主語と単語との間に「＝」という述語が必要なときだと説明しました。

I am（＝）a teacher.
I was（＝）happy.

こんなケースでしたよね。

つまりbeというのは、それ自体で意味や和訳を持っているというよりも、「私は」とか「先生は」だけだと文章にならないものを、れっきとした文章にするために**述語の役割を与えて単語を繋げる**「**接着剤**」であるということでした。

beとはam/is/are/was/wereから「時制」もしくは「人称」という情報を抜き取った状態でした。amやwasのように「**時制**」や「**人称**」**が定まっていない状態**ですから、乱暴に言ってしまうと「単なる考え」に近い状態とも見なせるでしょう。

「単なる考え」というのは、時制的には「やや未来寄り」のニュアンスを含むことになるのです。したがって、「Be ◯◯！」と表現するときには、**時制が定まらないので、やや未来寄り**の意味合いが生まれるというワケです。

## » 助動詞の後ろについてるものの正体

助動詞の後ろに持ってくるのは「動詞の原形」……**と、習いましたよね？**

I will study.

しかしながら、ここで理解を止めてしまっている方が非常に多い。

実はstudyというのは「to study」からtoが省略されただけの「**原形不定詞**」だったのです。

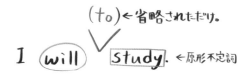

動詞である「◯◯する」という意味の単語を、「◯◯すること」「◯◯するように」「◯◯して」のように**動詞じゃないものに変化させたもの**を、「不定詞」だとか「動名詞」だとか言うんでしたよね。例を挙げると、「走る (run)」を「走ること (to run)」に変えるようなケースです。

普通ならば「to」を付けて「to不定詞」と言われますが、この場合は原形がそのまま使われるので、「**原形不定詞**」というネーミングとなっているワケです。

それじゃあ今度は、willなどの助動詞（私はこれを考動詞と呼んでいます）に、「動き (runとか)」じゃなくて「**動きのない状態 (happyなど)**」**がくっ付く場合**はどうなるでしょうか。

念のためのおさらいですが、そもそも動詞ではない「Ueda (人名)」や「happy (形容詞)」は、runやgoといった一般動詞と違い、**be動詞がくっ付くことなどで初めて述語の役割を果たせるようになる**のでしたよね？

となると、「am happy」であれ、「is Ueda」であれ、be動詞がくっ付いてこその「述語」なのですから、これを原形不定詞として用いる際にだって、文章の原則を破らないためにも「be動詞がくっ付いた状態を保ったまま」助動詞（考動詞）の後ろに付けるべきなのです。

だってほら、「happy」に「am」がくっ付いて、ようやく「幸せな状態である」という述語になれたのだから、これを不定詞に変化させるにしても「幸せ

な状態」という意味を保つためには**be動詞と一緒でなければダメ**でしょう。

　では、どうなるのか。

　じゃーん！

　……いや、じゃーんじゃない！　こんな文章は見たこともありません。

　willという助動詞（考動詞）を使うってことは……。そうです！

　be動詞の「am」を素っ裸にしてやるべきですね。

I will am happy.　→　I will be happy.

　こういうこと。

　厳密に言えばI will (to) be happy.ですが、不定詞のtoは省略されているワケ
です。要するに、willなどの助動詞（考動詞）の後ろにくっ付いているbeって
のは、「**amやisの裸の姿**」だと思えばいいわけですよ。

　もちろんこれは、「be動詞を使った述語」→「不定詞」にする際に常に適用さ
れる概念なので、なにも助動詞（考動詞）が関係するときに限った話ではあり
ませんけどね。

## » 「助動詞（考動詞）の will」と「不定詞の to」が 共通して表現しているコト

　動詞を動詞じゃなくしたものを、「動名詞」だとか「不定詞」と言いましたよね。

　それを作る方法は？

　go　→　going もしくは to go

　（行く→行くこと）


　そう。「ing」や「to」をくっ付けるんでしたよね。

　じゃあ、I + wantのように、「主語＋メイン動詞（述語）」がキッチリ成立している表現の後ろにgoという情報を付け足したい場合、どうすれば良いでしょうか。

　goのように動きのある一般動詞ならば、**toを付けて**「動詞じゃない形」にしてから後ろに続けて、I want「to go」とすればOK。

　一方、happyなどの動きのない状態をI wantの後ろに付けたい場合は？

**be動詞ありきの「述語の状態」のままto不定詞として**、I wantの後ろにくっ付ければいいのでしたね。


　I want to be happy.（私は幸せな状態になりたい。）


「to不定詞」に関する項目にて、私はこんな話をお伝えしました。**不定詞の「to」は未来を表現することがある**のだと。

　実際、上の例文も和訳をすると「未来への志向」を表現しているという共通点があるのがおわかりになるでしょう。

　すると、beというのも、ある種、やや未来寄りであるって点で**時制が一致してる**ことに気がつきませんか。つまり助動詞will（考動詞）や「to」が「be」と一緒に使われても矛盾せず、むしろニュアンス的に見事に一致し、理にかなっているワケですよ。

## » to 不定詞ではなく、動名詞を使うのが ふさわしいケースとは？

　ここまでではっきりとわかったのは、「動きのない状態」を描写する単語は、**単独では動詞じゃない**ので、不定詞に変化させる際には必ずbe動詞とセットにするということ。

I want ＋ to ＋ be happy

　それから、動詞を名詞にする方法がもう１つありましたよね。そうです、動詞にingを付けるやり方。「動名詞」というものです。

　実は妙なことに、動詞の中には「to」不定詞を受け付けず、ほぼこの**動名詞「ing」だけを選り好む単語のグループ**がございまして……。

　いちいちくわしく説明すると長くなりますので簡単にまとめますと、動詞の持っている意味が「先の話」じゃなくて、「すでに経験した」もしくは「経験している」時点を表している場合は、未来志向的なto不定詞ではなく、**動名詞ingを選ぶという傾向**があるわけですよ。

　代表的なものが、enjoy（楽しむ）という動詞。

　「楽しむ」というのは、**以前に経験したことがある、もしくは今経験している**からこそ抱ける感情ですよね。だって、未経験のものを楽しむワケないのですから。

　こうした理屈から、enjoyの後ろにくっ付くのは未来志向的なto不定詞ではなく、動名詞ingなのです。

　たとえば、「食べるのを楽しむ。」と表現したい場合、I enjoy to eat.ではなく、I enjoy eating.という英文になるのです。

　また、「食べる」といった動きだけでなく、何らかの「状態」もやはりエンジョイできますよね。たとえば……そうですねぇ、やせ我慢かもしれませんが、１人でいる状況（I am alone.）を楽しむこともあり得るでしょう。

　この場合も「enjoy」なので、I enjoy to be alone.とは言わずに、動名詞を後ろにくっ付けてI enjoy be aloneing……???

　ん、こんな言葉、聞いたこともありませんよね。

そうじゃなくて、「状態」の述語に必ずくっ付いているbeという動詞の原形にingを付けてあげれば良い話じゃないですか！

そう、つまり I enjoy being alone. と表現されるのです。

## » being は「皮肉」のニュアンスで使える！？

と、ここまで基本の原理をお伝えしたので、間髪容れずにグイグイ進みますよ！

基本の原理さえバッチリ把握しておけば、今から説明する実際のbeingの使い方だってすぐに理解できるはずです。

beingという形は、beを、動詞ではないものに変化させたものですよね。たとえば、being lonelyならば、孤独「なこと」といったふうに。

これを利用すれば、Being lonely is not bad.（「独りになること」は、悪くない。）という英文を作ったりすることもできます。

ところで皆さんも、動詞にingを付ける表現は、普段よく目にしていますよね。I'm goingとかI'm swimmingなど。何らかの動きをしている最中の状態を描写するときに頻繁に使われる表現方法です。

２つ前の節にて私は、be動詞＋動詞ingで表されるのは、ズバリ**「動いている瞬間をスナップ写真に撮って壁にかけてあるような状態」**だと説明しました。

その根拠は何だったか、覚えていますか？

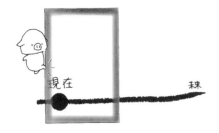

ingは「囲い」だと言ったじゃないですか！

あくまで私の独特な見方かもしれませんが、これはきっと「"in" g」と、かかっているという推測をご紹介しました。つまり、特定の時間を囲ったものであるハズだと。

そこで、beingなのですが。単純に考えてみてください……。beがingって

ことですよ？　ということは、**ingで囲われた、特定の時間だけ、beな状態**ってことじゃないですか。

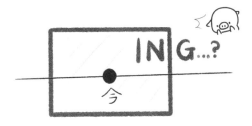

　じゃあ、be＋ingというのは、「囲いの中の」ある特定の時間に関する状態を描写していると捉えられませんか？

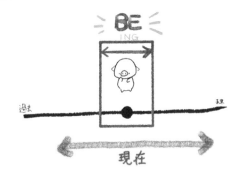

　ひとまず現在分詞だとか動名詞だとかいう難しい話は置いといて、beingという表現は、文章の中に挟み込むと、**「特定の時間内に限った状態！」**というニュアンスが新たに加わるという面白い事実が浮かび上がってくるんですねぇ。
　それが、コレ。
He is being nice.
　こう言うと、「彼はやさしい」っちゃやさしいのですが、**「その状態」**は、**「ing」なだけですよ！**という意味にも取れちゃうワケです。つまり、beingという文言を使うことで、**「今だけじゃん」感が生まれる**ってコト。

　これによって、「普段は全然niceじゃないくせに、今だけ猫被りやがって！」というニュアンスが可能になるのです。
　実際に英語圏の人たちは、日常会話の中で

He is being nice.

beingを巧みに使い、このようなニュアンスを発しているんですよ。

Why are you being so nice to me?

　もしもあなたがこう言われたら、喜ぶよりは、「アンタ、**やたら今だけナイスだねぇ。どういう風の吹き回し？　怪しい！**」って思われているのだと解釈しておくのが安全でしょう（笑）。

　ただし、口語で皮肉として使われるbeingの表現を先に覚えてしまうと、準動詞としての正当なbeingに出くわしたときに、嫌味でもないのに、やたらめったら「もしかして、これも皮肉？　あれも皮肉？」と混乱してしまう恐れもあり得ますね。その点に関しては、状況を把握して、しっかりと気を利かせて判断してくださいますよう。
　単に一種の用法として、beingは**皮肉な表現をするとき「にも」使える**、という原理も知っておいてほしいと思い、あえて紹介しました。

　そして、「being」についての説明が済んだからには、次の項目では「been」について解説してくれるのかな？　と思っている皆様へ、その前にまず「p.p.（**過去分詞**）」というものの正体をワンクッション挟んでみたいと思います。
　もちろん続いて解説される「been」という概念を理解するためにも参考になるだけでなく、**英語の文法全般においても非常に重要な核心となる内容**でございます。
　さぁて、用語の名前だけはうんざりするほど聞いた覚えのある「p.p.」。
　その謎めいた正体を、ついにブッタ切ってしまいましょう！

# これでもう二度と「過去分詞（p.p.）」で悩まない

## ≫ あやふやな存在として放置しがちな過去分詞

何度聞いても腑に落ちないこの疑問……。

「ねぇー、p.p.って何？」

ん？　過去分詞よ。

「ふーん。じゃ、過去分詞って何？」

完了形とか、受動態に使われるものよ！

「なるほど。わからん」

で、お馴染みの、今回の項目のテーマはズバリ「過去分詞」。普段しっかりと学校の授業についていっている人でさえも、用語の概念を理解するどころか、非常にあやふやな用語のままで放置して終えてしまう存在ですね。

今回は、そんな過去分詞すなわち「p.p. (past participle)」の正体そのものをズバリ解き明かしてみたいと思います。

go - went - gone

see - saw - seen

過去形と形も違うじゃん！

過去形とはまた別の単語を覚えさせられることでお馴染みなのが「過去分詞」でもありますよね。

授業中にずっと寝てるような人でも、一度くらいは見かけたことがあるでし

ょう。この、単語を棒で繋げた「単語三兄弟」。

「よく見かける形だけど、過去形と過去分詞が同じ形だったりもすれば、完全に違っていたり……。**とにかく意味不明なんですけどー！**」

こう思っている人、メチャクチャ多いはずです。そういう方たちへこのダンゴ……じゃない、**単語三兄弟**を簡潔に説明しておきましょう。

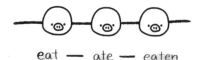

eat — ate — eaten

図の左端が動詞の原形。eatならば「食べる」ですよね。

その過去形が、真ん中のate。「食べた」ですね。そして、そんなeatという単語を、「**もはや動詞ではなくしたもの＝分詞**」が、一番右の「eaten」というわけです。

これだとまだ言葉足らずなので、ピンとこないかもしれませんね。具体的な説明を続けて参りましょう。

こんなときには、皆さんの母語である日本語を例に出すのが一番でしょう！

まずは英語から一歩離れて「日本語で」考えてみてください。「食べる」という日本語があるとしましょう。この言葉から、意味だけ残して、**述語じゃなくする**と、どうなるでしょうか。

「食べる」が**述語をやめるとしたら**……「食べること」「食べてある○○」など、**色々なパターン**ができますよね。

それですよ！　そのように、動詞から述語としての機能を取り去ってしまったものが、ズバリ、**分詞**なのです。

さらに長くなりそうな説明などはすっ飛ばして、簡略な結論だけをズバッと言ってしまいましょう。

述語じゃない形式にした色々なパターンの中でも……「**（もうすでに）食べてある○○**」（食べられる）となる形こそが、**過去分詞（p.p.）**なのです。

一度まとめますと、英語において「**分詞**」というものは、2種類ありまして。その中で、動詞の原形に-ingを付けたものを「現在分詞」と呼びます。一方、「過去分詞」の基本は動詞の原形に-edを付けたものです（不規則変化のものも

あります）。「〜される」「〜された」などを意味します。

　なお「現在分詞ing」の謎は、**またあとで出てくる項目で粉々に打ち砕いてしまう予定**なので、ひとまず見逃してやって、今回は「過去分詞」に一点集中いたしましょう。

　今申し上げましたように「食べてある〇〇」などの意味として用いるのが過去分詞なのですが、この「食べてある〇〇」とは、いったい何を表現しているのか。もちろんそれは「食べてある状態の何か」を表現しているんですよね。

すなわち、**「何か」**が持ち得るあらゆるパターンの特徴のうち、「食べてある」という１つの特徴を特定しているワケですよ。
　おっと？　この説明、聞き覚えありませんか。
　特徴を１つに限定する役割……。ほら。これって**形容詞**のことでしたよね。
　それと同じく**「特徴を特定してあげる」**のですから、過去分詞というのは、つまるところ「形容詞」でもあるんです。
　じゃあ、こうも言えるんじゃないでしょうか。
**「元々は動詞だったものが、姿を変えて形容詞になったもの」**
　この説明で、何か少しピンと脳内で弾けかけたかもしれませんが、まだまだです。これではまだ使い方としての役割説明をしただけなので、十分ではありません。

　ここから私は、もう一歩だけ「過去分詞」の原理へと深く入り込んでいきたいと思います。
　また１つ、未知なる世界が広がる貴重な話となればと思います。

## » 「英語」という言語の立場での「時間」の見つめ方

make — made — made

　皆さん、このパターンの単語三兄弟を見ていると、かなり文句を言いたくなりませんか。だって、ほら。

「何でまた、２つ目と３つ目が同じ形をしてるんだ！」

　やっかいなコトにも形が同じだと、過去形と過去分詞の違いについて**余計わけがわからなくなる。**

　しかし、実は「これ」だけわかっておけば上出来なのです。片方は、述語として使われる「動詞」の過去形であって、もう一方は、「動詞ではない」ということ。

　３つ目の形は、**もはや動詞じゃない**ので、メインの動詞と結びつく必要のある「形容詞的な形」ってことさえわかっておけば、この２つの使い方においては混同しなくて済むはず。

　ここで時間について考えましょう。

　「time」というのは、潮が満ちたり引いたりする「tide」（潮）と同一の語根なのですが、その理由は、その昔は潮が満ちたり引いたりする現象を基準として時間を計算していたからなのでしょう。

　潮の満ち引きは「月」の引力と密接な関わり合いがあるワケですが、「〇月」という意味を表すmonthが「moon（月）」＋thからできた言葉なのを見てもわかるとおり、昔の人が「時間」の概念と「言語」とを密接に結びつけて語り継いできたということが想像できますね。

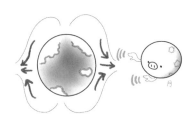

　そこで皆さんへ、ちょっと１つ変なコトをお尋ねしても良いでしょうか。

時間とは、過去→未来へと流れていくものだと思いますよね。

……**本当に？**

そりゃ確かに人間の人生は、過去から未来へと突き進むのかもしれませんが、**時間の立場になって考えると、ちょっと違いませんか？** 人間と違って、時間という概念は、逆に、未来にあったものが私たちにぶつかって、過去に流れていくものと考えられないですか……？

未来のとある時間帯が、私たちに一定時間ぶつかって、過去へと遠く遠く過ぎ去っていくものじゃないですか？

私たちの人生はどんどん未来へ進むのかもしれませんが、私たちを通過した「時間」って存在は、逆にどんどんさらなる過去へと向かっていくものだと考えられませんかね。さらに我々が未来へ向かえば向かうほど、止めどなく遠い過去へと過ぎていくものでしょう。

……ハイ。がっちゃんって変な奴～と思われたかもしれませんが、英語を成り立たせている「時制の概念」だって、**実はこの思考と完全に一致している**ワケですよ。

実際に英語においての過去形は、「**すでに行ってしまったもの**」「**遠ざかってしまったもの**」という扱いであり、これが英語においての核心的な思考なのです。

## » 過去分詞と言えば？ 「完了形」、 完了形と言えば？ 「have」

さて、過去分詞が形容詞の役割を果たすのはわかりました。要は「**動詞ではなくなった**」形。ということは、単語を過去分詞として文章内で使うときには、それはもう動詞じゃなくなったのだから、また**別途にメイン動詞が必要になる**。この点も理解できますよね？

そんな「過去分詞」の代わりに、メイン動詞を務めてくれる動詞の中でも、代表的な存在があるのをご存知でしょうか？……そう。haveでしょう。

　英語にあまり関心がない人でも、さすがに「have＋p.p.」（完了形）という形には見覚えがあるはずですね。まさしく、「過去分詞」をかなりの頻度でサポートしてくれるのが、このhaveという単語であって、このhaveと「過去分詞」との組み合わせで生まれるのが「完了形」という用法です。

「**過去分詞による文章の作り方**」と言われると真っ先に思い浮かぶほど、**代表的な用法**ですよね。

　では、そこからもう一歩、踏み込んでみましょうか。

## » どうして完了形は「have」であるべきなのか

　すでに「完了形」の節を読まれた方ならば、すぐにピンとくるはず。

　英語は、「**過去**」を**2種類に分けている**とお話ししたじゃないですか。

　1つは、単なる過去。現在とはまったく無関係な、過ぎ去ってしまった存在としての過去。そしてもう1つは？　いわゆる「完了形」といって、現在といまだに関連性のある存在としての過去。つまり因果関係として繋がっている過去。こうやって、**過去を2種類に分けて扱っている**のだと。

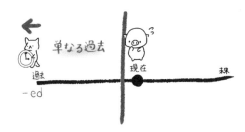

　そして、現在と過去とが因果関係として繋がっている「完了形」を表す際に必ず使う単語がありますよね？　そう、「have」です。あえて翻訳すれば「持つ」という意味のhaveを用いるコトで「**過去の出来事との繋がりを持っている**」、すなわち「完了形」が表現できる。

　つまり、イラストで表すとしたら……こういうコトじゃないですか？

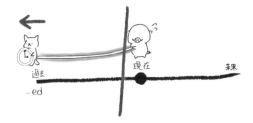

　過去という時間を、have、つまり、持っているんですよ。

　はい、頭に**雷がバーン**と落ちたような気がしませんでしたか？

　本来ならば現在とは無関係であるハズの過去という時間を、まるで持っている（have）ような状態。そうすることで**尾を引かせるように過去を今へと結び付けているじゃないですか**。そう。まさしく完了形の概念そのもの、というワケです。

　haveを使って、過去と今を繋げることは、過去と今とを「**因果関係**」で結ぶこと。過去を断絶せずに、現在へと尾を引かせる行為そのものが「完了形」ですね。


　結論を言いましょう。

　ここまで「２種類の過去」という見方で解説をすすめてきましたが、もっと極端に言えば、結局こういうコトなのです。

　過去形とは……今という「**現在**」を基準にした過去のこと。

　完了形とは……「**とある時間**」を基準にした過去のこと。（＆一定期間、尾を引く過去）

　いかがでしょうか。

　つまり**「完了形」における過去は、基準次第では**「未来だったりもする」ワケですよ。今の我々にとっての「２年先」は未来ですが、「５年先」という基準からしたら、れっきとした過去になるのです。

　「とある時間基準」は過去にするもよし、未来にするもよし。そして「過去分

詞」は、その時間を基準とした過去なので、今の我々の時間枠などにとらわれなくて済む、便利な時間概念なのですよ。

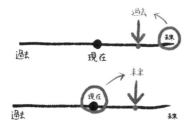

「未来が、過去になる」、なんだかウットリするようなフレーズですよね。

　単に過去分詞（p.p.）のことを、「特徴を１つに限定する形容詞的な役割」とアッサリ説明するよりも、ずっと立体的に頭に刻まれる気がしませんか。

　要は、「とある時間を基準とした、尾を引く過去」だという説明を添えるだけでも、ずっと理解が深まるでしょう。

　この考え方を頭に入れておくだけでも、過去分詞が使われた文章を見るときの感覚は大分変わってくることでしょう。

　とまぁ「過去分詞」をきっかけに、「英語の立場から見た」時間の流れ方についてじっくりお話ししてみました。正解のない話ではあるものの、「時間の流れる方向」などの考え方は、なかなか面白い仮定じゃないでしょうかね。

　人間は過去から未来に進むけれど、時間は未来から現在に向かってやってくる。そう考えると、未来なんて、もうすでに決まっているものなんですから。

　ならば冷静に考えて不可能なコトでもない限り、「できる」前提で動くのが絶対にお得ってことですよ。それに「できる前提」になると、案外、人間は怠けずに、一生懸命になるものですよね。

　**自分が決めた未来へ進む**、って結局そういうことでしょう。未来という「原動力」で今の行動が変わるのですから。その瞬間、「**未来**」というのは「結果」じゃなくて、むしろ「**原因**」になるのかもしれないですね。

　どうですか。
　アナタの未来は、ちゃんと今の原因になっていますか。

アナタの未来は、今の原動力になってますか。

アナタの決めた未来は、果たして「できる」未来ですか。

「できそうにない」未来ですか。

どうせ突入する空間なら、どっちをあらかじめ作っておきたいですか。

そう言われたら、答えなんか決まってるでしょう。

アナタがもしも、

うーん、じゃあわかったよ、いっちょ、できる前提で、やってみるさ。

と、しぶしぶ答えたならば。

今、この瞬間からできる未来が、始まりました。

おめでとう！

# 06

# 「been」はズバリ 「○○＋○○○」だと 思えばイチコロ

## ≫ ついに暴いてみた「been」の正体

さてと。今回の英語謎解きのテーマ、been。beingから繋げて解説しても よかったのですが、先に**過去分詞（p.p.）**の説明を終えてからのほうがずっ と理解しやすいと思ったので、ワンクッションおいてから登場させることにな りました。

このbeenが、今回皆さんの脳内に雷を落とす主人公となる予定です。

見るからに**be動詞と大きく関わっていそうな単語**であると予想できますよ ね。

おそらく英語優等生に向かって「beenって何？」なんて聞こうものなら、 「現在完了進行形のbeenね」「完了受動態のbeenね」と、専門用語をズラリと 並べたてられるのがオチでしょう。

いえ、毎度のことですがご心配なく。そんな難しい専門用語なんかは遠くへ 投げ捨てて、どんな英語戦死者にも「概念」が納得できるように、いつもの**が っちゃん流**の方法で、わかりやすく解説いたしましょう。

## ≫ 目から鱗が落ちるであろう「been」の正体

通常、「beenとは何ぞや？」という話になると、分詞やp.p.という用語を用 いるワケですが、今回は**それらの用語を使わずに説明していこうと思います**。

まず皆さんと、前節のおさらいをしましょう。動詞の変形を「単語三兄弟」 に見立てて説明しましたよね。

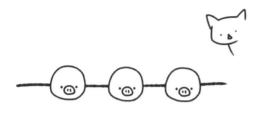

eat - ate - eaten
go - went - gone
marry - married - married

「１番目が動詞の原形で、２番目が動詞の過去形で、３番目は動詞ではなくて（すでに〜である状態）という形容詞になったものですよ〜」と説明したやつです。

　ここで改めて注目すべきは、「３番目は動詞ではない」という点。前にも述べましたが、文章を作るには**動詞が１つ必要**です。つまり、いくら3番目が元々「動詞」だったとしても、「主語」と「３番目」を並べたところで文章にはならないということ！

　少し前置きが長くなりましたが、ここでようやく今回の主役であるbeenについて触れて参りましょう。
　最初に確認しておきたいのは、beenというのが、be動詞において**3番目の位置**にあるという点です。
　be (am/is/are) - was/were - been
　しかしながら、この全世界的レベルの常識を、**私はあえて捩じ曲げてみたいと思います**。なぜなら、そこは私なりに思うところがあるからなんです。
　確かにbe動詞というのは、現在形のam/is/areがあって、過去形のwas/wereがあって、３番目にp.p.のbeenがあるのだと考えていいのでしょう。そう思ってしまえば、それまでなのですが……しかし私は、このbeenをちょっとだけ「異質なもの」として捉えているんですよ。
　なぜならば、このbeenだけは**常にhaveとセット**になり、**be動詞とくっ付**

くことがないワケでしょう？

　The book was written by her.のような「主語＋be動詞＋p.p.（3番目）」の形式の文章ならよく見かけるのに、**なぜかbe動詞とbeenがくっ付いている文章は見たことがない**じゃないですか。

　そこで私が考えたのは、beenは、もはや分詞というよりも、「been」というずばぬけて独特の存在なのではないかということでした。
「えっ、じゃあp.p.じゃないってコト？」
　かなり驚かれる方もおられるでしょう。どういうことなのか、順に説明していきましょう。まずはbeenの形からご覧ください。

　be＋en

　beがあって、そのあとに過去分詞に特有のenがついていますよね？
「**うん、だからおまえ、それは分詞だよ！**」と、すかさずツッコまれそうなものです。別にそれを否定しているわけではありませんが、ここは一つ「**独創的な解釈**」をしてみませんか？

　beというのは、通常、メインの動詞として用いられるとき「am/is/are」に変わりますよね？　ならば……

　am/is/are＋en

　**↑こう考えてみては、いかがでしょうか。**

　あともう一歩です。めちゃくちゃ簡単な例文を使って、具体的にお話ししてみますので。

　I am a teacher.

　これは誰が見ても現在形の文章ですよね。今……というか普段の生活で、先生をしている状態だと表現しています。
　じゃあ、これは？

　I was a teacher.

過去に先生だったってことですよね。

では、これらを……**足してしまうと？**

今お見せした現在形と過去形の2パターンを、**無理やり足してしまうと**……どうなるのでしょうか。

I am was a teacher.

「こんな形、ないない！」と速攻怒られてしまいそうですね。でも私は、恐る恐る……「ある！」と言いたい。

それが、「been」なのであると。

つまりbeenとはam（現在）＋was（過去）なのである、と。ってコトは、been＝am＋was

要するに、been＝（be〈現在〉＋en〈過去〉）

は〜い、雷ドカ〜ン！

思い出してみてください、beenが用いられている表現のすべてを。それらすべて、こう考えることで……解決しませんか？　今まで目にしてきた、すべてのbeenの文章をam＋wasと考えてみてください。要は現在と過去との足し算であって、「今もそう」＋「前もそう」と捉えてみるのです。まさに頭に雷が落ちた気分になるハズですよ！

ちなみに、beenだけではもちろん動詞ではないので、haveをセットにしてあげるのです。ここで、「**なぜbe動詞ではなく、haveを付けるの？**」と疑問に思うかもしれません。

これもそれぞれの役割さえ考えれば、単純なことです。役割的に「その時点の状況を説明するbe動詞」よりも、「過去との繋がりを保つ役割」を果たしてくれるhaveのほうが「**今＋過去**」な**been**にとってふさわしいからでしょう。

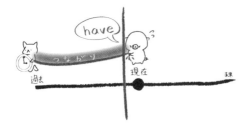

　これでようやく、「beenはp.p.というよりは、それ自体で独特なもの」という考え方をかなり納得していただけたかと思います。

　もっとオーバーに言ってしまえば、beenは、**もはやhaveとセット**で考えてしまっても良いとすら思えるんですね。

　beenにとって欠かせないメイン動詞であるhave（もしくはhas/had）。そんなhaveとひと塊になった「**have been**」という形を、**もはや１つのbe動詞と見なしてしまいたい**ワケです。


　つまり、I have been here (for three hours). (私はずっとここにいる。(3時間もの間。)) という文章を見たら、I am here. (私は今ここにいる。) と同じ構造の英文だと思えば良いってコト。

　そこへさらに意味としては、I am was here. (私は今も過去もここにいる。) と考えればいいワケです。

　もちろん、この考え方が当てはまらない場合もありますが……どうですか？

　今までどうにも腑に落ちなかった**been**を、**amとwasを足した状態**という画期的な捉え方によって、だいぶ理解してしまったことでしょう。

　I have been to Tokyo.のような場合ならば、過去から今までの期間のうちの、「どこか」と理解することもできますね。

　I have been to Tokyo.なら、to（→）は「どこかに向かう」という行為を示すので、「東京へ行ったことがある。」と経験的な出来事として訳せるワケです。

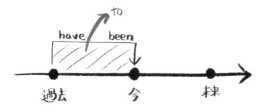

では、次の場合はどうでしょう？

I have been in Tokyo.

toではなく、囲われているイメージがポイントとなるinならば、ある一時の「経験」というよりも「ず――っと東京にいます」と訳せますね。

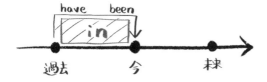

何においても、要は「過去から今の期間」という概念がhave beenだと思えば良いのです。

## » been と「完了形」との深い関係性

皆さんはこれさえ忘れなければ良いのです。英語の過去形は、日本語の**過去形**とは性質が違い、今と過去とを完全に分離して、関係のないものと見なす。つまり今へと尾を引かない純粋な過去であると。

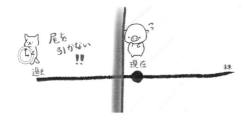

その一方で、今と過去との関係が続いているのが完了形だと言いました。

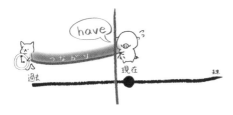

すなわち、「haveで過去と今を繋ぐ」のが完了形。

だからこそ、beenの持つam（現在）＋was（過去）の状態とも意味合いが一致するワケですね。**been自体がam＋was**なので、完了形の持つ「過去の状況が因果関係として繋がっている」というニュアンスも醸し出せるのです。

……ただ1つだけ気を付けてほしいのは、**初心者がつい忘れがちなルール**ですね。主語がheやshe、itなどの3人称単数のときには、必ずhave beenをhas beenに変えること！　ハイ、これだけ気を付ければ、どんな文章も置き換えられるはずです。

I am a teacher.

もしも現在だけでなく、ずっとteacherならば、I am was a teacher.と頭の中で一度置き換えて、I have been a teacher.と**脳内変換してしまえる**ってコト。

He was sick.

もしも具合が悪いのが、今でもずっと続いているのならば、He is was sick.と一度置き換えて……He has been sick.と、**脳内変換！**　これで、ず～っと具合が悪いことになりますね。

とまぁ、ここまでは「状態」の話でした。では、状態だけじゃなくて**「動き」**をhave beenの後ろにくっ付けたいときはどうなるのか。

たとえば、「働く」とか。

「働く」は、workだから、I am was work.と頭で考えて、have been workかな……？

はい、間違い！

have beenはすでに「be動詞」。つまりメイン動詞があるので、こんなときはメイン動詞じゃない単語をくっ付けるべき。ちなみに

動詞を動詞でなくすには……ingを付ければいいんでしたよね。

I have been working.
**これでOK。**

じゃ、ついでなので、be動詞＋分詞で表現される「受動態」の文章でも試しに変換してみましょうか。

English is spoken in many countries.

「英語が、すでにspokenしてある状態。多くの国々で。」
　脳内ではこう受け取るのが理想です。ちなみに、ちゃんとした日本語に訳すと「英語は多くの国々で話されている。」となるでしょう。
　それでは、この文章に「今も昔も」というニュアンスを加えたいときはどうすればいいでしょうか。
　先ほどと、方法は一緒です。
　English is was spoken in many countries.と頭の中で置き換えて、次にEnglish has been spoken in many countries.と**脳内変換**すればいいのです。
　ほら、受動態でも難なく置き換えができましたよ！
　というワケで今回は、beenについて学んでみました。「am＋was」だなんて、ちょっとばかり乱暴なやり方だとは自覚しておりますが、わかりやすさについては誰もが認めてくれるはずと信じております。

have＋been が、**ある意味、もう１つのbe動詞**なのだと。

　今と昔を、ずーっと「持っている＝have」ものなのだと。
　こういう発想のほうが、どう考えても「完了進行形のbeen」や「完了形の受動態のbeen」なんて言われるよりは、**ずっと頭に入れやすい**じゃないですか。
　今、英語戦死者の皆さんの持っている「英語の苦手意識」が、いずれ本当の意味での「過去」になりますように。今とはまったく無関係な「過去形」となりますように。

忌々しくて歯がゆい過去なんて、もう手放して。今度は、私の差し伸べた手をしっかりと持って、どんどん進んで行こうじゃないですか。

　「英語が得意」なhave beenへと。

# 07

# あちこちで見かける様々な「ing」を、これを機に一刀両断！

## » 3つの役割を持つ「ing」を徹底解明

「ねぇ、このingって何？」
　現在進行形よ！
「あれ？　この ing は何？」
　動名詞よ！
「……じゃあ、この ing は？」
　現在分詞よ！
「………」

ムリ〜‼

　英語戦死者にとって、英語にまつわる**「大混乱」**の源の１つがズバリ、ing でしょうね。

　おそらく誰もが、「ingとは現在進行形です」と教えられることでしょう。しかし、**そう信じていた矢先に**「動詞にingを付けた形は動名詞ですよね？」と、まるで何事もなかったかのように言われ、**「あれ……話が違う……」**と、置いてけぼりの気分を味わった経験があるのではないでしょうか。

　さらには、そんな英語初心者の混乱などお構いなしに、「分詞にはp.p.とing があって、現在分詞がingですからね〜」とサラッと言われ、とどめを刺されるワケですもの。

　**「あれ？　現在進行形じゃなかったっけ？」「動名詞とは違うの？」「現在分詞もingなの？」「どれがどれ？　同音異義なの？」**と、もう何が何だかわからなくなってしまうという大混乱な展開……。

そんな厄介なingたちの謎をすべて解き明かしてしまおう！　というのが、今回のミッションでございます。

中には、「現在進行形が、実は現在分詞なんですよ」とか不思議なことを言いだす人もいたりして、いっそうわけがわからなくなってしまう。

「いやもう、どうでもいいから**用語使いまくるのやめてー！**」と頭を抱えたくもなりますよ、そりゃあ。

いたるところで用途のまるで違うingが登場しすぎた結果、「結局あんた誰なのさ……」と**1人3役の役者さんを見てるような気分**だったことでしょう。

ズバリ今回は、そんな謎から解き放たれてしまう回でございます。

## 》 理解を助ける「不定詞」のプチおさらい

それぞれ意味も解釈もちぐはぐで違和感だらけのingたちに向き合うためにも、**まずは原点に戻りましょう。**

Chapter1で取り上げた「to不定詞編」を覚えていますか。ちょっとしたおさらいのつもりで、次の問題を解いてみてくださいませ。

（問）次の下線部に「走る」を正しく変化させて挿入し、文章を完成させましょう。
　①＿＿＿＿＿が好きです。
　②私は＿＿＿＿＿を止めました。
　③＿＿＿＿＿靴を貸してください。

（解答例）①走ること　②走るの　③走るために

問題と言われて、皆さんきっと身構えたでしょうが、なんのこっちゃない、日本語のクイズでした！　それも、**超・楽勝な問題**でしたね。

きっと楽勝で解いてしまわれたでしょうが、外国人の立場では実はかなりの難問だという事実をお忘れなく。このように**日本語では**「走る」という動詞を「走ること」「走るの」「走るために」のように、**文章ごとに様々な形へと変えていかなければ**なりません。

ところが**英語では、単に動詞の前にtoを付けるだけで、「走ること」「走るために」へと変化**させることができてしまうのです。

ただし、to runだけだと、「走ること」「走るために」のどれを意味するのかわからないので、全文を見る必要があります。

実際にいくつかの例文を見ていきましょう。

①To tell a lie is wrong.（嘘をつくのは間違っている。）
②Give me something hot to drink.（何か温かい飲み物をください。）
③This book is easy to read.（この本は楽に読める（状態である）。）
④To be honest with you, I cried a few times.
　（正直に言うと、私は何度か泣いた。）

ご覧のとおり、①から④までの文章は、いずれのto不定詞も訳し方が異なっていますよね。たったそれだけの話なのに、教科書ではこれに「to不定詞には名詞的用法、形容詞的用法、副詞的用法、独立不定詞がある」だのと**難しい用語をつけ、さらにはやたらと難解な説明を唱えてくる**。これだから、わけがわからなくなるのです。

## » 動詞を動詞じゃなくしてしまう ing

こうした「動詞を様々な形に変える方法」には、toをくっ付ける以外にもありましたよね。

そうです。**それが**ingを付ける方式です。

「何だよ、がっちゃん！　振り出しに戻っただけじゃないか！」

いいや！　わかっていない！

私がわざわざto不定詞のおさらいの説明をしたのには、**ちゃんと理由があるんですってば。**

最後だと思ってもう一度聞いてみてください。一言で言えばto不定詞というのは、どこに置かれるかによって、もしくはどう訳されるかによって、「名詞的用法」だの、「形容詞的用法」だの、「副詞的用法」だの、「独立不定詞」だのと、難しい名前で呼ばれているだけなんです。

それと同じなんです。同じですよ！！

ingもやはり、文章によって色々な訳し方が存在するってコト。つまり、ingも、**どこに置かれるかによって、どう訳されるかによって、「名詞的用法」**と**「形容詞的用法」**と**「副詞的用法」**に分かれるというコトだったのです！

**ing** の名詞的用法＝動名詞

例）My hobby is swimming.（私の趣味は水泳です。）

**ing** の形容詞的用法＝現在分詞

例）Look at that sleeping girl.（あの眠っている少女を見てください。）

**ing** の副詞的用法＝分詞構文

例）While swimming in the river, he almost drowned.

　　（川で泳いでいるとき、彼は危うく溺死しそうになりました。）

はい、雷ドカーン！

要は、**「to不定詞の〜的用法」**という言い方を「ing風の言い方」に呼び替えたってだけのコト。

ingを使って、動詞から名詞へと変えた形が「動名詞」であり、ingを使って動詞から形容詞へと変えた形が「現在分詞」である。こう教えてくれてさえいれば超シ

ンプルでわかりやすいものを、「このingは動名詞で～す」「現在分詞とはingで～す」「分詞構文にはingで～す」といったふうに、その都度別々な用途でingを急に出されるからわかりにくくなる。

　結局のところ、ingは「動詞を動詞ではなくしてしまう」働きがあるという前提で、その区別が次のように分類されるのだと考えれば良いのです。

　　動詞に**ing**を付けて名詞になったもの＝「動名詞」
　　動詞に**ing**を付けて形容詞になったもの＝「現在分詞」
　　動詞に**ing**を付けて、副詞の役割になったもの＝「分詞構文」

　最初からこのようにまとめて教えてくれれば、理解するのが格段と楽になりそうじゃないですか。

　念の為にもう一度、まとめてみましょう。

　　My hobby is swimming.
　「名詞」のように使われていたら、動名詞。
　　He is swimming now.
　「形容詞」っぽく使われていたら、現在分詞。
　　While swimming in the river, he almost drowned.
　元々2つあった動詞のうち、1つを動詞ではなくした（swimming）形式で使われていたら、分詞構文。

　こういうことです。やたらと英語文法のあちこちに散らばっていて、ややこしいだけだった**ingたちの正体は、実はこんなに単純だった**のです。

## ≫ 動名詞と現在分詞のがっちゃんのイメージ

　分類の正体がわかったところで、ここからはさらにingが簡単になるお話をいたしましょう。ingについて、学生さんたちの間でよくある疑問があるじゃないですか。

　「動名詞のingと現在分詞のingは、**どう見分ければいいんだろう？**」

　定番中の定番の疑問ですね。

「ド基礎」を終わらせる、まさに「究極」の解説

実は、これにもちゃんとイチコロの見分け方がありまして。「名詞」だの「形容詞」だのといった簡単な用語すらも嫌気がさすタイプでも理解できてしまえる、**非常にシンプルな見分け方がある**わけですよ。

　ただ、私の紹介するこの方法は、ちょっとしたコツがいるというか、軽く「暗黙の裏ワザ」みたいなものなので、「そもそもの概念がそう」であるとは思わないでくださいね！と、先に軽く注意をしておきたいと思います。

　もちろん、肝心の「そもそもの概念」についても、親切ながっちゃんはちゃんとお話しいたしますので、そこはご心配なく。

　では、さっそく伝授いたしましょう。

　あれこれ考えずにシンプルに判断できる、超のつく裏ワザとは、こうです。

**動名詞：（比較的）続くもの**
**現在分詞：一時的なもの**

　はい、ここでまた雷がドカーン！と落っこちるタイミングでございましたよ？……ちょっと考えてみりゃ、確かにそうだ！と思いませんか？

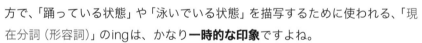

　「走ること」や「歌うこと」などの「動名詞（名詞）」の状態は、**ある程度の期間は続いているもの**でしょう？　その一方で、「踊っている状態」や「泳いでいる状態」を描写するために使われる、「現在分詞（形容詞）」のingは、かなり**一時的な印象**ですよね。

　**動名詞**だと、「〇〇なこと」。
She likes taking pictures.（彼女は写真を撮ることが好きです。）

　一方、**現在分詞**ならば、「〇〇しているところ」。
She is taking pictures.（彼女は写真を撮っているところです。）

　以上のように考えれば恐ろしくシンプルになるのですが、前もって注意して

おきましたように、あまりにも恐ろしくシンプルすぎる。ですから約束しましたとおり、しっかりと補足もしておきたいと思います。

## » ing に存在する「始まり」と「終わり」

　先ほど動名詞のことを乱暴にも「続くもの」と言い放ってしまいましたが、それはあくまでも、「一発で現在分詞のingとの区別をしたいとき」に重点をおいた上での極端な言い方でありまして。厳密には「続くもの」という理解よりも、概念としては次のように覚えておいてくださると、すべてが丸く収まるかと思います。

　それが何かは、イメージでお見せいたしましょう。なぜならingには、すべてに一貫する「究極的なイメージ」があるからです。

　極端に言えば、ingは「とある1つの概念」なのです。さっそく、次のイメージをご覧ください。

　ここまで何度かお見せした、私なりのingのイメージ図です。

　「ひょっとするとingのinは、**前置詞の『in』**と関係大アリなんじゃないか」という推測の下で生まれた図でしたよね。

　そして今回、皆さんにこのイメージ図から汲み取ってほしい点は、ただ1つ。それこそが究極のポイントなのです。

　ズバリ ing には、「**始まり**」と「**終わり**」**がある**というコト。

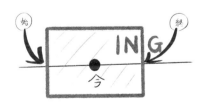

　だって、inですよ？　それって「囲い」じゃないですか。時間が「囲」われているってことは、いずれ終わりを迎えるということでもあるのです。

　「**ある時点で始まり、いずれ終わる**」

　まるで□で囲われたように、こう考えれば、すべてが腑に落ちるはず。

263

要するに「囲い」があるからこそ、ingは**「比較的短い時間」**だの**「今進行していること」**だの**「少し前に終わっていること」**だの、時と場合によって色々な解釈ができるわけです。

　つまり過去・現在・未来のすべてになり得る要素がこの囲いの中にあったというコト。

　一見、一貫性のなかったゴチャ混ぜのingの概念が、「始まりと終わりのある囲い」という一言ですべて片付く気がしませんか？

　囲いだからこそ、He is dancing.のように進行中でもよければ、He was dancing.のように少し前に終わっていてもいい。もしくはI'm dancing in the show tonight.と、ちょい未来のことも表現できるのです。

## 》「ing」がわかれば分詞構文もイチコロ

　「ingなんて、用途が多すぎて大嫌い！」と嘆いていた人も、さすがにこれでドンドン頭の整理がついてきたのではないでしょうか。そんな皆さん方のためにも、より一層整理しやすくなるよう、特別に**「ingから枝分かれするすべての要素を、一目で整理できてしまう図面」**を作りましたので、これを通してまとめて説明いたしましょう。

　まず、動詞を動詞ではなくするのがingを付ける行為だったでしょう。これを大きく分けていくと……1つ目は「走ること」など、**名詞として使える「動名詞」**。そして2つ目が「走っている○○」など、**「何かを説明する用途」**で使われる形容詞、すなわち**「現在分詞」**。

ING ┌─ 動名詞
    └─ 現在分詞 ── 分詞構文

　このように大きく枝分かれするのです。そして、その現在分詞という枝から
さらに、**分詞構文（副詞）という小枝が生まれる**わけですよ。

　では、分詞構文とは？　動詞を減らして、長かった文章から、コンパクトな
１つの文章を作れるのが、分詞構文の核心でした。

　例）　When he saw his teacher, Ueda ran away. (動詞が２つ)
　　　→ When seeing his teacher, Ueda ran away. (動詞を１つに減らす)
　　　→ Seeing his teacher, Ueda ran away. (接続詞を省略して完成！)

　では、さっきの「まとめ図面」から、さらに枝を広げていきましょう。
　まずingは、動名詞と現在分詞との２つに枝分かれするワケですが……。
　**ingには、ライバル**がいましたよね？
　そう！　to不定詞です。

　つまり、こういうコトです。こ
の図を見るだけでも、これまでず
っと頭の中でばらばらに散らばり
まくっていた文法用語が「なるほ
ど！　こういう繋がりだったの
か！」と、一気にまとまった気がしませんか。

TO不定詞

ING ┌─ 動名詞
    └─ 現在分詞 ── 分詞構文

　ずっと手探りのまま、まるで一生抜け出せそうになかった迷路の出口が、よ
うやく見えてきたコトでしょう。

改めて考えると、ingなんて超短い時間のようにも感じられますが、それはまあ、
見る視点によっても様々なワケでして。もしも、基準を宇宙規模にしてしまえば、
私たちの人生なんてingと呼ぶにも足らぬほど、一瞬の出来事ですものねぇ。
でも、だからと言って、無下にする理由にはなりませんよ。
宇宙からしたら一瞬でも、我々にとって人生は、一度きりのレアな体験。
たとえ、いずれ終わる一瞬だとしても、そのingを、丸ごとNGにはしたくないから。
一生分の一瞬を、全力で生きていくのみ。
この人生を通り過ぎる無数のingには、きついingだって、
最低最悪なingだって幾度となくあるけれど、所詮はすべて、過ぎ去るing。
最高の瞬間だって、最悪な瞬間だって、どんなingだって、いずれは過ぎ去る。
そりゃ今後まだまだ、
どんだけ多くのきついingが私たちを待ち受けているかと思うと……まあ正直、
うんざりするときもありますけどね。(笑)

ただ一つ、幸いなことにも。
我々には、一人残らず漏れなく全員に
毎日、必ず、「眩しいING」が約束されているのだという、
揺るがぬ救いを、お忘れなく。

だから皆さん。どうぞ明日も、
Good mornING。
毎日の、光輝くING。

# 08

# 「現在分詞」と「過去分詞」との、衝撃的な違いを大解説

## ≫「現在」分詞と「過去」分詞との違いは「時間」ではなかった！

「あー退屈！」
　──どうしたの？
「I'm boring〜！」
　──えっ……そんなことないわヨ。

**「はぁ？**　**君だって退屈そうじゃん。**
**You're boring, too!」**
　──**何ですって！？**

You're boring!

「だーかーらー、**You are boring!」**
　──**もう絶交！**
「えーっ！？」

　どうしてこんな展開になってしまったのか……。すぐにわかった人はingをかなり理解している人と言えるでしょう。豚のター坊と猫ちゃんが、なぜこのようなトラブルになってしまったかの原因はおいおい説明するとして、まずはいつもどおり、おさらいから入りましょう！

　長年積もり積もっていたingの種類に関するミステリーは、前節で見事に全体像として整理されましたよね。

　つまり「動詞を動詞でなくする方法」の１つであり、そのうち「名詞（名詞的

267

用法)」に値するのが動名詞、「形容詞（形容詞的用法）」に値するのが現在分詞、「副詞（副詞的用法）」に値するのが分詞構文であると見なせばいいのだと。

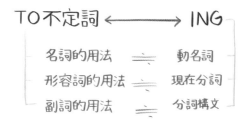

あちこちで**様々なingが無秩序に散らばっているのではなく**、それぞれの「ing」が用法別にそれぞれの位置で使われているのだと見なせば理解しやすいはずです。

とまぁ、全体像を整理できたところで……お次のステージはこちら！

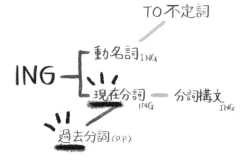

ズバリ、「現在」分詞と「過去」分詞の違いについて。

「現在分詞」と「過去分詞」……。これまた難解なお名前ですよね。

ちなみに現在分詞とは、動詞にingをつけて「〜している」という形容詞の用途を備えたもの。一方、過去分詞は「p.p.」と呼ばれておりますが、実際にはp.p.という文字が動詞に付くのではなく、いわゆる動詞の「ed」形などのコトですね。

これら2種類……片方は動詞にingを付けて「現在分詞」と呼ばれており、片方は動詞をed形にして「過去分詞」と呼ばれているワケですが。

**果たして、どんな場合がingで、どんな場合がedであるべきなのか……？**
テストにも非常によく出てくる定番の問題でございます。

しかしながら、日本語には「存在しない概念」であるがゆえに、非常に説明しづらい上に理解しがたく、いつまでも英語学習者を悩ませる難問でもあるわけです。

そこで、そんな難関を清々しく解決するために参上したのが、私、がっちゃんでございますのでね。この難問についても今回なるべくシンプルに解説してみせますので、とにかく皆さんは私に身をゆだねて、付いて来てくださいませ。

さてと。まず、動詞を動詞ではなくして、「**形容詞にしたものを英文法の用語で「分詞」と呼ぶワケ**」ですが。その分詞が、なぜか「過去分詞であるp.p.」と「現在分詞であるing」との２つに分かれてしまっている、という問題ですよね。

こうなると、いざ動詞を形容詞にしたいときに「あれ？　どっちにすればいいの！？」という迷路にハマってしまうわけです。

そこを解決すべく私は今回、まったく予想外の方向からアプローチし、この根本的な概念そのものを皆さんに理解させてしまうつもりでございます。

## » 現在分詞 ing は「その動詞を○○側」、過去分詞 p.p. は「その動詞を○○○○○○側」

ではさっそく始めてみましょう。

まずは皆さんちょっと、今さっきの言葉を思い出してくださいますか。

「現在分詞」と「過去分詞」の区別は、「日本語には存在しないがゆえに、『非常に理解しづらい概念』であり、これまでずっと英語学習者を悩ませてきた難問」だと言ったでしょう。

では裏を返せば、どういうコトでしょうか。つまり**日本語を学ぶ英語ネイティブの人たちの立場**からしたら、英語では可能な「現在分詞」と「過去分詞」を使った表現の使い分けをしたくても、その概念が日本語には存在しないせいで、非常に苦労することを物語るワケでしょう。

ですからここは視点を180度ひっくり返して、いっそのこと、**日本語を学ぶ外国人の立場からのアプローチ方法**にて、現在分詞と過去分詞の概念を攻略し

てしまおうというワケです。

　普段の日本語の会話の中で、こんな言葉が飛び出したとしましょう。
「**上田クン、面白いんだね！**」
　これ、どういう意味ですか？　この言葉だけを見たときに、大抵の日本の
方々は、大きく分けて２通りの見方をするでしょう。
「上田が面白いことをしているんだろうな」という見方と「上田が面白がって
いるんだろうな」という見方です。状況に応じて、どちらかを予想できますよ
ね。実際に、どっちだってあり得る話でしょう。
　でもこれ、日本語を学ぶ英語ネイティブの人に文章を見せたら、混乱の渦に
陥れてしまうワケです。
　彼らは何を思うかというと……。
「**これって、ingなんですか？　p.p.なんですか？**」
　こう、思うんですよ。
　日本語では「上田クン、面白いんだね！」と言ってしまっても、**上田クンが
ウケて笑っている**のか、はたまた**上田クンがウケを取っている**のか、どっちに
も解釈できます。
　英語では、上の２つの見方を明確に表さなければならず、かつそれを表現す
るシンプルかつ完璧な方法が存在します。
　それがズバリ、本項目の主人公である「現在分詞」と「過去分詞」なのです。

　日本語だと「上田が面白がってる」のか「上田がウケを取っている」のかは、
その場の状況で判断するか、もしくは微妙な言い回しの差で表現するしかない
のですが、これが英語だと実にシンプルに言い表せるのです。
　英語ならば、**上田が面白いことをしている場合**はingで、**上田が面白がって
いる場合**はp.p.。これだけで済む話なのですからね。

これだけで簡単に済ませられるのですから、実にシンプル極まりないでしょう。この差がわかってこそ、ようやくingとp.p.の深〜い説明に入っていけるわけですよ。

　要は、「ingは能動」だの「p.p.は受動」だのって話は、簡単に言ってしまえば、こういうこと。

　主語が「やっていること」であればing。

　主語が、「すでにそうなっている（される）状態」であればp.p.。

　はい、これだけ。

　過去分詞p.p.というのは、一言で言えば「すでにそうなっている」状態でしたでしょう。すでに食べてある状態。すでに落ちている状態。すでに閉まっている状態など。つまり、**もうそれ以上は「動きようのない」状態**です。

　もっと別の言い方をすると、ingは「その動詞をやる側」、p.p.は「その動詞をやられている側」とも見なせるんですよ。

　ピンと来なかった方でも、次のイメージをご覧になれば、きっとわかることでしょう。

　ズバリ、「殴る側」と「もうすでに殴られている側」。

　殴っているのがing、殴られているのがp.p.。

「殴っている」のと「殴られている」のとでは、状態が全然違うでしょう。

　ですから要は、主語が**「やる側」**なのか、主語が**「やられている側」**なのかと

いう概念を使って、「能動」もしくは「受動」という用語で言っているだけの話なんです。

　さらに言えば、**「やる側」は能動で現在＝すなわちing**。**「やられている側」は受動で過去＝すなわちp.p.**という理解ができるのです。

　これが「分詞」の正体なのですよ。どうですか？　なかなか理解できなかった「分詞」というものが、こうやってアプローチした途端、すごくシンプルにすら感じられるでしょう。

　それなのに、「主語＋be動詞＋過去分詞で『受動態』」だとか難解な用語を使って教えるから難しく感じてしまうだけで、そもそもの話、現在分詞であれ、過去分詞であれ、**分詞ってのは結局「形容詞」**なのです。

・主語＋be動詞＋現在分詞
　こっちは、「主語が○○しているの状態」ってなだけのこと。
・主語 ＋ be動詞 ＋ 過去分詞
　こっちは、「主語が○○されている状態」ってなだけのこと。

「受動態」だの「分詞」だのと難しめの用語で説明されるから理解できなかっただけであって、仕組みはすべて、「主語＋be動詞＋形容詞＝**主語の状態が○○である**（例：He is kind.など）」というシンプルな文章と何ら変わらないのです。

## 》 だからこそ、正しく使い分けないと大問題になる

　ここで冒頭のやり取りに戻りますよ。

　豚のター坊が猫ちゃんに絶交されてしまった理由も、これまでの説明でようやくおわかりになるかと思います。

　ちなみに「bore」という単語は、「ウンザリさせる」「退屈させる」という意味の動詞です。そこにingを付けると、**「退屈させている○○」**という、やる側の「形容詞」になるワケですね。なので**「I'm**

boring!」と言ってしまうと、「主語が、boreをしている状態」という意味になってしまうので、「自分は、人を退屈にさせるタイプの人間なんですよ。」という自虐になってしまうってコト。つまり、やる側じゃなくてやられている側であればp.p.なので「I'm bored.（僕は退屈している状態である）」と言っておけば良かったワケです。

　ですからまぁ「**You are boring.**」なんて相手に言ってしまうと……。

**「あなた、人を退屈させる人ですねぇ！」**
　こういう意味なのですから、相手に対して
超絶失礼な表現となってしまうワケです。な
のに間違って使っちゃう人、メチャクチャ多
いみたいですね。皆さんは、今後くれぐれも
気をつけましょう！

## » 妙な「小技」よりもちゃんとした「概念」のほうが絶対に得

　他にも、割と間違いがちな例を紹介します。
　「わくわくする！　興奮する！」と言いたいとき、「私はわくわくしてるところ
だ」という**現在進行形なのだと解釈**して「I'm exciting!」なんて言っちゃうケー
スがあるのですが。これだと「私は誰かを興奮させる存在ですよ！　わくわく
させる存在ですよ！」と**不思議なことを言っている人**になってしまうのです。
　ですからp.p.を使って、「I'm excited!」と言えばカンペキなのです。
　ここまで理解してくると、よくある小技（？）もいっぺんに腑に落ちてくる
というものです。それは何かというと、感情表現の区別の仕方について、たま
に「主語が人の場合は過去分詞（p.p.）」で、「モノならば現在分詞（ing）」とい
う、**その場しのぎの小技**を伝授されることがあるようでして。まぁ確かに、モ
ノが感情を抱くなんて、映画でもない限りあり得ないでしょうし、感情を抱く
のは大概人間ですからねぇ。こういった小技が生まれてくる理由も少しはわか
る気がします。
　確かに、boredだったりtiredだったりするのを感じるのは人間だから、人
間ならばp.p.と言いたくなる気持ちはわかります。でも人だって、boringな側

だったりtiringな側だったりする場合があるじゃないですか。

　だから「人ならば過去分詞 (p.p.)、モノならば現在分詞 (ing)」なんていう「小技」よりは**「概念」**を知っておいたほうが絶対にいいってことですよ。

## » 時計的な「過去」「現在」ではなく、状況的な「過去」「現在」

　まとめましょう。この2つの用語、「過去」と「現在」という名前がついている時点で、なんとなく**「時間的」な差なのかな？と思われがちですが**、ここで言う「過去」と「現在」とは、**「状況的」な話**というわけです。

　要するに**「過去分詞」**というのは、日本語に訳す際の考え方としては、何らかの外部要因によって「すでにそうなっている状態」と捉えるため、**「された」**という受動態の形になるわけです。

　**「現在分詞」**という名称というのも「時間的に現在の出来事だから」というよりは、「過去だか、現在だか、はたまた未来だかもわからないけど、**要はその行動をしている一時的な状態（ing）**」ってこと。

　基本的にingというのは、始まりと終わりのある**「ある期間の進行」**を表すのですからね。つまり、形容している主体は**「それをやる側」**と見なせる。

　それぞれ一言で整理すれば、こうですね。

・主体が「やる側」、つまり「進行している」場合は**「現在分詞。ing」**。
・主体が「やられている側」、つまり「すでにそうなっている」場合は**「過去分詞。p.p.」**。

　この概念は、**日本語**だと英語のように明確に区別されてはいないため、「退屈～！」の一言だけでingの意味（タイクツさせている側）も、p.p.の意味（タイクツさせられている側）も**両方いけてしまう。**

　その点は逆に外国人の立場からすれば、日本語戦死者を生み出す要素となってしまっているわけですね。

　というワケで、今回は「動詞を動詞ではなく形容詞に」するための２種類の方法、**「やる側で、進行中のing」**と**「やられている側で、すでにそうなっているp.p.」**に関する話でした。

　人であれモノであれ、している行為があれば、されている行為もある。

　する側があれば、される側もあるといったあんばいで、世の物事もなかなかうまく噛み合ってできている。

　幾千ものingとp.p.が共存しあう中で、時に、その後の自分の人生にも関わってくる貴重な出会いがあったりもする。

　結局、人生っていうのは毎回毎回、どんな「ing」を選んでいくのかで決まっていくものだとしたら、どんな選択も決して些細なものとは言えませんね。

　私にとっても、色んなingの中から、どれかを我慢して、どれかに耐えて、頑張るほうのingをちょっとでも多めに選んだ結果が、この本の誕生となったわけでして。そして今、「英語を頑張ってみようか」という選択をしたアナタのingと出会ったのですから。

　この貴重な出会いが、いかなる化学反応を起こしていくだろうかと胸を躍らせつつ、さらなる良き未来を生み出してくれるはずだと、心から期待するばかりであります。

皆さんは、何をしたって、何を選んだって自由だった、そのINGを、
「ちょっとでも勉強になるかな」と思って、この本を読むことを選んだ人でしょう。
その有意義なINGの積み上げは、一体どれだけ大きな結果を生むだろう、と、無
限の可能性を期待したくもなるワケですよ。

本ひとつじゃ世界は変わらないけれど立派な人間・一人ならば、周囲を越えて、
世界までも、動かす力を持っている。そう確信してるから。たとえ一人でも良い、
そうなる人へ、ちょっとでも、前向きな影響を与える動画となれば良い。
一人でも良い。アナタで良い。いつか、とてつもなく前向きな影響力を与える人と
なれば良い。
そんな結果に、なれば良い。なるし。

# 09

# 案外ややこしい 「ing 動名詞」VS. 「to 不定詞」徹底比較

## » やっていることは同じなのに、 使い分けが必要だからややこしい

　さて。ing特集と称しまして、ここまで「**動名詞**」と「**分詞**」との枝分かれ、そして「**分詞**」からの「現在**分詞**」「過去**分詞**」という枝分かれまでを着実に解決してきましたね。

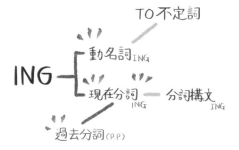

　そして**残る箇所は、ズバリ「動名詞」と「to不定詞」の対**でございます。その区別まで把握してしまえば、ingの概念はもうバッチリでしょう！

　ようやくingの分類も最終段階なので、サクサク進めて参りましょう。

　皆さん、たとえば日本語の「読みます」などの述語を、「述語ではない形」に変えるとすると、「読むこと」「読むため」「読み」など、色々な変形が必要でしたよね。

　日本語だと、このように様々な形へと変える必要がありますが、なんと英語

では**toを付けるか、ingを付けるか、もしくはp.p.にするかの3つの方法だけ**ですべてを網羅することが可能だという話を、おさらいも兼ねて何度も繰り返して参りました。

　これを大前提とした全体像をもとに、ここまで攻略してきましたが、この項目ではついに「to不定詞」と「動名詞」について解説する番でございます。

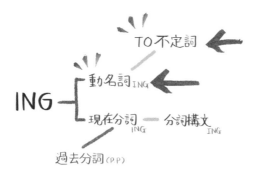

　しかし、ぶっちゃけ、名詞的用法の「to不定詞」と「動名詞」って……**やってる〝業務〟は2つとも同じなんですよ**。両方とも、やってることといったら「動詞を、名詞のようにする行為」じゃないですか。動詞にtoまたはingを付けて、「走る」を「走ること」というふうに名詞に変えるわけでしょう。

　**役割としては同じことをしてるだけ**なので、自由気ままに好きなほうを選べば良さそうにも見えるのですが、実は案外、使い分けのルールも存在するのだから、ややこしい。

## » 同じ役割を持つ2種類？　そこからの枝分かれ4パターン？

　それは、メインとなる「動詞」が、どんな単語かによって、そこに続く単語を「ingの形に変えるべき」か、「toの形に変えるべき」かを正しく選ぶ必要があるってこと。特にこれは**試験の際に頻繁に出題される**ので、受験生たちにとっては鬼のような暗記必修の4パターンとなっているわけですね。

　①動詞の後ろにingだけが使えるパターン
　　I enjoy swimming.
　②動詞の後ろにto不定詞だけが使えるパターン

I want to know about it.

③動詞の後ろに、どっちを使ってもいいパターン

　I like to swim. / I like swimming.

④（どっちを使ってもいいけれど）どっちを使うかによって意味が変わるパターン

　He forgot to close the door. （彼はドアを閉めるのを忘れた。）

　He forgot closing the door. （彼はドアを閉めたのを忘れた。）

とまあ、非常に面倒くさげな４パターンがそろっているという事実。

もちろん悲しいことに、大多数の学生さんたちはこの４パターンの動詞を漏れなくすべて暗記しようと苦労するわけですよ。

そりゃまぁ、小テストやTOEICなどの試験を間近に控えた受験生であれば、丸暗記も仕方がないでしょう。それでも、なるべく簡単に区別できる方法があるならば、誰だってその方法を知りたいのは当然ですよね。

　そういった公式を誰が決めたかなんて知りませんが、**手当たりしだいランダムな振り分けで４種類に区別した可能性は低いわけですから、当然、何かしらの公式っぽいものがあるはず**なのですよ。それさえ把握してしまえば、メイン動詞をいちいち４分類して丸暗記せずとも、公式に代入するだけで済むラクな方法が手に入るということ。

　今回、その、ちょっとした公式を共有してみたいと思います。

　メイン動詞がどんな単語かによって、そこに続く動詞を「ing動名詞にするか」「to不定詞にするか」、はたまた「どちらも使えるのか」で選択肢が分かれるわけですが。

　これをチョイスする方法に「４つもパターンがある」と言われると、さすがに身構えてしまいそうなものです。しかし、とある型破りな方法でいけば、実質的には**「１パターン」の把握だけで済む話**なのですよ。

　その「型破りな方法」につきましては、改めて解説しますので、まずはその「パターン」からじっくり掴んでしまいましょう。

## » to と相性の良い「未来志向型」の動詞

　　4パターンとは言いますものの、要は「to不定詞」が似合うのか、「ing動名詞」が似合うのか、という区別をしたいだけじゃないですか。ということは、4パターンの中でとにかく把握すべきなのは、「to不定詞のみ使うパターン」と「ing動名詞のみ使うパターン」という流れになるでしょう。

　　それならば、2パターンさえ把握しちゃえば良い話……。ですが、もはや、それすら面倒だと感じてしまう人も少なからずいるはず。ですからこの際、**「to不定詞のパターン1つだけ把握しちゃえばよくね？」**という、かなり乱暴な結論に至ってしまおうと思います！

　　「えっ、**ingは暗記しなくてもいいの？**」

　　とはいえ、まぁ、ある程度ing動名詞についても理解はしておいてほしいので、このあとくわしく補足しますけどね！　とりあえずは「to不定詞のみをくっ付ける動詞」から把握してみましょうよ。

　　ちょっと専門用語っぽく言い換えると「目的語にto不定詞のみを取る単語」と呼ばれている動詞の群なわけですが。

　　want（欲しい）、expect（期待する）、choose（選ぶ）、plan（計画する）。

　　これらの他にも、wish（願う）、hope（望む）、decide（決定する）、offer（申し出）などが代表的な単語なわけですが。

　　まあ、こんなもんだとして。これらをパッと並べて見たときに……勘の鋭い人ならばすでにある点にお気づきになったかもしれませんね。

　　上に並べたすべての単語に、おおよその共通点があることを。

　　欲しい、願う、計画する、望む、決定する……。

　　はい、そうです。**どれもかなり「未来志向的」な単語**なのですよ。

　　「願う」だの「計画する」だの、明らかに**「これから先」に起こること**を表現しそうな単語じゃないですか。そりゃ必ずしも未来に起こる話題とは言い切れず

とも、「未来志向的」な雰囲気は醸し出しているでしょう。

　まあ、どっちとも取れるような単語もあるので、「おおよその共通点」という玉虫色な保険をかけておきましたが、全体的に見て「そうした傾向」があるのは間違いないですよね。

　じゃあ、なぜ、そうなのでしょうか？……シンプルに考えてください。
　簡単ですよ。「**to**」でしょう！
　これらすべて、「to」にふさわしい単語じゃないですか。toの持つイメージがまさしく「未来志向的な矢印」なのですから、toだけを取る単語というのも当然そういう要素を持っているわけですよ。

　to不定詞の項目で学びましたよね。
　前置詞toであれ、to不定詞であれ、どちらもイメージの根っこはコレなのです。**これからの行先を示す「→」のニュアンス**だということ。

## »「to 不定詞」よりも、「ing 動名詞」にふさわしい単語は？

　ならば、to不定詞にふさわしい動詞が「未来志向的」とすると、もう一方のing動名詞はどう考えれば良いのでしょうか。

　そんなもん、知恵の働く方ならば「あは〜ん」と、すぐにわかっちゃいますね。「to不定詞が未来的」なんだから、残りの一方は？　「さては、過去寄りだな」ってこと！

　では試しに、ingと繋がる代表的な単語を見てみましょうか。
　まずは、すでに紹介したenjoy。
　英語圏の意識では、すでにどっぷり浸かっている状態こそが「楽しむ」状況なのだという考え方。ですからenjoyにマッチするのは、**どっぷり浸かっている要素の濃いing動名詞**なのだと考えればいいのです。

その他にもing動名詞と繋がる代表的な動詞を見ますと、finish（完了する）、quit（やめる）など、**どれも「すでにやってきたこと」だから成立する言葉たち。**

もちろん、「ing動名詞へと繋がる動詞」の多くは、考えようによっては「どちらとも取れるんじゃないか？」と思えるものもあります。

だからこそ私は、どちらかと言えば「to不定詞のパターン」をちゃんと把握しておくほうが大事だと思うわけですよ。

一見どちらとも合いそうなing用の動詞を、enjoy（楽しむ）、mind（気にする）、suggest（提案する）、practice（練習する）など和訳を入れてザーッと並べ、強気に「過去寄りだよね？　ねっ？　そうだよね？」と無理強いするよりは、「to不定詞をとる動詞はやたらと未来志向的」と捉えることに重点を置いたほうが幾分もマシということです。

そうすれば、「**それ以外の残りは過去的な要素も持っている**」と見なすことができるので、「**それ以外は、とにかくing動名詞を使ってもOK！**」と区別したほうが、断然ラクでしょう。

だってほら、最初にお見せした４パターンを思い出してみてください。
「to不定詞のみに繋がる動詞」以外の残りのパターンって何でしたっけ？
「ing動名詞のみに使える動詞」か、「両方使える」パターンだったでしょう。
ってことは、**ing動名詞のパターンは残りいずれにも入る**のですから、消去法で「to不定詞のみに繋がる動詞」だけキチンと把握しておくのが、最短でラクな方法となるわけです。

## » 「ing 動名詞」にも「to 不定詞」にも対応可能な単語は？

　「でも、〝両方使える〟場合と、〝ing動名詞のみ使える〟場合とでは、厳密には違うじゃん！？」　こんなふうに不安を抱く人もいるでしょう。

　しかし、その辺も特に問題ありません。私に言わせれば、「ingのみに繋がる動詞」を個別で暗記するのには多少の努力が必要なのですが、「ing動名詞にもto不定詞にも使えるパターン」というのは、むしろ簡単に覚えてしまえるんですよ。

　なぜなら、暗記する必要がほとんどないほど、ちょっと考えれば「**当然すぎる領域**」なのだから。これが実際にどれだけ楽勝な領域なのか、「両方へ繋がる単語」をご覧に入れましょう。

　love（愛する）、like（好きである）、hate（嫌う）、start（出発する）、begin（始める）、continue（続ける）。

　「多いじゃん！　なんだよ〜！」

　こう思われたかもしれませんが、せいぜい「好き嫌い」と「始める」と「続ける」を意味する単語くらいなものです。

　そして何よりも、「過去寄り」のing動名詞を付けたって、「未来寄り」のto不定詞を付けたって、**動詞が含んでいる意味の「個性」そのものが強すぎる**せいで、ニュアンスが大して変わることのない単語である……。そこが何よりのポイントなんです。

　これらは、続く単語にingが付いていたって、toが付いていたって、あまりにも動詞のキャラが確立しているため、「意味そのものに及ぼされる影響が少ない」ことが、自然と納得できる単語の群でもありますよね。

## » 「ing」か「to」かによって意味が変わってしまうパターン

　では、残る課題は……最後のパターン。

　今のような「どちらへも続く単語」の中でも、ingを付けるか、toを付けるか

で、意味がガラリと違ってしまうパターンです。

　先ほどお見せした「どちらも使える」loveやstartなどは、どっちを使っても
ニュアンスが変わらない反面、とある単語たちは「**どちらも使える**」かわりに
「**どちらを使うか**」で、**ニュアンスがガラリと変わってしまう**。

　ただし、身構える必要はございません。実はこれ、皆さんの頭の中にすでに
解決策が植え付けられているのですから！

「toは未来志向的」、結局これさえ忘れなければ良いのですよ。

　だから、無理して暗記する必要はほとんどないのです。単語を見てくだされ
ば、きっと納得できるでしょう。どちらも使えるけれど、どちらを使うかによ
って意味が変わる単語が、ズバリコチラです。

　remember（記憶する）、forget（忘れる）、try（やってみる）、regret（残念
がる）。

　これらを、ingに繋がるかtoに繋がるかで「文章のニュアンスが変わる」の
って……**覚えるまでもなく、当然**だと思いませんか？

　たとえば、「remember（記憶する）」にto不定詞が付いたら、「これからする
こと」を記憶「**しろ**」ってことでしょう。でも逆に、ing動名詞が付いていた
ら？　「すでにしたこと」を**記憶してる**ってこと。

　さらに。「regret（残念がる）」にto不定詞が続いていたら、**今からする行動
を残念に思う**、というわけですよ。したがって、挨拶などの際に「I regret to
say……（申し上げにくいのですが……）」という言い回しがよく使われるのです。

　逆に、ing動名詞が付いたとしたらどうでしょう。「**すでに**ingしてしまっ
たことを残念に思う**ってことですよね。ですから、ing動名詞が続く文章なら
ば、自然と「○○したことを後悔する」という意味となるわけです。

　他方、tryは、かなり異質な例として取り上げられがちな単語。

　授業では大抵、「皆さん、tryが『to不定詞』を取るときには『努力する』と暗

記しましょ〜。だけど、「ing動名詞」が続くときには「試しにやってみる」と暗記してくださいね〜」と丸暗記させられるものですが。

こう**暗記せずとも**、柔軟に考えればずっとラクなんですよ。

だって「to」は未来志向的じゃないですか。そこへtryと「to不定詞」を組み合わせると、まだ実体のない何かに向けて「努力する」ようなニュアンスが感じ取れるってのが当然ですよね。

それに比べて「ing動名詞」が組み合わさると？　比較的「過去寄り」なニュアンスが出てくるでしょう。ということは、たとえ、まだ時間的には先のことであろうとも、「もうすでに」というニュアンスとあいまって、tryがto不定詞と組み合わさったときの「努力！」という要素は薄まるので、この場合は「(ing動名詞)を試してみる」というニュアンスになるのです。

そりゃ私だって、皆さんと同じく「どっちも取れるもの多くね？」と感じながら育ちました。でも、曖昧なのは多少仕方がない。だって言語ですもの。長い年月をかけて、数え切れないたくさんの人によって浸透してきたものですし、そもそも定規できれいに線を引いたように、「**ここからここまでingね！ここからここまでtoね！**」と正確な寸法で決めたわけでもないはず。

だからといって、一つひとつがむしゃらに単語を暗記していくよりは、「to不定詞は未来寄り」という1つの基準を定めておいて、そこから「過去志向的 (ing)」と「未来志向的 (to)」とで区別していけば、全体的なイメージがずっと把握しやすくなるのは間違いありません。

両方使える単語に出くわしたときに、とある基準地点から「未来寄り」か「過去寄り」かを考えることによって、どう意味が変わるのか、あるいは変わらないのか、楽に把握できることでしょう。

## » がっちゃん流 ing についての考え方

　そしてここからは、これまで話してきたルールを**決定的に頭に叩き込む**「**ト**ンデモ説」を１つ唱えてみたいと思います。

　これもかなり乱暴な「トンデモ説」なので、英語の学者さんたちや文法マニアの方々からは怒られるかもしれません。ですが、「私自身、これで納得がいった考え方」なので、他の皆さんにだって多少は参考となるに違いないと自分自身に言い聞かせ、胸を張って主張して参りたいと思います。

　と、その前に……。皆さん、「to不定詞」と「ing動名詞」の使い分けを習うときに、これまで語ってきたのとはまた別の、大きな違いを教えられませんでしたか？

　ズバリ「**前置詞の後ろには動名詞のみ使える**」という規則。覚えてない方は記憶がないだけで、きっと教わったことはあるでしょう。

　それって、なぜだと思いましたか？……いやまぁ、**人間、生きていく中で、すべてに対していちいち細かく疑問を抱いているわけじゃないから！** と、呆れてる人が大半かもしれませんが、私にはそれがずっと謎でして。

　そして、いつしかto不定詞のtoが、前置詞のtoと同じものであると理解できたことから、積年の謎が雪解けのように**解決するカギを得た**ワケですよ。

　もちろん「前置詞のtoと不定詞のtoは別物で〜す」と学校では教わりましたが、そもそもは両者に違いは存在しなかったって考えてみましょう。

　toなんて、どちらもイメージは「→」なんですから。

　ということは、大昔の英語でもやはり、「to不定詞」も「前置詞to」も区別なく同じものだったとして……。

　で、ここからなんですよ、すごいこと言っちゃうのは。

……覚悟はいいですね？

私の考えは、「**元々は、どれも全部、ingだったんじゃねーの？**」ってものなんです。

「**えっ！？**」って思いましたよね。

ですからまぁ、前置詞toはともかく、「to不定詞」も「動名詞」も、**どれも最初は全部「ing」だったんじゃないのかって話**なのです。

わかりませんよ……？　まったくの見当違いかもしれません。でも、こう考えてしまうと、どうですか？

大昔には、動詞を名詞にしたものすべてにingが付いていたのだとしたら……。で、そこから次第に**「未来寄り」にしたいものに関しては、toを付けるようになった**としたら……。それが、「to不定詞の始まり」なのだとしたら……？

そうやって「to＋動詞＋ing」という形も使っていた大昔の人たちが、ある日ふと、こう気付いたのだとしたら。

**「ing付けるパターン、多くね？」**

それで結局、**toを付ける際には「ing」を省く**ことにしたのだとしたら……！？

CHAPTER 3

「ド基礎」を終わらせる、まさに「究極」の解説

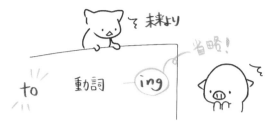

　こう想像してみると、どんどん腑に落ちてきませんかね。ま、大昔の人の気持ちなんてのは、あくまで想像ですけどね！

　でも一理あるのが、英語というのは「面倒は極力省く言語」じゃないですか。ですから、toとingを同時に付ける動名詞のパターンがあまりにも多すぎるのに嫌気がさした末に、「**もう思い切ってtoを付けるときにはingをいちいち付けるのはやめちゃおうぜ！**」と、まるで若者たちの流行語のように浸透していったのだとしたら……。そのうちtoにはingを付けないのが自然な現象となり、**その行き着いた先が今の「to＋動詞の原形」**になったのだとしたら……。

　そもそも、toという前置詞が、動名詞であるingの前にくっ付くことでスタートしたのがto不定詞の起源なのだと考えるとしたら、「前置詞の後ろには動名詞が続く」という、そもそもの理屈にかなっているのですからね。

　あと他にも、着目すべき点があるのです。何かというと、私がずっと申し上げてきました「ing」が持つイメージです。

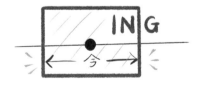

　これですよね。こう見るとingってそこまで……**「過去寄り」じゃなくないですか？**　そうでしょう。ingってそこまで「過去」なワケじゃないですよねぇ！

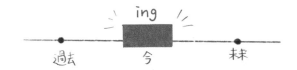

なのに不思議と動名詞のときだけ、やたら「to不定詞は未来志向的、ingは過去的！」と言われちゃう。それが私にはどうしても、腑に落ちなかったんですよ。だってingって、別に過去の要素を持っているわけでもないのに、**動名詞に関してだけは、どうしてやたらと過去的になるのか**と。

下手するとこのせいで、「ふーん、ingって過去なんだぁ」という、見当違いな誤解だって生まれかねないのに、どうしてなのだろうと。

そこで思ったのですよ。**さては犯人はto**だなって。

皆さん、たとえばですよ？

広場の真ん中に場所を取った人がいたとします。この人にとっては、**あくまでも真ん中**だとします。

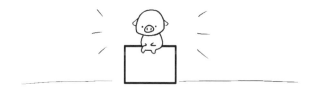

ですが、ある日突然、「ものすご〜く左側」に何者かが現れて、「お前、すごく右側だね！」と言ってきたら？

突如、真ん中にいたはずのその人は、自然と比較的右側の人となってしまうんですよ。別に、右も左もない人だったのに。

しかもメチャクチャ左側にいる立場からしたら、真ん中にいた人を「すごく右側だね！」と呼ぶことで、**真ん中という基準を、若干右寄りに傾けることもできるワケ**です。

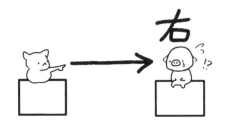

　そうですよね？　「比較対象」が現れることで、**基準が再セッティング**されて相対的なアイデンティティが生まれるのですから。

　その理屈で、この**ing**だって、**同じことをされた**のだと思いませんか。

　ing動名詞自体は、別に何のアイデンティティもなく、単にいつものように「動詞を名詞にした形」だっただけなのに、「超未来寄り」なtoが現れてしまったために、「ing、**おまえは過去寄りだよなぁ**」と、烙印を押されてしまった結果じゃないかってこと。

　実際には、「未来寄りなto」が特殊なだけであって、ing動名詞自体は単なる特徴のない動名詞なだけだったのではないでしょうか。

　しかし時が経つにつれて、toとingを同時にいちいち付けるのが面倒だから、ingは省略されるようになり、未来寄りな「to不定詞」と、比較的過去寄りな「ing動名詞」という形で語り継がれてきた……。

　これが、私の考える型破りな説でございます。英語の歴史すらも覆しかねない乱暴な一説ですし、正しいかどうかも定かではない。でも、こう頭の中で概念を定着させてしまうことで、ing動名詞とto不定詞の区別がより明快になり、ずっと謎だったミステリーがそれなりに腑に落ちてしまうということ。

**「元々は、動詞を名詞化したすべてのものにはingが付いていた」**

　→未来よりのニュアンスを言いたい場合、動名詞に前置詞のtoを前に付けることにした

→toを付けるパターンが多すぎるので、toが付くときには、ingを省くことになった

→toが未来寄りな単語であるため、ingだけの動名詞は比較的過去寄りに見なされるようになった

信じるか信じないかはあなた次第。

ただ、こう考えることですべてが腑に落ちるならば、これはこれでイイじゃないですか。

「たとえ真ん中でも、比較対象が現れることで、偏ることとなる」

これもやはり、ある種の真理なのですからね。

まぁ「比較」という言葉のニュアンスが、現代人にとって少なからず拒否感を生み出してしまうのは仕方のない風潮でしょうけどね。しかし、意外なコトにも私は「比較」というシステムそのものにはさほど否定的ではありません。もっと正確には比較というよりも、健全な競争という意味としてですが。

比較は、うまく利用すれば、成長の糧にだって、励みや勇気にだってなる。

ときに比較によって傷ついた日でも、それに勝る比較が、今度は皆さんを奮い立たせてくれることを、私は真に願うばかりです。

アナタは、アナタの苦しみよりも、尊い。
アナタは、アナタの悩みなんかよりも、デカい。
だから絶対、大丈夫。

# 10

# 「準動詞」という用語に戸惑うことなかれ！コレはただの……

## 》》「準動詞」という用語について

それでは、ここまで学んできた「ing」のおさらいをしながら、さらなる補足も加えつつ、ingの最終整理をしてしまおうと思います。

まずは前節でお見せした「ingの地図」を再確認してみましょう。このようにマップ化することで、全体の流れが一目でわかりますよね。

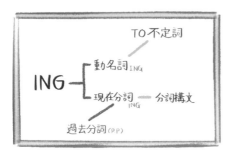

それぞれについての説明はもちろん、「対」となる用語同士の違いについてもくわしく説明しましたので、皆さんの中でのingの理解度も一層深まったのではないでしょうか。

ところで皆さん……突然ですが、こんな用語を聞いたことありませんか？
「準動詞」

いえ、ご安心ください！　実は、**皆さんは、もうすでに準動詞を習得済み**なのですから。
「ん？……いつ？」と思われるかもしれませんが、ズバ

リ「ingの地図」に記されている「to不定詞」「動名詞」「現在分詞」「過去分詞」のすべてが、いわゆる「**準動詞**」として扱われることがあります。つまり、知らず知らずのうちに皆さんは、すでに「準動詞」をマスターしていたのですよ！

それにしてもこの「準動詞」。用語だけはどこかで聞いたことがあるような……という感じはするでしょう。

## » 一言で片づける、「準動詞」の正体とはズバリ

では皆さん、「準」動詞の「準」って何だと思いますか。おそらく辞書的に見れば、「それに近いもの、それに次ぐもの」というのが「準」なのでしょうが……それよりは、こう考えてしまってもよくないですか？
「半分その要素を持っているもの」
言い得て妙でしょう？　「準決勝」しかり「準優勝」しかり。**半分は「決勝」や「優勝」の要素を持っている**ワケですよね。

そして、この「半分持っている」という解釈こそが、「準動詞」を説明するに当たって**一番妥当な概念である**と私は思うわけですよ。

つまり、「動詞」の要素を「半分持っている」のだと！

はい、これについて皆さんが「ふむ、なるほど」と感じてくださったものと想定しまして、本格的に今回の説明へのエンジンをかけていきたいと思います。

ここ数回でお話ししてきた内容の核心は、ズバリ「動詞を動詞ではなくすこと」でしたね。「走る」を「走ること」という名詞に変換させたり、形容詞的な要素を持たせたりするプロセスについて、割と多くの紙幅を割いてきました。あえて文法用語を使わぬよう注意してきたワケでしたが、これこそが、「準動詞」なのです。そう。**元々は動詞のものを、動詞ではなくしたもの**を「準動詞」と呼ぶということ。

まとめてみましょう。

動詞に「to」を付けたもの（to不定詞）
動詞に「ing」を付けたもの（動名詞／現在分詞）

動詞を「p.p.」の形にしたもの（過去分詞）

　　これらの**3種類がすべて、準動詞とし**
て扱われることがあります。

　　さらに整理を進めていきます。3種類
のうち、1つはto不定詞（to＋動詞）で
したよね。用語にビビることなかれ。

　　文章内で名詞として使われれば「名詞的用法」と呼ばれ、形容詞として使わ
れれば「形容詞的用法」と呼ばれ、副詞として使われれば「副詞的用法」と呼ば
れるだけの話でした。

　　次に、準動詞の3種類のうち、動詞に「ing」を付けた形式がありましたよ
ね。これだって簡単な話で、動詞に「ing」を付けて動詞ではなくしたもの。
**「to不定詞」と理屈は一緒**で、文章内で名詞として使われれば「動名詞」、形容
詞として使われれば「現在分詞」、副詞として使われれば「分詞構文」と呼ばれ
ているだけのことでした。

　　そして、残りの1つが「p.p.」つまり「過去分詞」と呼ばれているもの。「現在
分詞とは一体何がどう違うんですか〜！」と、いつも聞かれるのがこの形式で
す。

　　まぁ、「現在」であれ「過去」であれ、**どちらも動詞が形容詞になっただけの
こと**です。その方法として、ingを付けた形が現在分詞で、単語三兄弟の3番
目である「p.p.」の形にしたのが「過去分詞」なのだと説明しましたよね。

　　そして、ここで言う「過去・現在」というの
は別に**「時間的な話」ではない**ということも。

　　たとえば、「上田クン、面白いんだね！」とい
う文章の場合、時間的に「現在だから」とか
「過去だから」という区別をするのではなく、
「上田が面白いことをしている」のか、「上田が
外部の何かを面白がっている」のかの違いで判
断するのだと。

　　**日本語ですと、場合によってはどちらの意味**

にも取れてしまう「上田クン、面白いんだね！」ですが、英語の場合ですと、「上田が面白いことをしている」立場であればingを付け、「上田がすでに面白がっている（面白いことをされている）」立場であればp.p.を使って表現する必要があるのです。

　要するに、「する側で、進行している」のがingで、「される側で、すでにそうなっている」のがp.p.であると説明したわけですね。

## » 区別の仕方は、「そこまで！」と命令されてストップできるか否か

　ところで皆さんは、「動詞には、ingを付けて進行形にできないものがある」という言葉を聞いたことがありますか。

　通常は、「be動詞＋動詞のing」の形にすることで、I am dancing.（私は踊っているところです。）のような現在進行形の文章を作りますよね。でも、**これができない動詞がある**のです。

　たとえば、know、remember、love、hate、seem、haveなどがこれに相当します。もちろん学校では、これらの動詞を丸暗記させられますけどね……。

　幸いにも親切な場合ならば、単語だけを丸暗記させるのではなく「認知・所有・感情・知覚・存在を表す動詞は進行形にできない」など、補足の説明をしてもらえるかもしれません。

　とはいえ、いざすべての動詞を並べられてみると、数の多さに驚いて一気にヤル気が失せてしまうのではないでしょうか。

　そんなものをいちいち覚えられると思うだなんて、英語戦死者をナメているとしか思えない。そうでなくても覚えることが山ほどある受験生ならなおさらです。やはり、**暗記の労力だけは減らせるだけ減らすのが英語学習のコツ**の1つに決まってますよね。そこで、そのコツもいっちょ提供してみようと思います。

「わかった！　どうせ『状態』のときには進行形にしないって言いたいんでしょ？」

**と、フライングしたくなった人もいることで**

しょう。確かにとっても良い着眼点です。というか「結局は」そういう話でもあるわけですが、そこをもうちょっとだけわかりやすく、もうちょっと直感的でシンプルな方法を導き出せないかって話なんですよ。

そこでまず皆さんにお尋ねしますが、そもそも**「現在進行形」って、何でしたっけ……？**　この概念さえしっかり掴んでいれば、ここから先の話は「なるほど」とすんなり頭に入ってくるはず。

思い出してください。現在進行形というのは、結局は「ing」がポイントだったじゃないですか。そしてそのingとは**「囲い」**でしたよね。

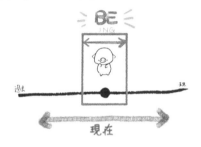

つまりは時間を枠で囲い、「始まりがあって終わりがある」一定の期間がingなのだという話をいたしました。

すると「目に見える動作」である特徴の他にも大きな特徴が１つ浮かんでくるでしょう。そう。「始まりと終わりがある」という点。**これを確認できるシンプルな呪文**が存在するのです。たったの４文字唱えるだけ。

「そ・こ・ま・で」

**こう言われて、即座にストップできるか、できないか**、これなのです。

その確認の呪文が、「そこまで！」となるわけですね。つまり、主語が行っている動作が、「そこまで！」と命令されたときにストップできるのなら、**「ing進行形にできる動詞」**です。反面、「そこまで！」と命令されたときに**「そんなこと言われても困るよ……」**という状況なら、**「ing進行形にできない動詞」**ということなのです。

これを判断基準として、具体的な例を見てみましょうか。

泳いでいるときに「そこまで！」と命令されたら、泳ぐのをストップ……**できますよね。**なのでswimは、進行形のswimmingにできるわけです。

走っているときに「そこまで！」と命令されたらどうでしょうか？　こちらもストップ……**できますよね**。だから、runも進行形のrunningに変えられます。

　では、誰かを愛している場合はどうなるでしょうか。「はい、そこまで！」と命令されたら……？　すぐに愛することをやめられますか。「**いや、そんなこと言われても**」ですよね。

　もしくは誰かを憎んでいるとき、何かを知っている場合など、「そこまで！」と言われても、すぐにやめられるものではありませんよね。そう。ズバリこれらを表している動詞は、ing進行形にはできないのです。

　ただし、中にはどちらなのかはっきりしない動詞もありますね。たとえばsee。目をつぶれば、見るのをすぐにやめられるワケですが……。

　でも、実はseeというのは、どちらかと言うと「見る」よりは「**見える**」的な認知動作なのでございまして。何かを「見ている（look）」最中に、無意識のうちに視界に入ってきてしまうものを「見る（see）」のをやめろ！　と言われても、「そんなのムリ〜」と困るわけじゃないですか。

「**じゃあ、haveは？**　持つのだって、すぐにやめられるよ？」
「**しかもhavingって表現、見たことあるし**」
　こう思う人もいるかもしれませんね。
　しかしこれ、かなり大きな落とし穴でございまして。

　haveっていうのは、通常「持つ」と和訳されるじゃないですか。だから「すぐにやめられる動作」だと誤解しがちなのですが、実際haveというのは、「手

で持つ」という意味よりは、圧倒的に**「所有している」って意味合い**のほうが**強い単語**なんですよ。

「家」「ペン」「家族」「とある状態」を**「所有している」**状態ってこと。つまり「手で握って持っている」という意味合いなら、どちらかと言えばholdを使うべきで、こちらはもちろん進行形のholdingにできる側の単語です。

したがって、have特有のニュアンスである所有してる状態に対して「そこまで！」と命令したところで、すぐに**その状態を停止するのは困難であり、原則的にはhavingにはできない**と見なすってコト。

ところが、これもやはり「所有」の意味ではなく、「食事を摂る」のように**「始まりと終わりのある時間を過ごす」意味として使われる場合**ならば、当然のように、having a lunchと進行形に変化させられるのです。

何においても「時と場合による」例外があるってコトですね。

そんな例外のケースで言えば、もう１つ……！

## ≫「i'm lovin' it」が間違いではない理由

「ねぇ、ちょっと待ってヨ！」

はい、何ですか？

「有名なファストフードチェーンのCMで『i'm lovin' it』ってあるじゃん。**loveなのに、進行形になっているじゃんよ！**」

はい、出ましたね、lovin'。「素晴らしいコマーシャルフレーズ」と賞賛され、賞まで取ったコピーでもあるやつです。

でも、賞まで取ってしまうってのは、結局どういうことでしょうか？

**本来ならば使われないような「うまい」言葉だったからでしょう！**

この「愛する」という感情は目に見えず、いきなりストップできない「状態」ですよねぇ。しかし、超有名ファストフードチェーン〝M〟社は、この目に見えない「状態」を**「目に見えるもの」**として言葉で表現してしまったわけですよ。

つまり、このファストフードチェーンを**愛するがゆえに行う、「目に見える行為」**とは……。こういうことだー！

そう。「ここのバーガーを美味しく食べる行為」こそが、「〝M〟社を愛でる行為である」として言葉で表現したワケですよ。

こうして美味しく食べる行為は**「始まりと終わりのあるもの」**だから、このチェーンを愛している行為として、〝**i'm lovin' it**〟という名キャッチコピーが使われているワケ。

うまいですよねぇ。これならば、確かに目に見える愛情表現とも取れますし、**eatと同じでストップもかけられます**から。

このように、ingならではの概念を理解した上でならば、ぶっちゃけ、どんな動詞だって遊び心でingにできるというのもポイントですね。

やっぱり「言語」というのは、「若者の遊び心」によってどんどん形が変わっていくものであって、それが言語の面白さでもあり、たとえ母語であってもマスターしきれない理由でもあるわけです。

ですから、**ingを使う気になれば、何にでも使える**というのも事実。ただし、どちらにしても基本的な規則ありきですよ。

丸暗記方式などではなく、この規則を根本から理解してこその褒美みたいなものですからね。ingの一貫性を把握することで、進行形の原理がくっきりと見えてくれば、やがて「i'm lovin'it」のような**洒落た言葉の使い方**も、遊び心で自由自在に浮かんでくるものなのでしょう。頑張った末の努力の褒美としても、なかなか上出来なものじゃないですか。

そりゃまぁ、適当なところで済ませてしまえば何事もラクでしょう。妥協してしまえば気はラクなのでしょう。人間、やらなくても良い理由なんてのはいくらでも探せるもので、「もうこの辺でいいや」とブレーキをかけてしまうのだって、結局は自分の選択で。「他人と同じくらいで十分じゃん」と満足してしま

うのも個人の自由で。

　でも、それだけじゃ生まれなかったものだって、明らかにある。

　妥協せずに追求し尽くした先には、きっとそれなりの結果が待っている。

　私がこうして一字一句、精を尽くしてしまうのも、納得のいくところまで文章の隅々までいちいち手を加えてしまうのも、アナタがいずれ、これを読むことになるから。

　一つひとつの文章をなるべくスラスラ読み進めてほしいから。

　やたら説明が長くなってしまうのも、解説が足りるだろうかと文章を余計に付け足してしまうのも、いつか皆さんが手に取って読むこととなる本だから。「そこまで」でも十分だよと内心わかっていても、中途半端にとまることができない不思議な原動力。この力を何と呼べば良いのかすらわかりませんが、これが私なりの精一杯の愛情、なのかもしれない。

　……さすが「love」にはストップがかからないとは、よく言ったもので！

　でも、こうして皆さん１人ひとりを意識して執筆している私の姿は……ひょっとしたら、それこそ「loving」なのかもしれませんね。

「モノ作り」において、「結果づくり」において、
「人が、目標を達成す」ことにおいて。
「人生を、生きぬく」ことにおいて。
一番のテキは、テキトーである。

本をご覧になってくださっている皆さまへ特別に公開する、がっちゃんの動画「「準動詞・総まとめ」、仮主語の正体を暴いてみた」を、なんと無償でご覧いただけるQRコードです。

# 「助動詞」大特集

皆さんが今まで習った助動詞（canやwillなど）というものの
概念を「覆す」章でございます。
読みすすめているうちに何度も何度も
「頭に雷がバーン!!!」と落ちる体験をしてみたい方は、
つべこべ言わずに今すぐ読み始めてしまいましょう。
「英語の思考法」が何たるか、ついに思い知らされるハズ。

# 01

# 常識をひっくり返す、「助動詞」の真実

## » 助動詞とは「話し手の○え」である

　そろそろタイミング的に「アレ」が出てきていいころでしょうかね。

　動詞の中でも絶対に欠かせない「アレ」。そう、助動詞です。

　助動詞と言えば、ちょっとでも英語を勉強した人なら、「**どうせcanとかmustとかでしょ〜？**」とすぐにお馴染みの単語がいくつか出てくるでしょう。

　そして私は今回も、皆さんの〝期待〟にお応えして**本来の方向性とはまたまた真逆の方向へ**とご案内するつもりです！

　ですから今回の内容は、各助動詞の具体的な解説に入る前の「考え方」を説明する領域であるとお考えください。やっぱり「考え方」って大事じゃないですか。「**考え方**」1つ変わっただけでも、皆さんが抱えるハードルは上がったり下がったりするものですからね。

　そもそも我々の行動自体は、**「考え」から始まるもの**でしょう？　何も考えないで行動するという無鉄砲なときもありますが、通常、人間が何らかの行動を起こす前にするのは「考えること」ですよね。そう、この**「考え」というものが、**

**英語で言えば「助動詞」そのものなのです！**

つまり助動詞とは、「考え」であり、すなわち「思うこと」である。

そして**行動の前には常に「考え」**があるでしょう。だから語順的にもどんな**動詞よりも先に来る**というわけです。

おそらく皆さんは、助動詞を次のように習ったでしょう。

「動詞の前で動詞を助けるから、**助**動詞である」

まぁ、そうなのですが。もっとずっと単純明快に突き詰めると、結局は……「**話し手の考え**」なんですよ。

極論を言いますと、助動詞としてお馴染みの「will」ってあるじゃないですか。よく未来形とか言われたりしますが……**それって本当に未来ですかねぇ？**

確かに未来志向的であることに違いありませんが、そもそも「**未来って何だろう**」って話ですよ。とまぁ、毎度「時間」の話を始めると、ついつい哲学的な話になりがちですが、それも仕方ない。

だって、**時間って目に見えない次元なんですもの！**　だから、「未来って、結局なんやねん」って話になるのも仕方ないじゃないですか。たとえば「未来に○○します」って言葉を放ったところで、何ひとつ確実じゃないんですから。

結局、**「未来形」とは名ばかり**で、それだって究極的に言ってしまえば、「現在の考え」じゃないですか。「これから○○しよう」という表現は、未来志向的なので、**いかにも未来の話をしているみたいですが**、結局は未来を迎える前に考えているだけ。つまり未来ってものの正体は、「今、考えているもの」とも言えるってこと。

皆さんが習った助動詞の表現をザッと思い返してみてください。

can、could、should、may、might、will、would、must、ought to……

大体、こんなもんでしょうかね。

大まかに区別すると、こんなものでしょう。

| | |
|---|---|
| ● | would . will |
| ● | could . can |
| ● | might . may . must |
| ● | should . shall . ought to |
| | had better . have to . must |

　これらの単語の意味を見ればわかるとおり、結局は話し手の「意志」や「判断」などが混じっているものなのですよ。というか、**助動詞によって意志や判断が加味されている**と言っても良いでしょう。

　だって、**動詞だけだと表現しきれない人の感情や意図**って、この世の中には山ほどあるじゃないですか。

　たとえば、「行かなくては」「行ける」「行くべき」「行くかも」「行くぞ」のような表現もそうですね。「言い方」を豊富にすることによって意志や意図、考えが加わって、「行きます」だけでは**表現しきれなかった、ずっと立体的な表現が可能になる**のです。要するに**助動詞**とは「話し手の意図や考え」そのものってこと。

　こういう概念が俗にいう「助動詞」だと説明されるだけでも、単に「これらが助動詞ですよ」と単語だけ並べられたときよりも**「あーなるほど、そういうのが助動詞か！」**と一気に納得できるのではないでしょうか。

　まずはこれをしっかり把握しておくことにより、これから進める「最重要・助動詞」の単語1つひとつの説明が、格段とスムーズに脳内へ刻み込まれていくってことだけは間違いないですね！

　と、ここまでが、「助動詞」というものに関する、私なりのちょっと乱暴な解釈でした。

　で、そしてここから、ちょっと妙な話をいたします……。

## ≫ 助動詞を動詞とするがっちゃんの考え方

　皆さん、ずいぶん前に英語というのは「結論を先に言っておきたい言語」だと言いましたよね。すると話し手にとって一番大事なのは、当然「主語」です。その次に大事なのが、主語の「動き」。すなわち何をするのかを表す「動詞」じ

ゃないですか。

　英語が基本的に、この「主語＋動詞（述語）」で構成されている理由ですね。さらに厳密に解説すると、この動詞（述語）の部分には、非常に大事な情報が含まれているのです。

　その情報とは「時制」です。ということはですよ。**さっき言及された単語たち（can、could、willなど）も……すべて動詞に当てはまっていませんか？？**

　よく考えてみてください。「主語のすぐ後ろに来て、非常に大事な時制の情報を持ち合わせている」もの。すなわちそれは動詞ですよね。つまり……助動詞というのは、「助動詞」という呼び方で区別されてはおりますが、**果たしている役目はメイン動詞と同じ**ってことですよ。

　だってほら。主語の真後ろに位置するのも、時制の情報込みなのも、否定notがくっ付くのも、疑問形で前に持ってかれるのも、**すべての特徴がメイン動詞と一致する**じゃないですか。だから、呼び方はどうであれ、「助動詞」だって、実は助動詞じゃなくて「メインの動詞」と考えることができるんですよ。

　つまり、**主語の真後ろに来るものはすべてメイン動詞（述語）**と解釈すべきなんです。

「でも、助動詞の後ろに動詞の原形が来てますけど！？　1つの文章内に動詞は1つだけって言ってたのに！」

　はい、またまたいい質問ですね。
　これは「**原形不定詞**」なのです。
　要するに、動詞が2つあるのではないのですよ。
canをメイン動詞として考えて、そしてイラストの
文章では、doは、原形不定詞と呼ばれるもの。

　通常は「can」を助動詞、doを「メイン動詞」と説明されるでしょうが、canをメインの動詞と考えて、直後の動詞は原形不定詞としてみることができるのです。

　この本は英語戦死者のための解説のはずなのに、今回は**むしろ英語上級者の方に、雷がドカーン！！**と落ちてしまったのではないでしょうか。

でもやっぱり、これから一つひとつの助動詞を説明していく前段階として、概念をしっかりと説明しておきたかったのです。

英語に慣れていない方ならば今は意味がいまいちわからなくても、助動詞の解説が進んでいくにつれて、必ず「なるほど！」と納得できるはず。

とまぁ、特に今回は**既存の認識を何度もひっくり返し**てしまい、本当にダイナミックな回ですみませんでした。あまりの振り回しっぷりに、振り落とされている人たちがあちこちにいるかもしれませんが、そんな人たちをやさしく起こして差し上げるためにも一言で要約するとしたら、こういうことですよ。

**「助動詞」という概念は、「実はメイン動詞」として考えることができる**ということ。これだけ。

この話がどうしてもわからない人は、こう押さえておけば十分です。

「1つの文章の中に述語のようなものが2つあったら、それは『考え』が込められていると見なせば良い」

そこへ、さらにもう1つ大事な点を付け加えるとしたら、canやwillなどのあとにくっ付いている、**一見「メインの一般動詞」のように見えるもの**は、**「原形不定詞」**なのだという真実。

今回もまた、既存の概念をかき回すような内容になってしまいました。でも結局は、**助動詞**のキーワードでもある**「考え」**という概念にもふさわしい**「考えの転換」**がテーマとなった深い項目になったのではないでしょうか。まぁ思えば、この本の全体を貫くモットーも「考えの転換」と通じているのかもしれませんね。

やっぱり「考えの転換」、侮れない！　それに時には「考えの転換」というものが、生きていく上でも救いになったりするもので。

つらいことだらけでも、ちょっと考えを転換させて踏ん張っていれば、大抵

の問題はそのうち過ぎ去っていくもの。

　絶望の淵でも、考えて考えて考え抜けば「それでもまだマシ」な理由が、きっと１つくらいは思いつくハズ。

意地でも、考えましょうよ。
そうして、耐えましょうよ。
その思考こそが、
その心こそが、
未来志向へと導き、
アナタを助け出す、
人生の、助動詞だから。

# 日本語とは
# 衝撃的なくらい違う、
# 英語の「時間」感覚

## » 世間で知られているよりもずっと重要な「時制の感覚」

　英語戦死者の皆さんにとっては、英語において「時制」がどれだけ重要視されているか実感がないかもしれません。でも実は、この時制の感覚は英語において、世間で知られている以上に大事なんです。

　日本語では、時制を単純に「**時刻的な次元でとらえたもの**」に過ぎないと考えがちですが、英語ではそのような解釈の中だけに**収まりきらないほどの幅広い原理**が含まれています。この点については、「日本語と英語の決定的な違いの１つ」と言ってもいいでしょうね。
　では、具体的に説明していきますよ。
　日本語では過去、現在、未来というと、**時間的にそういう設定があるのだ**くらいの認識しかありません。つまり時計やカレンダー的な発想しかなく、過ぎた時間、今の時間、あとからやって来る時間のようにしか捉えられていないのです。

　もう少し抽象的な観点からも考えてみましょう。
　この世の中は、過去でも現在でも未来でも「事件」つまり「出来事」が常に繰り返されていますよね。では、質問です。常に繰り返される出来事の中でも、**過去、現在、未来という時制の中で、「最も明確に認識できる」**のは、いつの出

来事ですか？

　そんなの決まってますよね。現在起きている出来事でしょう。

　今現在、目の前で起きている出来事が、一番まぎれもなく明確な現実じゃないですか。いくらその現実から逃避しようとしても、なかなかできるものではありませんよね。それに比べて未来の出来事はどうですか？

　前にも言いましたが、「未来ってなんやねん」というくらい、未来ってどこにあるのかも、どこから来るのかも、私たちにはわからない次元……。

　何というか、あなたが〝猫の形をした青いロボット〟でもない限りは、未来の話ってのは、実際は何もかもが「現在の考え」なのです。つまり、現在考えていることこそが未来なのです。

　そう、つまり未来というのは「**考え**」の**領域**。いうなれば「不確か」なものなんですよ。だって「**考え**」てるだけなんだから。

　そうした要素が、英語という言語には隅々まで組み込まれているのです。

　この要素があるからこそ「will（〜するつもり）」と「be going to（〜するつもり）」のような、**互いに同じような和訳になる表現でも**、そこには明らかなニュアンスの違いが生じてくるわけです。

　ちなみに、willとbe going toに関しては、次の節でくわしく説明いたしますので、お楽しみに！

## ≫ 過去と現在の間に存在するのは「時間」よりも「○○感」

　まずは、英語における時制という大きな概念を掴んでいきたいと思います。これを掴んでおけば、終盤での単語一つひとつの解説が断然理解しやすくなりますからね。

　前もって、現在の出来事を認識するほうがより「明確」で、未来の出来事を

認識するほうがより「不確か」になるという話をしましたよね。

　**では、「過去」はどうでしょうか？**　おそらく、過去の出来事についても未来と同じように「不確かである！」と言い切ってしまう人がいることでしょう。

　もし、「過去は不確かなんかではない」という見解の上に立つならば、「過去」のことをどう位置付ければいいのか。

　これに関しては、過去形の話をしたときに実はちょっと触れたかと思います。より正確に言うと、「完了形」の解説の際にでしたかね。覚えていますか？　英語において「過去」というのは、**今とは別物**と見なす傾向がある、のだと。

　しかしながら、完了形では「**have**」を使って過去の出来事を「**持っている**」ことによって、どうにか今と繋げているのだ！と言いましたよね。

　と、いうことはですよ。その観点からすると、過去と現在との関係というのは「確か・不確か」というよりも、どちらかというと……「**距離**」**である**と考えられないでしょうか。

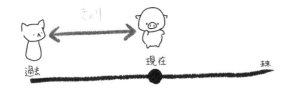

　それも、どんどん広がっていく「距離」。

　つまり過去というものは「距離が遠いもの」であって、しかもその距離は、時間の経過と共にどんどん遠ざかっていく。その一方で、「現在進行」や「いつも」という概念は、「**距離的に近い**」次元だと言えませんか。

すると、過去という概念を「距離的に遠い」次元だと考えて、過去のことを時には「不確か」と見なせることもあるワケです。

　さらに、この「距離」というものから自然と人と人との距離感にも代入されていった結果、これが「謙遜」**とも繋がってきた**ということ。

　これも日本語と英語の決定的な違いなのですが、日本は「上下関係」を重視する文化じゃないですか。でも英語圏では「上下関係」を気にするという印象はあまりありませんよね？　敬語だとか年齢だとかをあまり気にしないイメージでしょう。しかし、**英語圏でも実はちゃんと「重視」というか、「尊重」している部分**があるのですよ。

　それがズバリ、「距離」です。

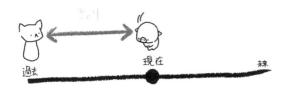

　要するに、**アジアの文化圏は比較的「上下」を重視し、英語圏は比較的「横との距離」を重視**しているということ。

　ここで時制の話に戻しまして。だから英語では過去が現在よりも「距離的に遠い」という認識があるからこそ、人と人との距離を取りながら相手に対して**「謙遜」の気持ちを表したいときに、助動詞の過去形と言われるcouldやwouldを用いる**というわけです。

　これについては、改めてあとの項目でくわしく解説いたしましょう。

　まずは、ここまでで押さえておいてほしいポイントをまとめますね。
　英語における時制の捉え方──
　**①現在と未来**については、「確か」か「不確か」かの差
　**②現在と過去**については、「近い」か「遠い」かの差

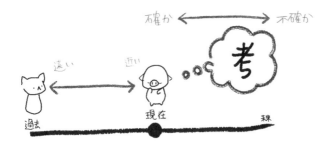

こういうことなのですよ。

こうした概念は、「時制」を「単なる時計的な時間」すなわち「単なる時刻」としてしか**認識してない文化**では、**到底、わからない領域**ですよね。

ですが、説明を聞いてみて、どうでしたか。どれだけ大事な概念なのかが、きっとだいぶ理解できただろうと思います。

## » can や will には三単現 s を「付けない」がっちゃん的考え

ところで皆さんの中には「助動詞は実は**メイン動詞である**」という話を聞いたときに、「主語が3人称単数で現在形の場合、**動詞にsを付けるのがルールな**のに、『動詞』であるはずの**助動詞にはどうして付かないんだろう**」と不思議に思った方はいませんか?

三単現のsが付く仕組みについては、以前、冗談半分にこう定義しましたよね。

「寂しいからsを付ける」

heとかsheとかitって、1人単独で寂しいじゃないですか。だからsが付くのだと。では、heやsheの真後ろに付く助動詞canやwillには、**sが付かなくても寂しくないの?**

前の節で、助動詞とは「話し手の "考え"」であると説明しましたが、実はここに謎を解く答えが隠されているのです。

**答えは、「寂しくない」。**だって皆さん、何度も言ったじゃないですか。助動詞というのは「話し手の」「考え」であると。

主語がheであれsheであれ、裏は「話し手」ありきで、その人のことを「考えている」のが助動詞の核心なので、heやsheは寂しくはないのです。

**youは１人であっても動詞にsが付かない**
のは、面と向かっている「私がいるから」で
あるように、主語のheやsheに助動詞が付
いた場合は、３人称単数であっても、「話し
手ありき」で彼や彼女に関してちゃんと「考
えている」ので、決して独りぼっちとは見な
さないのです。だから寂しいはずはありませんよね。誰かに自分のことを考え
てもらっているのですから。**だからsは付かない**という考え方です。

　ここまでの一連の説明で、助動詞の概念はかなり明確になってきたことでしょう。「助動詞」に関してのハードルがかなり下がったところで皆さんも、そろそろ一つひとつの単語が気になってきたところでしょう。

　それでは次の項目から、個別に解説するといたしましょうか！

どうせ春が過ぎたら散るからってわざと適当に咲く花なんて、ないじゃない。
今年、誰もお花見に来ないからって適当に咲いてた花なんて、ないじゃない。
ましてや、人間だって。
最後の最後まで、意地でも最後まで。せっかく授かった一度きりのプレイを
決して無駄にせず。一個限りのライフでこの人生、全クリしましょうや！
各自のゴールまで。

# 03

# 「will」と「be going to」とでは、どちらを使うべき？

## » 和訳は同じなのに、ニュアンスは大きく異なる2つの表現

突然ですが、クイズです。

**①I'll be back.**

**②I'm gonna (going to) be back.**

**戻ってくる計画を具体的に立てているのは、どちらでしょうか？**

正解は……。

と、答えを明かす前に、英語における「時制」にまつわる話を先にしておきたいと思います。

英語に「過去形・現在形・未来形・進行形・完了形」という用語があるのは多くの人が知っていると思います。しかしそれを知りながら、**「一番大事な点」**を看過していませんか。

そもそも、日本語と英語では、時制の感覚がかなり違います。しかし残念なことに、一般的な英語の授業で、この**「感覚の違い」にまで踏み込んで教えてくれる人なんて**、ごくごく稀なのです。であれば、知らない人が多いのも、ある意味当然なのかもしれません。

さらに衝撃的なコトを言いますとね……。皆さんの中には、実は「**現在形**」すらわかっていない人が非常に多い」可能性が濃厚なのです。

## » 主に「○○的行動」を表現する現在形

「何言ってるのさ！　現在形なんてわかってるよ。今のことでしょう！？」

と、反論を展開する人もいるかもしれませんね。確かにおっしゃるとおり「今」ではあるのですが、すみません、**厳密に言うと「今」ではない**のです。

皆さん、これまで生きてきて、英語の例文を見ながら不思議に思った経験はありませんか？

I go to school. (私は学校へ行きます。)
I go to church. (私は教会へ行きます。)

こうした例文を見て……「不自然さ」を感じたことはないでしょうか？　どういうコトかって、**日本語で普通に考えて**みてくださいよ。
「私は学校へ行きます。」
こんなセリフ、**言ったことあります？**
セリフ自体が「それって、一体どういう状況？」って感じ、しませんか？
「行くところです」とか、「行ってきます」ならまだしも、「私は学校へ行きます」なんていう状況、想像できますか？
ね？　**言われてみるとおかしいでしょう。**
このセリフがまかりとおるには、日本語の場合だと、実は言葉を1つ付け加えるだけで自然になるのですよ。
それはズバリ「普段」。
「私は普段、学校へ行きます。」
どうです？　これならば、割と自然でしょう。

そうなんですよ。大概の場合、「英語の現在形」というのは、「今この瞬間の現在のこと」というよりは、**「普段」**、**「いつも」**、**「習慣的に」**、**「一般的に」**、**どうなのか**を表現しているんです。これって、皆さんがこれまで考えていた現在形の認識とはだいぶ違うのではないですか？

「私は電車に乗ります。」

「彼は車を運転します。」

　言われてみれば、この手のセリフって、どこかおかしいですものね。でも「普段」という認識を付け足せば、自然な形になるわけです。

　では、「今この瞬間の現在」の場合はどうなるの？　これまで多くの人たちが「現在形」だと思っていた「今現在」は、逆にどう表現すればいいの？

　はい、それがズバリ**「現在進行形」**なのですよ！

　時制の概念を理解していないまま英語の勉強をしていた人は、一度くらい「おっかしいなぁ」と思ったことがあるはずです。「現在形と現在進行形とはどう違うんだよ？」って。これについては、こんなふうに無理やり考えたりしませんでしたか？

「現在形は『単なる今』で、現在進行形は『今この瞬間やってること！』」

　あれ？　でも、現在進行形って、**今この瞬間にやってないこともめちゃくちゃ言ってる**じゃん……。

I am meeting my teacher this afternoon.

（私は今日の午後に先生に会うつもりだ。）

He is having lunch with me today.

（彼は今日、私と一緒に昼食を食べますよ。）

　こんなふうに、**現在進行形を使って未来のことも言える**のですから。

　途端に「そうか！　やっぱり英語はムリ！　さようなら〜」って、言いたくなってしまうわけですね。

　しかし皆さん、ここはもう少し踏ん張って。これまであやふやなままで済

ませていた時制の概念を覆すだけでも、英語の見方はかなり変わってくるのですからね。

　おそらくこの項目を読み切るころには、今までは気にも留めたことのなかった時制を「**自然と意識しながら英文を見ている**」自分の姿に、ハッ！と気付くでしょう。

　すると、英語のハードルがぐんと下がるどころか、根本的な英語の見方が変わったことへの感動が巻き起こるハズ！

## » とある期間を囲ったものが「進行形」

　では、改めて。
「**現在進行形とは何ですか？**」
　こう聞かれたら、大体こう答えるのではないでしょうか。
「**ingのこと〜**」
　はい。実際、現在進行形で使われるのが動詞＋ingの形ですよね。
　その考えが定着してしまって、「ingは現在進行である」という固定観念を持っている人も大勢いる……。
　でも皆さん、**くれぐれも、お間違いなく**。確かに、動詞にingが付いた形は現在進行形で使われますが、正しくは「現在の進行形**でも**使われる」のだということをお忘れなく。
　ingが付くのは全部が全部「今現在の進行形」なのではなく、直前の**述語**が、「今」か、「過去」か、「未来寄り」かによって、**ingは現在の進行にも、過去にも、未来寄りにもなれる**ってこと。したがって、動詞＋ingは正確に言えば「ただの進行形」であり、厳密には現在の状況を表しているときにのみ、「現在進行形」と呼べるのです。

　こんな一例を挙げてみましょう。
「What do you do?」という英文を、日本語では「何してるの？」なんて訳しますよね。すると何だか「今この瞬間やっていること」を答えたくなりそうなものですが、**そこが落とし穴**。

この英文の質問をされた場合は、「今この瞬間にやっていること」を聞かれているのではなく、**実際は「職業」について聞かれている**、と受け取るべきなのです。つまり現在形での質問ならば、「**普段、何やっているんですか?**」というのが質問の真意ってこと。

では、単純に「ねぇ、今この瞬間、何してるの?」と聞きたいときにはどうすればいいのか。そんなときにこそ、**現在進行形**で「What are you doing?」と質問すればいいわけですよ!

「ing」については、それが持つ時間的なイメージをすでに説明しましたよね。ingとは、ある特定の時間を「囲い」で限定したものであると。

今か過去か未来かが大事なのではなくて、大事なポイントは、まるで「その瞬間だけを切り取られた」かのように、**枠のような「囲い」で限定される時間のイメージ**なのです。

過去のとある期間を囲ったものかもしれないし、今進行中の時点を囲ったものかもしれない。もしくは、これから起こるであろう未来の期間を囲ったものかもしれない。

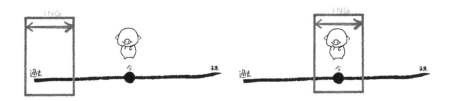

でも、**どれもこれも、ingな時間**のことなのですよ。

## » 「ある特定の時間を『○○』で限定」したのが be going to

「わかったぞ！！　だからbe going toが未来を表すのか！」

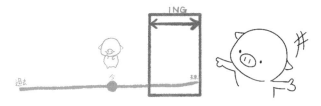

勘のいい人なら、見事気付いたことでしょう。そうなんです。

おそらく皆さんは、「未来形」として、次の２つを習ったことがあるハズですね。

willと be going to。

でも、これらの区別方法については、**「同じような意味で〜す」と教わってしまった人も多い**かもしれません。もっとひどい場合だと、「近い未来・遠い未来」なんていう説明を受けることも少なくない……。

皆さん、「近い未来・遠い未来」という概念は、**この場で忘れてください**。

どんだけ近くてどんだけ遠いのかなんて、一体誰が基準を決めるんですか。

前節で「助動詞の基礎」の話をしたときに、一般的に「助動詞」といわれている単語の共通点について、とくとお伝えしたはずです。

そう、「考え」であると。

だから、**will**ってのも「考え」なんですよ！　そして「考え」ってことは要するに、「○○しよう」と「その瞬間に考えただけ」なんです。ちょっと言い換えれば、「考えてる」だけで、始まってすらいない。

したがって、確実性が落ちるんです。話し手は、ふとそう思ったのでしょうし、その人物からしたら確実な意志なのかもしれませんが、信憑性はというと、

他の表現方法と比べると**やや落ちる**んです。

だからニュースやビジネスのシーンで、
あまりハッキリ言わずに逃げ道を作る手法
としても使えるわけですよ。よくあるケー
スで言えば、**気象予報士が「明日は〇〇で
しょう」**と、やたら「でしょう」を連発す
るのと同じ理屈です。

要するに、「考え」であるwillと、「ある特定の時間を『囲い』で限定」したing
を用いて表現するbe going toでは、**後者のほうが「より正確な計画」**であると
受け取れるということなのです。

前者の「**will**」**が単に考えや予想**だとしたら、「**be going to**」は、たとえま
だ行動には移していなくても、「**計画している**」んですよ。イメージ的には、未
来に置かれたingの囲いに、片足を突っ込んでる感じ。

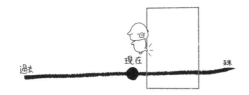

だから、ビジネスのプレゼンなどで何かしらの計画の話をしたいときならば、
話し手はbe going toをあえて選ぶのです。

ただ難しいのが、計画しているから「可能性がより高い」とは言いにくいこ
とです。going to...のニュアンスは「計画している」ことです。なので、I'm
going to be back.は「戻る計画があります。(飛行機の切符を買ったなど、具
体的な計画があります)」というニュアンスになります。

一方、I'll be back. は「間違いなく、自信があり、計画がなくても戻るぞ。」
という意味合いで使う場合も多いです。

というわけで、**冒頭のクイズの答え**は当然②I'm gonna (going to) be back.
となりますね!

ところで、アーノルド・シュワルツェネッガー主演の映画『ターミネータ

ー』で主人公が発する有名なセリフと言えば、
「I'll be back.」ですが。では、シュワちゃん演
じるターミネーターは、戻ってくる気持ちが弱
かったのでしょうか。

　それは本人のみぞ知るですが、あの場面では
**どっちにせよ「will」がふさわしい**でしょうね。
だって、こわもてのターミネーターが「I'm going to be back. (ぼく、ちゃん
と戻ってくる予定なんで。)」みたいに長々と言ってたら、なんかかっこ悪いじ
ゃないですか！

　やっぱり、あの場面のシュワちゃんは、断定
的にならないミステリアスなままなのが正解だ
ったってわけですね。


　というわけで、これまでずっと曖昧だったwillとbe going toの謎は解けた
のではないでしょうか。
　時制についてどんどん物知りになることで、今後英文を読むときの着眼点は
かなり変わっていくでしょう。
　「現在形」が「**今この瞬間**」**じゃない**って事実１つだけでも、びっくりした人
はたくさんおられるハズ。そう。現在形ってのは、確かに今現在のことだけど、
広い概念としての意味は「普段いつも」どうしてるかってコト。「**いつも、普段、
毎日**」どうしてるかが、それこそが現在だということ。
　そんな「いつも」と「毎日」が積み重なって、いつの間にか未来になっていく
のだと考えると、その重みを感じずにはいられませんね。
　そして私は、皆さんの「いつも」を、「いつも」応援してますよ。

「やってはいけない」ことよりも。逆に、「やってもいいよ」
いや、むしろ「やれ」と言われたときにこそ本当にやれるかどうか、なんですよね。
普段、いつも、毎日、一般的にやるべきことをキチンとできるか、出来ているか。
これこそが、真の底力。

まだまだ知らない知識があって。文化があって。たくさんの見知らぬ人がいて。
「思ってるよりも、世界は広いんだよ」と。外国語1つ頑張れば、
「もっともっと広がる世界があるんだよ」と。

この言葉をいつか、あなた自身が誰かに言って聞かせる日が来たら
どれだけ素敵だろうと、思いませんか。

# 04

# 「can」と「could」と「be able to」の区別を徹底解説！

## 》「ほとんど同じ意味」に見えるけど、実は「全然違う」2種類

「can」と「be able to」の違いを教えてください！

日々寄せられるこの質問――。

単刀直入に言いましょう。

**「can」と「be able to」の違い**を説明するには……。

**「can」と「be able to」の違い**を説明しては、いけないんですよ！

と、今回もまた「？」なことを冒頭でお伝えしてしまいましたね。

にもかかわらず、ここで質問を出してしまいますね。

①Ueda can help you.

②Arita is able to help you.

この２人のうち、あなただったら、どちらに助けを求めますか？

どちらを選ぶべきかの答えは、この節の最後で発表いたしましょう！

英語の授業中に居眠りをしなかった真面目な方々ならば、canとbe able to について習った記憶がおありですよね。

聞いたところ多くの先生方が、「だいたい同じ意味で～す」なんて言って済ませてしまうようですが。

でもこれ、**とんでもない間違いを犯している**んですよ。

なぜならcanとbe able toの間には、明確な違いがあり、使えるシチュエー

ションも異なるのですから。では、どんなときにcanを用い、どんなときに
be able toを選ぶのかが問題ですね。

　それにしても、アルファベット的に似ても似つかない２つの表現が「同じ意
味」として認識されていること自体がすでに謎ですよね。

**本当に同じ意味なのか。**

　今回は、この謎をズバリ解決して、皆さんの英語のハードルをまた１つぐ〜
んと下げ、英語のレベルをまた１つぐ〜んと上げてみたいと思います。

ハードル

## 》「could」は「can」の過去形だという大きな誤解

　それではさっそく、canとbe able toの違いを説明していきましょう……と
言いたいところですが、スミマセン。そういうワケにはいかないのですよ。

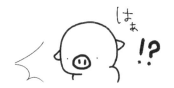

　一体どういうコトかって、「canとbe able
toの違い」をより確実に頭に叩き込むために
は、「canとbe able to」を比べてはいけない
のです。

　実はこの２つの違いを説明するにあたっては、意外にも〝**第三者**〟の存在こ
そが必要だから。そしてその第三者というのが、canの過去形とされている
**could**なのです。

「couldって、できましたって意味だよね？」
　んー……**そうだけど、そうじゃない。**
「何言ってんの？？」と思わせるコトだらけですね、今回は。
　おそらく多くの人が、couldはcan「○○できる」の過去形だから日本語に

すると「〇〇できた」という意味になるだろうと思っていることでしょう。

　確かにそれは間違いではないのですが、でも実際のところ、**couldをcanの過去形として使うケースはあまりない**のですよ。

　**could**は**過去・現在・未来のすべての時間軸で使える単語**なんですよ。

　英語における「過去」と「現在」との間には「**距離がある**」といったじゃないですか。

　さらに付け加えると、canやwillなどの「**助動詞**」は「**話し手の考え**」を含んでいると言いましたよね。「考え」というのは？　すなわち「心理的な意志」。これに「距離」という要素が合わさることで、「心理的な距離」を表す役目も帯びてくるわけなんですよ。

　このため、canを過去形のcouldにすることで、話し手と受け手の間の「**心理的な距離**」を取ることとなるのです。

　私たちの住む東洋的な社会では、上下関係をとても大切にするので、敬語を使わない英語圏の人たちを「**礼儀がなってない！**」などと勘違いしてしまう傾向がありますよね。

　でも、英語圏の人たちにだって、**礼儀はちゃんとあるんですよ**。ただそれが、「**上下**」**じゃなくて、「横の距離」なだけのこと。**

　向こうの礼儀とは、「距離」なのですよ。相手との距離の取り方によって、英語圏の人たちは彼らなりの礼儀を表しているのです。

・日本語の文化

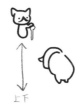
上下

・英語圏の文化

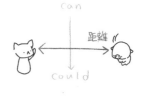
can
距離
could

　だから「could」のことを、「謙遜のcouldというのがある」と個別に暗記させられたりもするのですが、実際のところは「別もののcould」があるワケではなく、「**時制を過去にすることで、心理的な距離を置いているのだ**」ということを根本的に理解する必要があるわけですよ。

　「**心理的な距離**を表せるのが、助動詞の過去形」ってわけですね。

## » be able to に「考え」は込められていない

「Could you please ○○?」

これ、何かを頼むときによく使われるフレーズですよね。

ここでcouldを用いているのは、**別に過去のお願いをしているからではない**ですよね。単に、**相手との心理的な距離を置きながら、「現在」のお願いをしている**わけです。

ね？　通常の「過去形」とは明らかに感覚が違うでしょう。

もう1文。

I guess I could.

この文の和訳は、厳密には「私は**できた**と思う。」**という過去形の意味なのではなく**、過去形によって、心理的に距離を取ることで「できるかもしれないけど……」という**「心理的な自信のなさ」**を表現しているわけですよ。しかもこれ、過去形なのに未来寄りの話をしていますよね！

要はcouldが過去形だからと言って、時間的な過去の話をするワケではないってコトですよ。過去形なのに、「とても自信がない」という、未来のことをも表現しているじゃないですか。それができるのは、**couldの本質が、「過去」というよりも「心理的な距離感」だから**なのです。

まとめると、couldはcanの過去形として「そういう能力があった」という**過去の状況を表すこともできるっちゃできるけれど**、実は「時間的な過去」を表現するよりも、**現在や未来の話について「心理的な距離（不安・謙遜）」を表す**ために用いられるケースのほうが多いということ。

実際、前後の文脈を隠して、たとえば「I could go.」という文だけをネイティブスピーカーの人に見せると、純粋に過去に「行けた」という話をしているのか、**「行けるかどうか」**自信がない状況を表現しているのか、これだけでは**ハッキリと判別できない**のです。

さらに面白いのは、傾向的に「行けるかどうか自信がない」という意味として捉える人が割と多いという事実。

　それほど、couldというのは「canの過去形としての過去」よりも、**「自信のなさを距離感で表した、現在・未来」**という立ち位置をしっかりと確立しているわけです。


　では、「私はそこに行けました！」と過去にできたことを純粋に表すにはどうすればいいの？

　**ズバリ、そんなときですよ！**　そんなときにこそ、**「be able to」**を使うのです。ようやく登場しましたねぇ！


　be able toを使えば、「できる」または「できた」という状態を**より素直に表現できる**のです。

　このようにbe able toは、canやcouldでは表現しきれないことや、文法的にcanやcouldが使えないような場面において、立派に役割を務めてくれるのです。


## » can は「〇力」、be able to は「〇〇力」

　canとbe able toの根本的な違いはそれだけではありません。そもそも「can」というのはその昔、「知る」という意味に近い**「connen」**という単語から生まれた単語。つまり**「知る」**からこそ、**「どうすべきか知る」**わけで、**すなわち「できる」**ようになる。こうやって「can」の意味へと派生していったと見なせばいいのでしょうね。

　すると、そんな「知る」から派生したcanは、**「一定時間以上にわたり続く〝能力〟」**とも捉えるべきですよね。

　反面、be able toは、いつでも100％できる〝能力〟というよりは、**あれ？できちゃった！**というような「達成力」に近い。

　ですから「I can see.」と言われると、「へぇ、見えるんだ。で、何が？」と受け取れる一方で、「I am able to see.」の場合は下手すると、「え、じゃあ今までは見えなかったの？？」と受け取れてしまうのです。まるで「今までは見えな

CHAPTER 4 「助動詞」大特集

329

かったものが見えるようになった（達成）」という感覚。

　とはいえ、canとbe able toの違いは、そこまで定規で測ったかのようにボーダーラインを決めているわけではないので、「同じ意味で～す」と教えてしまうのも、まあ理解はできる範囲です。
　そういった意味で、**本当に明確な区別ができるのは**、実は「can」と「be able to」じゃないわけですね。
　どちらかと言えば、「**could**」**と**「**be able to**」なんですよ。

　couldというのは、様々な意味合いを含んでいますが、もしもcanの純粋な過去形として捉えるとしたら、「一定時間以上にわたり続いていた能力」になるわけじゃないですか。つまり、**could ＝**「**今は失った能力**」かもしれないってこと。

　すると、こういうケースが考えられますよね。
「さっき電車に人がいっぱいでさぁ！」
「ちゃんと座れた？（空いている席はあった？）」
「Yeah, I could sit!」
**これだとオカシイわけですよ！**

　和訳だったら「座ることができました」と直訳できるのかもしれませんが、概念的に捉えると、そうじゃないのです。
　**だって、「そのときにしか、座るための能力を持っていなかった」**って、なんかオカシイじゃないですか。canだとかcouldってのはあくまでも「能力的なコト」だと言ったでしょう！
　すると「座る能力を過去に持っていた」かのような滑稽な捉え方をされちゃうわけですよ。**座る方法はいつだって知っているのにねぇ。**
　だから、こんなときこそ、「**be**（過去形ならばwas/were）**able to**」を使うべきなのです。それでようやく「**座ることができたよ！**」といった達成の意味になるってこと。
　……思ってたよりも、すごいニュアンスの違いでしょう。
　ちなみに、**否定形**の場合は、「その能力がない」のも「達成できない」のも、

どちらも同じようなことなので、**特に区別せずにどちらを使っても問題はありません**。表にまとめると、右のようになるわけです。

要するに、明らかにニュアンスが違うのは、canとbe able toというよりは、couldとbe able toのほうだったってコト。

| can | be able to |
|---|---|
| 能力・可能(性) | 達成力 |
| could | ↳過去<br>be able to |
| can ↳過去・自信のなさ<br>・礼儀(距離) | 過去の達成 |
| couldn't | ↳否定<br>be not able to |
| × | ＝ × |

## 》「be able to」の持つさらなる能力

「待って、待って！　じゃあ**can**って未来形はないの？　『私はできるようになることでしょう』って言い方だって存在するじゃん！」

こういう疑問がわいてきた際、英語戦死者が犯しがちなのが、次のような間違いです。

I will can do it.

**1つの文章に動詞(助動詞)が2つ続いては困ります**。助動詞を使えるのは、1つの文章につき1つのみ。

それでも、どうしても「できるようになることでしょう」と言いたい場合には、どうすれば良いのか。どうしてもwillが使いたい！
**ズバリ、こんなときにも「be able to」が活躍するわけですね。**

I will be able to do it.

はい、これなのです。

要するに、canにはできないことを、**まるでcanのような意味として、文法的にも意味的にも補ってくれる**のが「be able to」だということ。

この概念を理解しておくだけでも、今後の使い勝手が格段とよくなるでしょ

う。しかし現実の教室においては、どちらもろくに教えてくれることなどなかったというのが英語教育の悲しい現実。しかし今後はきっと、発展していく時代のニーズに応じて、ちょっとずつでも良い方向に変わっていくだろうと信じております。

　そして最後に冒頭の質問について！　**2人のうち助けを求めるとしたら**、Uedaに頼むべきなのか、それともAritaに頼むべきなのか。どちらが良いだろうといった謎でしたが。

　①Ueda can help you.
　②Arita is able to help you.

　もしも①がUeda can help you.ではなく、Ueda could help you.なら簡単でしたよね。それだと、「上田が助けられるかどうか、話し手は自信があまりない」ってことだから迷わず②を選べば良い。

　でもcanと be able toの差ですと、**厳密には「正解」はない**ですね。あくまでも個人の解釈で判断すれば良いと思います。

　しかし思い出してみてください。canは「一定時間以上にわたり続く能力」**に関する**「考え」だという言葉を。これに対してbe able toは「**達成**」のニュアンス。となると、あまり根拠のない「考え」などに頼るよりも、「現実的に達成できそう」と明確に感じられるほうに頼むのが、確実っぽくないですかね。

　なので解釈は人それぞれで良いわけですが、私は②のAritaを選びたいと思います！

# 05

# willは「未来形」？ wouldは「過去形」？ ズバリ違います

## » 知れば知るほどわからなくなる「would」とは

willの過去形はwould——。

これを初めて読んだときに、「は？」と思いませんでしたか？

「will ＝ 未来」って習ったのに、「未来形の**過去形**」って？　普通の過去ならわかるけど、未来の過去ってどういうこと？

と、頭の中が混乱してしまった英語戦死者も少なくなかったはず。

そんな英語戦死者の皆さん、まずはwillの認識を改めるところから始めましょう。willとwouldの理解が大変だというのは、英語学習者なら誰もが共感するはず。

Would you like something to drink?

（お飲み物はいかがですか？）

これ、**過去ですか？**　違いますよね。過去と関係もないのに過去形が使われている英語の不思議。

しかも「would」はとりわけ、**これといった和訳が定まっていない**のが特徴じゃないですか。wouldの意味が知りたかっただけなのに、辞書で探してもピンと来ず、調べれば調べるほど、なぜか「**仮定法**」というドでかい壁が目の前に立ちはだかったりする……。

ですから、大抵の英語戦死者は基本的にwould恐怖症をお持ちであろうと推察いたしますよ。

　ならばこの機会に、**would恐怖症**をいっちょ治療してみましょうか！

## 》「三兄弟」に分類できる would の用法

　英語の得意な人なら、当然ご存知でしょう。英語において、この**wouldを使いこなせるか、こなせないかで、どれだけレベルが違ってくるのか**を。

　ある程度英語の得意な人でも、案外このwouldに関しては、会話の中で自由自在に使いこなせるかどうかは自信がないというくらい。それだけこのwouldについては、「説明も」「理解も」難しい上に、完璧に細かく進めていこうとすると、いくらでも難しくなっていくテーマなので、**教えるほうも、教えられるほうも、どちらも音を上げてしまう**ことが本当に多い……。

　ですからとりあえず私自身、英語戦死者の立場になって、自分なりに「**一番とっつきやすい方法**」で説明しておこうと思います。なるべくスムーズに頭にインプットできる**独特の方法で、「would**たち」をご紹介しましょう。

　「えっ、would『たち』だって？」

　そうですよ。

　「どうして『たち』なの？」

　あのですね。今申し上げたように、wouldは「これといった和訳が定まっていない」せいで、やたら難しく感じがちな単語じゃないですか。ですから私は、ちょっと乱暴な試みですが、このwouldを思い切って「**3つに分類」してみた**のです。今から改めて、ご紹介しますね。

　はい、**would三兄弟**！

　実はより細かくカテゴリーを細分化し出すと3分類どころでは収まりませんので、ここは大まかな線で妥協して、比較的シンプルに「三兄弟」としてみました。というわけでwould三兄弟！　厳密に言えば、**それぞれ性格の異なった「三つ子」みたいなもん**ですけどね。

## ≫「長男」のwouldが示すのは……

　まず**長男**。この子の特徴を一言で紹介するとしたら、「しっかり成功している子」です。まぁ、くわしいことはあとで説明するとして、**次男坊**も紹介しましょう。この子はと言うと、「無責任だけど、チャレンジャーな子」です。そして**三男坊**。こちらは「残念なくせ者だけど、腰の低い礼儀の正しい子」。

　以上が、**would三兄弟**となります。

　英語の大得意な方ならば、この時点ですでに「言われてみれば……ほう！　なるほどね」と頷いておられるハズ。

　それではゆっくりと、1人ひとりについて分析していきますね。

　まず**長男坊**。私がこの子を「しっかり成功している子」と紹介したのは、「**willの過去形として**」、この子が**最もしっかりとwillを受け継いでいる**からなのです。

　willというのは、一般的にどんな概念でしたか？　**「今の時点で、考える、未来」**でしたよね。そしてwouldというのは？　**「過去の、とある時点を基準にしての、未来」**なんです。

　これこそが「willの時制的な過去形」というもの。**「過去のとある時点から考えた未来」**と言えるのです。ということは、今を基準に見ると……結局は「過去の考え」なんですよ、「今の考え」ではなくて。それがwillの過去形としてのwouldの概念。

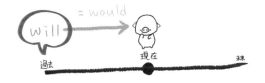

もうちょっと噛み砕いて言えば、**過去のとある時点**（①）では「**will**」だった**未来の時点**（②）が、時間が経過して、**現在となった**（③）ころには「**would**」**になっているというだけの話**なのです。

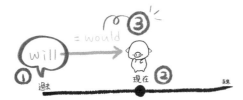

「willの過去形ってどういうこと？」と思っていた皆さん、これでようやくちょっとは謎が解けそうな気がしたのではないですか？

He said he would call!（彼があのときに、電話をかけるって言ってたのよ！）

このように、**実際に過去に生まれていた「未来への意志」**。要は、「**過去の時点ではwillだった時点**」へと到達したという点が重要なのです。**その「will」の時点へと到達して、「would」となる**のです。

それが、willの過去形would。がっちゃん流に言えば、wouldの長男坊。

ここで一番大事なポイントはというと、この長男坊は必ずといっていいほど、動詞の過去形とセットになっているという点。wouldを純粋にwillの過去形として使いたい場合には、動詞の過去形と共に使うべきなのです。

SHE (SAID) SHE WOULD BE HERE SOON.

THEY (TOLD) ME THAT THEY WOULDN'T COME HERE.

I (THOUGHT) SHE WOULD BE MAD AT ME.

I (KNEW) SHE WOULD SAY THAT.

これが長男坊の特徴であり、三兄弟を見分ける際の目安となるわけです。

wouldをこの「長男」として使うケースは、三兄弟の割合の中では比較的稀です。「一番まっとうに過去形をやっている」のが長男のwouldだというのに、そこはまた意外ですよね。

　ま、そういう点がwouldの難しいとされる理由でもあるワケですよ。

## 》「次男」の would が示すのは……

　では**次男坊**へと進みましょう。「無責任だけど、チャレンジャーな子」だと言いました。**この子も時制的に見ると、過去です。**

　この子はですね、チャレンジャーなタイプなので、まぁ〜色々なことに手を出しがちです。ただ、飽きっぽい子なので、何をしてもあまり続きません。

　何かと始めてみては、「たまには、やる」くらいの頻度で済ます困った子。だからでしょうね、甲斐性のないこの子には、**いっつも比べられる友だちがいます。**

　「こら！　wouldしっかりしなさい！　**ちょっとはused toを見習いなさいよ！**」

　そう。used to。別名「以前は○○していたものだ」ちゃん。

　英語の授業で習いましたよね。wouldにも「以前は○○していたものだ」という意味があるって。だから、**やたら比べられる**のです。

　でもこの2人、説明だけだと区別がいまいちピンとこない方が多いはずなので、ちゃんとイメージ化してみました。まず**used toちゃんをイメージ化**すると、こうです。

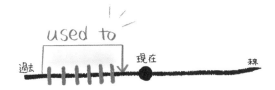

　四六時中というわけではないものの、**結構、持続的かつ習慣的にちゃんと続いていたイメージ。**しかも、れっきとしたedのついた過去形なものですから、「もう続けてはいない」終わった過去なんですねぇ。

　それに比べてwouldはというと、甲斐性のない子だけに……**ハッキリし**

**ないんですよ。続けてるのかも、やめたのかも。**

　三兄弟の父「次男、あれ続けてるのか？」

　三兄弟の母「知らないわ。やめたんじゃなかったっけ？」

　こんな感じ。そんな次男wouldをイメージ化すると、こうですね。

　パッと見ても、used toちゃんとは、視覚的に差がありますよね。

　そして皆さん、英語の授業中にこのな説明をされたのを覚えていますか？

「used toは、**状態も行為も表せる**が、wouldは状態ではなく**行為しか表すことができない！**」

「何、その規則……」と思って、うんざりしたことでしょう。すでに用法が色々あるのに、また規則が追加されるなんて。でもこれ、無理に暗記して覚えることはないんですよ。先ほどの図と見比べて考えてみましょう。

　used toは、**ずーっと続いてたイメージ**で、wouldは、**途切れ途切れなイメージ**でしたよね。特にwould坊やは、見るからに思い付いたときにしかやってない感じ。

　ですから、「かつてその丘の上には教会があった」ということを言いたい場合、「There would be a church on the hill.」だと、おかしいんですよ。

　**だって教会が「たまに」あったって、おかしいでしょう。**

　このように、一定期間、ずっと続いていないとおかしい状態のときにはwouldは使わず、「There used to be a church on the hill.」と、**状態も行為も両方表せる優秀な**used toちゃんを用いれば良いのです。

　どうですか。説明だけだとなかなかピンと来なくても、こうやってイメージを働かせて考えてみると、かなり概念がわかりやすいですよね。

　そして、いくら同じ顔をした双子でも、見分ける目安となる要素がちゃんと

1つはあるように、この次男坊にだって、「**次男坊だと見分ける要素**」がちゃんとあるのです。

その目安とは、「過去の、いつの出来事だったかが一緒に明示されている」点。

たとえば「in those days」「sometimes」「in the afternoon」「for hours」「when〜」などの文言と共に、**過去の「とある時点」**であることさえ表されてあれば、「あ、このwouldは次男坊ね！」と一発でわかるってコト。

仮にこの目安がないと、「**三男坊と間違えてしまう**」可能性が非常に高くなるのです。

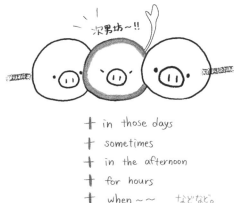

## ≫ 礼儀の正しい問題児、「末っ子」の would が示すのは……

では最後に、その**三男坊**の紹介をいたしましょう。

実はこの**くせ者の正体を暴くのがなかなか大変**なのですが、今回はなるべく簡潔に紹介するにとどめておきます。今回お話しする内容さえ納得できれば、そこから広がる難しい内容についても、おいおい理解していけることでしょう。

実は、この三男坊wouldこそが、「**wouldを難しく感じさせる張本人**」なんですよ。その一番の要因はというと、他の兄さんたちが明らかに「過去」なのに、この三男坊といったら「**過去、現在、未来をすべて含んでいる**」からなんです。

しかし、仕方ない。この生意気な三男坊は、過去は過去でも「過去の持つ要素だけを装備している」子なんですから。

「え、どういうこと？」

このところ何回かにわたって、「過去形」というものの正体について語りまし

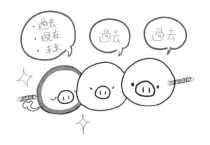

たよね。

「時間」や「時計」的に捉える過去もあるけれど、時間・時計とは関係なく、**「抽象的なイメージ」としての過去があると**。つまり「現在との距離」という概念。さらに英語圏において「距離」というのは、**心理的な距離として「礼儀」を意味する**と言いました。これについては、前節のcouldの解説の中で、「距離」というのが心の距離を表すとお伝えしたとおりです。

謙遜のcouldとか、可能性の低いcouldとか言われたりしますけど、これって別に「謙遜の」とか「可能性の低い」とか個別にそれぞれ覚える必要はなく、どれも気持ち的に**「一歩引き下がった感じ」**だと思えばわかりやすいってこと。**それがcouldの正体**でしたよね。

実は、この理解の仕方がwouldにもそっくりそのまま当てはまるのです。wouldを使って人との心理的な距離を取れば、**謙遜しているような表現を作れる**ってこと。willの過去形だからといって、なにも「時計的な過去」だけを表現するわけではないのです。

Would you like something to drink?
（何かお飲み物はいかがでしょうか。）

するとホラ。これって、どう考えても**過去の話ではなく、「未来寄り」**でしょう。**wouldを未来として使える**ってのは、こういうこと！

それにしても皆さん、自覚がおありでしょうか。

「過去形を使って心の距離感を出す」、つまり**過去形を使って謙遜の表現をするという手法**は、現代ですと**日本語でも使われている**ってことを。特に最近の日本語から例を示すと、丁寧な店員さんが「〇〇でよろしかったでしょうか?」って、過去形を使って確認してくるじゃないですか。

これも「過去」だからという意識じゃなくて、過去へと**「一歩引き下がった感じ」**を出すことで、感覚的により一層へりくだった表現をしているわけでし

ょう。

　こういうのって、面白くないですか。言語や国籍などに関係なく、人間ってのは心理的に萎縮すればするほど、文が長くなるようです。

　そもそも日本語でだって、

「できます」

「できると思います」

「できるんじゃないでしょうかねぇ」

**文が長くなるにつれ、確信の度合はみるみる落ちていく**でしょう？

　文の長さと「心理」の関係って、かなり根拠のある話だと思うわけですよ。

　日本語だって、敬語で話すときは文字数が多くなるわけでしょう。英語でも同じだと考えれば良いのですよ。willがwould、canがcould……、ほらね？

　アルファベットの文字数自体も多くなるじゃないですか。

Will you call me?（電話してくれる？）

　→　Would you please call me?（電話してくださいますか？）

I can do it.（できます。）

　→　I guess I could do it.（私、できると思うんですよ。）

　このように、英語、日本語にかかわらず「**丁寧語**」になると文章全体も長く（**文字数も多く**）**なる**わけです。

　思い起こせば韓国語でも、「**ため口**」をきく相手をとがめたいときに、「**ちょっと言葉が短いんじゃない？**」と表現するのですが、これもやはりそういうことなのでしょうね。

　たった１文字増えるだけの表現でも「丁寧さ」や「自信のなさ」をうかがえるってことでしょう。ここまで来ると、洋の東西を問わず、人間の心理的な**興味深い共通点**を感じずにはいられませんよね。

というわけで、三男坊を「礼儀の正しい子」だと言ったのはこういった理由があったからです。

　しかし、いくら礼儀が正しかろうと三男坊は侮れない「くせ者」なのですよ。なぜならば三男坊こそが、**「例のアレ」に繋がっていくのだから。**

　**「例のアレ」**……。ズバリ、英語の難関**「仮定法」**です。

　ついにその名が出ましたね、「仮定法」。wouldを学ぶ際には必ずついてくる困りもの。英語学習の中級者でも、**できれば避けたい・使いたくないのが仮定法**ですからね。しかしながら皮肉にも、ネイティブは普段の会話の中でこれでもかと使いまくっているわけです。

　でもご心配なく。基本のイメージとしては、「三男坊の概念」が**仮定法wouldの「核」になっている**と考えれば良いので、この三男坊の特徴さえしっかりと把握してしまえば、仮定法だって理解はそこまで難しくないハズ！

　どうぞ私めを信じて、このまま付いて来てみてくださいませ。

## 》「成功」する would と「失敗」する would

　ところで、先ほど私は長男坊を「成功している子」だと紹介しましたよね。それはなぜだと思いますか？　ここまでちゃんと読んでくださった方ならば**「唯一、ちゃんと過去形してるからでしょ？」**と思ってくださったことでしょうが、実は、隠れた第2の理由があるのです。

　それと同時に、三男坊のことは、「残念なくせ者」だと言いました。

　**「時制の概念が抽象的だから？」**

　それもありますが、実はこれにだって、隠れた第2の理由があるのです。

　そもそもの話、wouldって何でしたっけ？　元々の一番まっとうな意味としては、**「過去にはwillだった未来の時点が、現在にたどり着いたらwould」**になるのだと言いましたよね。

　実はこれ、ざっくりと観察すると……、現在にたどり着くまでに「**成功**」してたどり着く子と、「**失敗**」してしまっている子がいるのですよ。

　そうです。**成功をものにしたほうが長男坊**で、**失敗した残念なほうが三男坊**ってこと。

そして、この三男坊の失敗こそが別の言い方で言い換えると……「**仮定法**」となるワケです。

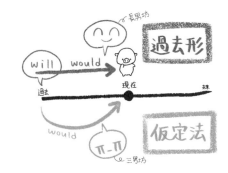

　この三男坊wouldの最も残念な用法である「仮定法」は、would三兄弟の説明ついでに済ませるにはあまりにも大きすぎるテーマです。したがって、今回はここで締めくくり、次の項目で「**英語のくせ者・仮定法**」について、じっくりと解説していくことにいたしましょう。

　さぁ、レッツゴー！

# 06

# 英語戦死者・最大の敵「仮定法」を、なぎ倒そう！

## » 仮定法の攻略法

仮定法に差し掛かると、こう嘆く人が必ず出てくることでしょう。
**「would を知りたいだけなのに、どうして必ず仮定法が出てくるの！？」**

確かにそうですね。でも私に言わせればそれは、こう言ってるようなものです。
**「なんでワサビ食べるときには、必ず寿司がついてくるの！？」**
言うなれば、こういう関係。ワサビ (would) が、なにも寿司 (仮定法) を食べるときにだけついてくるものでもなければ、寿司 (仮定法) を食べるとき、必ずしもワサビ (would) がついてくるわけではない。
でも、ワサビの一番しっくりとくる使い道と言ったら……？
寿司の味を際立たせてくれる薬味と言ったら……？
**やっぱりお互いセットにしたほうが一番しっくりくるでしょう。** だから必ずと言っても良いほど、would と仮定法は、セットで説明されることが多いわけです。こういう関係性だと言われると、何だか少し納得できる気がしませんか。

それでは前節に引き続き、would について学んでいきましょう。
中でも「三男坊の would」に焦点を絞り、理解を深めて参りたいと思います。
ちなみに三男坊の would の特徴は「残念で礼儀の正しいくせ者」と言いましたが、その原因の根っこにあるのが「距離感」という話をしましたね。とりあえず、この基本的な概念を押さえたところで「**would**」と言えば欠かせないセ

ットである**仮定法**を、今から攻略して参りましょう。

## ≫「仮定法」というよりも、「仮想現実」

とはいえ**「仮定法」**なんて、用語からしてとっつきにくいですよね。これだけならまだしも、「仮定法過去」だの「仮定法過去完了」だの「直説法」「条件法」だの、意味のわからない難しげな文法用語が続くと、「うわーっ！」という気持ちにもなるでしょう。

その「うわーっ！」という呪縛から皆さんを解き放つために、今回も私が大鉈を振るうことといたしましょう。

言っておきますが、仮定法なんて、用語と教え方が**難解**なだけで、実は正体が何だかわかってしまえば、どうってことない相手なんですからね。

しかも、皆さん。もしも仮定法が**この世から無くなると……、日常会話がかなり制限されてしまう**ってご存知でしょうか。意外と仮定法というのは国を問わず**誰もが普段よく使っている用法**なのです。

なのに、これを「仮定法過去完了」なんて呼んだりするから、まるで数学の因数分解か何かのように見えてしまい、一生縁のない存在のように感じてしまうだけ。

ですから私、この際いっそのこと**「呼び方」**を変えてしまおうかと思います。皆さんと私との間でだけでも、**「仮定法」って呼び方、やめましょう！**

こういう場合、ネーミングって結構大事ですからね。私も「仮定法」をどうやって皆さんにわかりやすく伝えられるか悩みに悩んだわけですが、その気になればいくらでも難しく長々と説明できてしまうパートなので、ここはもう、**「真面目で長い授業が耐えきれない！」**という人のためにも、いっそのこと順番をガラッとひっくり返して、「仮定法の呼び名を変えてしまう」というアプローチ方法でもって、まずは皆さんの拒否反応を和らげてみようと思います。

さぁ、皆さん。今後、「仮定法過去」という文言を見かけたら、次のように脳

内で変換しちゃってください。

「**仮想現実（ファンタジー）**」に。

「仮定法過去完了」という名前が目に入ってきたら、ちょっと乱暴かもしれませんが、こちらも次のように脳内変換しちゃいましょう。

「**後悔口調**」に。

要するに「仮定法過去完了」とか言われたら、「あぁ、後悔してる言い方ね！」と捉えましょうってコトです。

これだけですよ！　**仮定法ってのは、この２つの用語さえ押さえてしまえば攻略できたようなもの**なのです。

もう一度言いましょう。「仮定法過去」と出てきたら「**仮想現実（ファンタジー）**」に、「仮定法過去完了」と出てきたら「**後悔口調**」ですからね。

どうですか。名前をわかりやすく変えただけなのに、すでにハードルが下がった気がしませんか。

## 》「仮定法過去」＝仮想現実（ファンタジー）

では具体的に、「**仮想現実（ファンタジー）**」もとい「仮定法過去」のほうから解説をしていきましょう。

皆さん、失礼ですが「**妄想するとき**」って、どうしてますか？　人それぞれでしょうが、大抵は「**現実とはかけ離れた、実現する可能性の低い状況**」を思い浮かべるものですよね。実現するのが当たり前なことは、別に妄想する必要がないのですから。現実逃避して、あり得ないことを仮定するのが妄想じゃないですか。

それですよ。そうやって「現実逃避」するのが「仮定法」なんです。もうちょっと具体的に言えば、「実現可能性を下げる」のが「**仮定法過去**」なのです。

では、どうやって「実現可能性を下げていく」のか。これさえわかれば、仮定法なんてすぐにクリアできてしまうわけですね。

そしてその方法こそが、**三男坊のwould**と深い繋がりを持っているのです。

三男坊のwouldの概念って何でしたっけ？　「**過去形**」にすることで「**心理的な距離を生み出す**」ことでしたよね。

　そう、これです。　仮定法って、「このやり方そのまま」なんですよ。「実現する可能性が低い」ことを表すために、**「過去」へと逃げる。「現実を否定するために、過去へと逃げていく」**のです。

　実際に、「仮定法過去」を学ぶ際に使われるお馴染みの例文で見てみましょう。

　If I **were** a bird……　（もし私が鳥だったら）

　この例文が、どうして「If I am……」じゃなくて、あえて過去形なのかと言うと、**「鳥なわけがない」**からなのですよ。つまり、現実を否定するために過去形にしているだけだったわけです。もしも過去形にしないで、**「If I am a bird」**と言ってしまったら、「鳥になること」を**実現可能な事柄として喋っている人**になってしまうわけです。するとファンタジー（仮想現実）でなくなるどころか、**ヤバい人**になってしまいます。

　だから「ファンタジーなんですよ〜」「現実ではないんですよ〜」という意味をこめて、過去形にするのです。

　ちなみにビヨンセの曲の中にも「If I Were a Boy」という曲名のものがありますが、あれもそうです。**「男の子なワケがない」**から、こう表現しているのですよ。「私がもし男の子だったら」という「実現可能性の無さ」を、**「過去形」にすることで距離的に生み出している**ってこと。

　でもって、こうして「もし私が鳥だったら」という仮想現実を作ったんなら、**それに続けて「どうするのか」という結論**部分へと繋げなくてはいけませんね。

　だって、とてつもない世界観の仮想現実を作っておいて、結果何もしなかったら面白くないですもの。つまり、前段のあとに続く「結論」の部分こそが**仮**

定法の真骨頂ってわけです。

　じゃあ、「もし私が鳥だったら」と来たら？　**「飛ぶのになぁ」**みたいに続けるのが一般的でしょう。

　そしてこの「飛ぶのになぁ」の部分が、核心部分となるわけです。

　ただし、これはあくまでも仮想現実の中での話でしたよね？　現実の世界とは距離を置く必要があるので、「飛ぶのになぁ」って部分も**やはり過去形を使ってあげる必要がある**わけですよ。あえて専門的に言えば**「時制を合わせる」**ってやつです。

　だから、「飛ぶのになぁ」の英文は、**たとえ口調は日本語に訳すと未来形っぽくても**「I will fly.」ではなく、ちゃんと過去形を使って、**I would fly.**にすることで**「実現する可能性が低い」表現を完成**させるわけですよ。

　こういうときに常用されるのが「would」なものだから、「仮定法」において「would」が相当使われるのも仕方がないでしょう？　「will」を「would」にすることで**「実現可能性の低さ」**を示すコトができるのですから、仮想現実（ファンタジー）の話をするときには、もってこいな単語なわけですよ。

　ちなみに、**「時間として過去だから」wouldにしたわけではない**ことはわかりますよね？　あくまでも、実現する可能性の低さを表現するために過去形にしたと考えてください。したがって、和訳する際にも、わざわざwouldを**過去っぽく訳す必要はございません**。

　ハイ！　これが「仮定法過去」改め「仮想現実」の仕組みでした。

## 》「仮定法過去完了」＝後悔口調

　あともう１つ残っているのが、**「後悔口調」**もとい**「仮定法過去完了」**でしたね。

　これに関しては、**後悔している場合に限った使い方ではない**ものの、私が考えるに「後悔口調」っつ表現が一番とっつきやすくてわかりやすかろうと思ったまでのことです。

なぜなら、仮定法過去完了改め「後悔口調」というのは、「**もう終わってしま**
**った過去**」、もっと具体的に言い換えると、「**可能性ゼロ**」の事柄について述べ
ている喩え話なのですから。

　１つ例を挙げてみますね。

「もしも勉強を頑張ってたら、試験に受かったのに。」

　この状況って、取り返しがつきますか？　見るからに「**今さらどうあがいて**
**も取り返しのつかない過去の話**」ですよね。

　このように、「すでに終わってしまった過去の話」をする場合って、「○○だ
ったら、○○だったのに……」といったふうに、**後悔**しているケースが多いじ
ゃないですか。

　これですよ。これがズバリ、「後悔口調」もとい「仮定法過去完了」なんです。
すでに状況の終了した過去のことであって、変えられる可能性ゼロな話を未練
がましく話しているのが「後悔口調」、すなわち「**仮定法過去完了**」の正体。


　では、「**どうやって？**」ってコトですよね。**果たしてどうやって後悔するのか**、
具体的に説明していきましょう。

　皆さん、先ほどの「仮想現実」ではどうやって実現の可能性を下げてました
か？　ズバリ、文章を「現在形」から「過去形」にしたんですよね。

　後悔口調だって、同じ方法だと考えれば、基本的には問題ありません。

「**は？　それだと仮定法過去じゃん**」

　はい。そうですよね。

「過去形にすることで、可能性を下げる」＝仮定法過去だったでしょう？

　じゃあ、**さらにもっと可能性の低い「可能性ゼロ」のことを言いたければ？**

　……簡単ですよ。もっと過去に行っちゃえばいいんです。

「え？　そんなの、あるの？」

　皆さん、willの過去形がwouldでしたよね。でもって、そのwouldには、実
はさらなる過去があるんですよ……。

　英語の授業で、「**大過去**」って習いませんでしたか。用語を聞いただけでも
忌々しい過去がよみがえってくるようですが、この際、用語はどうでもいいの
です。

　大過去とは、「**had＋p.p.**」っていう形の文章。**過去形をこの形式にすること**

**で、単なる過去形よりも、もっと前の大過去にできるのです。**

If I drank coffee......　→　If I had drunk coffee......

大過去　　過去　　　　　現在　　　　　未来

had p.p.

　では、このようにしてさらなる過去に遡ることで、何が起こるでしょうか？
「時間的により一層過去になる！」
　**……そんな滅相なことは言わないでください。**
　もっともっと過去になることで、もっともっと**距離が遠く**なると考えるべき
じゃないですか！　つまり、実現の「可能性が低い」どころか、「限りなくゼロ
に近くなる」わけです。
　喩え話ですが、あなたが「勉強しなかったから、試験に受からなかった」と
します。すると、これはもう決定事項なので**「取り返しようのない過去による、
現在の結果」**じゃないですか。
　そんな取り返しのつかない過去から、現実逃避するために、いっぺんに２段
階も過去に戻すことで後悔の念を表現するワケですよ。
　If I studied......（過去×１）
　→ If I had studied......（過去×２）
　これがズバリ、「**大過去**」ってやつです。大過去もとい「**過去へ２段階も逃げ
る**」ことで、「もしも勉強してたら……」という**後悔たっぷりの前段がひとまず
できる**わけですね。


　で、それに続く「真の目的」である結論も、文章の前段と時制を合わせれば
良いのですよ。つまり「絶対に不可能」というポイントを合わせてあげるべき。
wouldどころか、wouldのさらなる過去へと遡ることで、**もう変えることの
できない過去への後悔文**を完成できるわけです。
　「えーと。wouldの過去ってことは、**wouldの後ろに『had＋p.p.』**だよね？」

と考えて、wouldの後ろに、つい「had＋p.p.」をくっ付けたくなってしまうかもしれませんが、ちょっと待って！

　皆さん、前に習った英語の「究極の基礎」を思い出してください。**助動詞の後ろに付く単語は「過去形」になりませんよね**。なぜなら「動詞」ではないから（時制は動詞のみに付くことをお忘れなく）。じゃあ、「would＋**had**＋p.p.」のままじゃダメでしょう。

　そこでwouldという動詞の後ろに続く「had」から、**過去形の時制を取り去って**「have」に変えて、**would＋have＋p.p.の形にすべき**なのです。

　If I had studied (had＋p.p.)，**I would have passed（would＋have＋p.p.）the test!**

（勉強頑張っていたら、試験に受かってたのに！）

　これにて完成。どうしようもない過去について後悔している様子がうかがえますね。

　ちなみに今のやり方、**一つひとつ説明したせいで一見複雑なように見えますが**、とりあえず原理を知ってしまえばこっちのもの。あとは何度も何度もこの形に接して慣れていくことで、自然と作れるようになるハズですよ。

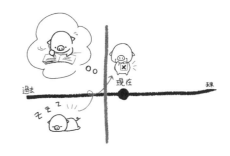

## » 使いこなせるようになると、 会話の際に絶対的に便利な「仮定法」

　「仮定法」が、こうして数ページ読んだだけでマスターできるような概念だったら、そもそも「難関」なんて言われるワケもないですよね。

　ですから残るは、練習あるのみです。でも大丈夫。**「何もワケがわからない状態」**で挑むのと**「概念は何となくわかった状態」**で挑むのとでは、天と地ほどの差があるハズ。そもそも、まるでワケがわからない状態だと、練習のしよ

うもないですものね。

　でも皆さんはこうして、なるべくわかりやすい究極のアプローチ法にて概念を徹底的に読んでしまったのですから、**「慣れ」るのは時間の問題**。

　この「仮定法」も必ずや、あなたのものになるハズです。


　今はただただ、これ１つだけ覚えておけば良いのです。

　「仮定法過去」って何？と言われたら、あれこれ悩まず**「仮想現実」**の妄想のことじゃん！と、脳内で答えれば良いってコト。過去へと一歩下がることで、**「実現可能性をだいぶ低くした」妄想**の話。

　でもって、「仮定法過去完了」が何かと聞かれたら、深く悩むことなく**「後悔口調」**と答えれば良いってコト。**ただの過去よりも、もう１段階前の過去にまで遡り、「可能性ゼロ」な仮定**をすることで、後悔の念を語る際に用いる。

　やっぱり、こうして把握しておいたほうが、「仮定法」という用語を習うよりも、ずっとわかりやすく概念が頭の中に定着することでしょう。そこに加えて「妄想」だとか「後悔口調」という認識ならば、**「日常で、すごく頻繁に使えそうじゃん！」**という気安さにも繋がってくるハズ。


　それにしても「仮定法」が**「仮想現実」**というのは、薄々感じ取っていた人も多いかと思います。しかし、**「後悔口調」**というのは今回初めて耳にして「あ、確かに」と改めて気づいた人が大多数だったのではないでしょうかね。

　この新たなネーミングが、仮定法の理解をあきらめてはいけない理由をも物語っていますよね。だって**人間の人生なんて、「後悔」だらけ**じゃないですか。**普段は後悔ばっかりしてるくせに、後悔を口にしたいときの表現方法すら知らない**なんて、もったいないじゃないですか。今後も何度となく訪れるであろう「後悔」のためにも、こういった話し方をちゃんと使いこなせるように慣れておくと、いつか絶対、便利に使えるはずです。

　まぁ「後悔」というものについては、「してはいけないもの」と見なす傾向がありますが、私は別にそう思いませんね。むしろ**「逆」**だと思ってます。

　あなたがもしも、今の記憶を丸ごと抱えて、後悔している過去へと戻れたら。そのときは……過去と同じ選択は絶対にしないでしょう？

　私はそれを、**「成長」**だと思うのです。

そりゃあ、どうあがいたって、いくら泣いたって、誰1人その過去には戻れませんよ。でも、仮に戻れたとしたら……アナタはきっと、後悔しない選択をするハズ。つまり、その分だけアナタは「学習した」ってコトじゃないですか。そう思えれば、いいじゃないですか。

　それさえ受け入れられれば、後悔はきっと、成長の糧となる。

「言い訳」したり「他人のせい」なんかにしたりするよりも、自分を悔やんで成長したほうが、絶対マシだと思うから。

　散々悔やんだ分、未来へ繋げることさえできれば良い。

悔いのある選択、たくさんすれば良い。
悔やんだ分、マシなアナタになるはずだから。
悔やんだ分、失敗した過去は、マシな明日を作るから。

なにもできなかった分、心から後悔することで、愚かな過去が、
賢明な未来へと繋がることもある。

なるべく悔いを残すんじゃないぞ！とは願うものの、
人間、後悔するまでは、なかなか実感できないものだから。
じゃあ、願いを変えて！
この世のすべての後悔に、未来アレ。

# 5

# 「すべき」大特集

have to
be supposed to
should
must
had better

英語で「〜すべき／しなくてはならない」といえば
真っ先に思い浮かぶ表現はやっぱり「マスト（must）」ではないでしょうか。
しかし実は、それがどれだけ浅い部分だったのか解説している章でございます。
数々の「すべき」の表現と、単語によってどんな風にニュアンスが変わるのか、
たくさんのイラストと徹底した解説でレクチャーしております。
是非ともお役に立ちますように！

# 01

# 特別ゲストの「Shall」婆さんにインタビュー

## 》「すべき」と思われがちな should の本質について

should。

あなたが英語戦死者であったとしても、すぐに和訳できる「見慣れた単語」ですよね。

では、shouldの訳は？

「○○すべき！」

学校の授業ではそう習いましたよね。でも、**果たして本当でしょうか……？**

「え〜！？」

こう言うからには、「そうじゃない」聞いてるに決まってますよね。

確かに、shouldの意味には「○○すべき」という要素もあるにはありますが、実際の使われ方を見ると、「○○すべき！」のような義務の意味で使われている気配は、さほどしません。

正直に言うと、ここで**私がラクをしようと思えば、**

「皆さ〜ん！　shouldは、"○○すべき"よりも"○○したほうがいい"というニュアンスのほうが強いで〜す。ハイ、おっしま〜い」

と言い放って終了してしまっても良いワケですが……。誰もがっちゃんという人にそんなラクな**結論なんて求めちゃいないハズ**。私は皆さんにラクをさせる存在であって、自分がラクをしてはいけないのでね。

もっと必死に踏み込んだ説明を施すことで、皆さんの脳へとより一層わかりやすいイメージを叩き込んでみたいと思います。

「○○したほうがいい、と見なしたほうが正しい」

　はい、この説明で満足してしまった人がいたならば、すぐに次の節に移ってしまってもいいでしょう。

　ただし、「**should**のこと、**もっと踏み込んで知ってみたいかな**」と、好奇心をくすぐられた方ならば、どうぞ私のもうひと足掻きで用意された説明に目を通してみてくださいませ。

## 》「Shall」婆さんとの、特別インタビュー！

　ではさっそく始めますが、この説明を手助けするために今回は**特別ゲスト**をお招きしてみました。

　**普段は英語圏ですらあまりお目にかからない**存在なので、実に特別感がありますねぇ。この機会に、しっかりとお見知りおきになっておくといいでしょう。

　はい、**Shall婆さん**のご登場です！

　パチパチパチパチ〜。

　Shallさん、だいぶお年を召されているようですが、ようこそお越しくださいました。

　*Shall*：「どういたしまして。**私なんてもう引退寸前**なのにねぇ」

　いやぁ、それでも昔は結構、ご活躍されていたようですが。最近では、確かにあまりお目にかかりませんねぇ。

　*Shall*：「そうね、**私が大活躍していたのはずいぶん前ね**……」

　うーん、やっぱりそれって、時代的な背景のせいでもあるんでしょうかね。

　*Shall*：「ええ。あの当時はまだ奴隷制度っていうのがあったせいかしらねぇ。奴隷に向かって**頭ごなしに未来への意志を押し付けてしまうような時代**だった

のよ」

　ひどい話ですねぇ。

　*Shall*：「そうね。たとえば、**You shall die**! なんていう言葉は、冗談としてではなくて本当に『**殺してしまうわよ**』『**死になさい**』という意味で使われていたんだから」

　おっかないですねぇ！

　*Shall*：「でも、そういう時代にも終わりがきた。だから、私も引退寸前というわけね」

　なるほど、そうなんですね。

　*Shall*：「それで、そんな私の代わりに『**彼**』が頻繁に使われるようになったわね」

　彼……？　あっ、わかった！　shouldですね！

　*Shall*：「違うわ。will君よ」

　え、will君なんですか？

　*Shall*：「だって、私って元々『**未来への意志**』の一番の使い手なんだから」

　なるほど。でも、それが**ちょっと頭ごなしすぎた**んですね。

　*Shall*：「そう。だから今や私なんて見かけないでしょう？　**全部、will君が代わりにやってくれてるのヨ**」

確かに、言われてみるとそんな気もしますけども……。あれ、じゃあ今回はどうして登場なさってるんですか？

*???*：「お祖母ちゃ〜ん」

*Shall*：「あら **should**、元気？」

あれ、お２人はお知り合いですか？　どんな関係……？

*Shall*：「**私の過去形ヨ**」

えっ？　あっ、**should** って **Shall さん**の**過去形**なんですか！

*Shall*：「そうヨ。**私だと強すぎる**から、今ではすっかり **will 君**と、この **should** に英語の未来を託してるの」

へぇー！

*should*：「そうだよ。should の僕が、**お祖母ちゃんの面影を受け継いでるんだ！**」

なるほど！

## » should には「○○すべき」というニュアンスはほとんどない

さて、ここまでのインタビュー形式のやり取りですが、前節までに習った内容が、今の会話にほのかに繋がってきませんでしたか。**時間的な過去を示す場合もあるけど、**「**心理的な距離感**」を表すニュアンスだって負けないくらい相当強いのだと。

過去形のshouldというのはつまり、shallよりも**「心理的な距離が広がったもの」**と考えるべきでしょう。

ところで、shallの意味って何でしたっけ？　**「未来への意志」**を示すのでしたね。では、そこから**過去形として一歩距離的に引き下がった**らどうなるでしょうか。当然、その意味も弱くなりますね。それがshouldなんですよ。

したがって、shouldの真の意味は「〇〇したほうがいい」となるワケです。

このような流れを、単に一言で「〇〇したほうがいい」と簡単な説明で片づけられてしまうよりも、「Shall婆さんの過去形だから」というshallとの関連からつたって聞いたほうが、いっそうわかりやすい気がするでしょう。

それでこそ私も、わざわざShall婆さんをお連れした甲斐があったってもんですよ！

今でこそshallなんて単語を見かけることなんてめったにありませんが、日本の皆さんにとっては、唯一馴染みのある使われ方があるんじゃないですかねぇ。そう、**映画**！　『**Shall we ダンス？**』。

shallがいくら強引とはいえ、こうした「疑問文」になると、未来への意志を相手に投げかけることになるので、「あなたも、もしよければ」的な「意志の一致」をうかがう感じになるわけですよ。

ただし、Shall婆さんはあまりにも大昔の存在になってしまわれたので、今の時代にshallを使ってしまうと、えらくお婆ちゃん口調に聞こえてしまうわけです。

お婆ちゃん口調というか……、昔の人が使っていたような気取った言い方といったほうがいいかもしれませんね。日本語でいうと、**「ねぇ、私と踊らなくて？」**みたいな感じでしょうか。

今どき「ねぇ、〜しなくて？」なんて申し出る人なんて、まず珍しいですからね。

とにかく、要はshallを用いて疑問形にすると「意志の一致」を尋ねる意味合いになるってコト。じゃあ……？　過去形のshouldにだって、**その要素が入ってる**わけですよ！

You should study harder.

ですから、こういった英文の訳は「あなたはより一層勉強すべき」ではなくて、最も自然な訳としては「勉強した〝ほうがいいわよ〟」くらいが妥当なのです。そしてその理由は、「**押し付けがましいshall**」**が過去形になったことで弱まった**……とも見なせますし、もしくは「私の意志だけじゃなく、あなたの意志も、よろしければ！」というshallの疑問形における「意志の一致」のニュアンスによるものかもしれない、と考えればいいわけですよ。

　どうですか。ここまで聞いただけでも既存の教科書に書かれた「○○すべき」というのが、いかにズレている和訳だったかがおわかりになったでしょう。

　そりゃもちろん「○○すべき」という要素は持っています。しかし「○○すべき」という断固としたニュアンスは、**どちらかと言えばshall**に含まれていたと考えるのが妥当で、そこから一歩引き下がって、意味的に弱まったやさしい言い方こそが「**過去形should**」だと考えるべきなのです。

## » should が表現できる、もう１つの秘めたる役割

　先ほどのShall婆さんとの対話の中で、「**今現在、自分の代わりに活躍している**」のは誰だって言っていましたか？　意外なことにも、shouldよりはwillだと言ってましたよね。

　ということは？　元々、shallにはwill**的な要素**があったという話じゃないですか。だからこそ、willが代わりを務められるんでしょう。shallは、**そこへ「強引さ」が多少含まれたバージョン**だと考えれば良さそうです。確かに、言われてみると、**shall**と**will**って、字面も微妙に似ていますもんね！

　そんなwillが表すのは「**未来への意志**」。そしてshallは「**未来への強引な意志**」です。

　要は**両方とも「未来」的な要素を持っている**ってコト。こうしてしつこく「未来、未来」と強調するのは、ちゃんと意味があるんですよ。

　なぜなら、**will**の「未来」的な要素を前面に押し出すと同時に、**shall**の過去形としての要素まで含んだ「異例なshould」が使われるケースがあるからなんです。

　ここでようやく、**should**の登場ですね。

前節にて我々、「仮定法」について、とある決めごとをしたのを思い返してみてください。仮定法過去と言われたら「仮想現実」、仮定法過去完了と言われたら「後悔口調」と名前を脳内変換しましょう！ とお話ししましたよね。**大体、仮定法なんてこの２つがメイン**なわけですが、人によっては「仮定法未来」というカテゴリー分けをしている人もいるんですよ。まぁ、私からしたら、**これだって「仮想現実」のうちだろうと思う**のですが……。

　しかし、どうしても仮定法未来というものを区別するとしたら、**「未来において、容易に起こりそうもないこと」**を表現する際のものと言えるでしょう。そこで私はいっちょ、**これにも名前を付けてみました！**　そのほうが絶対に理解しやすくなるのでね。


　その名前とは、ズバリ、「万が一」君。

　いや、ふざけてませんよ。だってほら。まだ何の説明も始めてないのに「仮定法未来」なんて言われるよりも、「万が一」君と言っただけでもうすでにちょっと理解できた気になりませんか。

　そんな万が一君、すなわち「仮定法未来」で使われるのが、「should」なんですよ（should以外にwere toも使われますが、今は脇に置いておきます）。

　おそらく英語の授業を真面目に聞いてた人ならば、**「If＋主語＋should＋動詞」**という形式を見たことがあるでしょう。

　それそれ！　それが、万が一（仮定法未来）君の形なんですよ。和訳が**「もしも主語が○○したら……」**で、**「可能性の低い未来のことを表現するときに使う」**と習うやつのコト。

　そして、ここで「なぜ、**未来**を表現するのに**should**を使うのか」を突き詰めていくと、「仮定法未来」についてだけではなく、「should」についても自然と理解が深まるんですよ。

　そもそも「仮定法未来（万が一君）の文章」に、shouldが使われるの自体、謎じゃないですか。

　だってshouldは**あくまでも過去形**で、しかも意味は**「○○したほうがいい」**なのに、どうして「仮定法未来」で使われるのか……。なんで、shouldが「万が一」なのか……。

　でもそこで、shouldの現在形である「Shall」婆さんの存在から辿ってよく

よく考えていけば、**実は簡単な原理**だったんです。

　shallは、多少強引とはいえ、「未来」の要素がある単語だと言ったじゃないですか。そして、前節の「仮定法の原理」で、「**実現の可能性を低くする**」ために時制を落とすのが「助動詞における過去形」だという話をしましたよね。

　つまり、そういうコトですよ。この場合、時制を落とすことで、つまりshallから過去形のshouldにすることで、「未来の出来事への実現の可能性を落とした」と考えるとイメージしやすいでしょう。

　それがすなわち「万が一」！

　　　　　　　はい、雷ドカーン。これを知っておくだけで、べらぼうに
　　　　　　理解度が増すはずですよ。


## 》 すべての仮定法に共通する「原理」

　試しに、例文を見てみましょうか。

If he **should** come back, his mother will be surprised.

　典型的な「仮定法未来」の文章ですね。ここで、もしも**should**を「〇〇したほうがいい」だとか、下手すると「すべき」だとばかり思っていたら……**大惨事になります**よね。「もしも彼が戻ってくるべきなら」？？　もちろん、大間違いですので気をつけましょう。

　先ほどお話ししておいた原理さえ忘れなければ、その間違いは回避できるはず。「if」に続く仮定の喩え話を、shallじゃなくて、あえて「should」で繋げていくことで、**どういう効果**が生まれたんでしたっけ？……そう、「**未来への可能性を下げた**」んでしょう！　過去形に一歩引き下がることで、「起こるかどうかわからない**未来の出来事**」の確実性をも下げられるってこと。

　だから、「正直あまり自信がないんだけど、万が一（彼が戻ってきたら、お母さんは驚くだろうね）。」という訳になるのですよ。

要するに仮定法っていうのは、未来だろうが、過去だろうが、基本概念は同じってこと。単に「**可能性の低い未来のこと**」なのか、「**取り返しのつかない過去のこと**」なのか、はたまた「**仮想の現実**」なのか、という差がちょっとずつあるだけなんです。

　とにかく、「可能性を下げるために過去形にする」というのが、仮定法の理屈として、どのパターンにも通じる考え方と理解しておいてください。

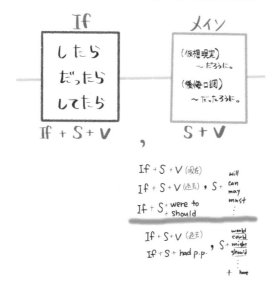

　ちなみにですが、英語はとにかく省略するのを好む言語なので、Ifを省略するケースもありますね。

　その場合、先ほどの例文でいえば、**Ifが省略**されてちょっとした「倒置」が起こり、万が一君が先頭に立った、「**Should** he come back, his mother will be surprised.」という形になるので、とりあえずは形だけでもお見知りおきを。

> IF I SHOULD BE SINGLE, I WILL BE LONELY.
> → Should I be single, I will be lonely.
> IF I WERE YOU, I WOULD SAY "YES".
> → Were I you, I would say "Yes".
> IF I HAD BEEN YOU, I WOULDN'T HAVE DONE THAT.
> → Had I been you, I wouldn't have done that.

　何にせよ、shouldというのは今の時代かなり色々な場面で使われる単語なので、この機会にぜひ概念を習得しておくことをオススメしますよ。

would同様、「**意味はこれ！**」と和訳を定めてしまうにはかなり危険のある**単語**ではありますが、要は「shallの過去形」だってこと。

「shallの面影が弱く残っている単語」とさえ押さえておけば、shouldに関しても、かなり立体的に理解してしまえることでしょう。

「**未来への可能性を下げる万が一**」でもあり「**強引さの弱まったやさしい忠告**」でもあり、提案する際には「**あなたさえよろしければ**」でもある。

これでもう今後は、少なくともshouldの訳を「○○すべき」だけとは思わないですよね。

こうして一つひとつ、単語の輪郭が明快になっていくのは楽しいでしょう？

ほんのちょっとずつでも良いのだから、この調子で、もっともっと英語を自分のものにしてほしいと願うばかりです。

だってあなたには、この本を読んで努力した分、それにふさわしい結果を生み出してほしいから。あなたのような努力家が、どんどん結果を出して、どんどん豊かになってほしいから。

頑張って、結果を出して、成功して、夢もかなえて、お金もたくさん稼いで、そうやってアナタなりの、誇らしい人生を歩んでほしいから。

**あなたさえ、よろしければ。**

アナタには、成功してほしい。この本を、手に取ってくれたから。

頑張って勉強して、努力して、成功してほしい。

運が巡って来たときに、ちゃんと掴めるように、とにかく必死に努力してほしい。

冷たい言い方かもしれませんが、十分できたはずなのに努力しない人は、

その分だけの人生を送るのが妥当じゃないかと思ってしまう私だからこそ、

アナタには、努力の分、めちゃくちゃ、成功してほしいから。

その分以上の運も、巡ってきてほしいから。

とにかく、滅茶苦茶、とことん、頑張って、這い上がって、

より素敵な人生、送りませんか？

これこそ、強要できるようなものではないから。

それこそ。アナタさえ、よろしければ。

# 02

# 「must」を「しなくてはならない」だと思っている皆へ

## ≫ 「must」の意味を間違って理解していませんか？

もしも「must」を「〜しなくてはならない」だとばかり思い込んでいると……。

ター坊：「ぜーぜー、疲れた〜！」
猫：「どうしたの？」

ター坊：「ボク、今5時間も走ってきたんだ！」
猫：「えー！ **You must be tired !**」
ター坊：「む？　あなたは疲れ**なければならない**！？」

ター坊：「**ひどくな〜い！？**」

とまぁ、英語戦死者にありがち
な誤解でした。

　ちなみに前節でも、大勢の人が
「○○すべき」だと思い込んでいたshouldに関する誤解を解いて参りましたが。
　じゃあ、shouldが「○○すべき」ではないとすると、「**○○すべき**」に値する
**英単語は一体、何だろう**という疑問が次に浮かび上がってくるのではないでし
ょうか。
　「そりゃ、mustだろ！」
　うーん……。

CHAPTER 5
「すべき」大特集

「え、違うの？」

　いや、違う……わけではないんですけどねぇ。

「でしょ？　mustだよね？」

You **must** study hard.（あなたは一生懸命勉強しなくてはならない。）

You **must** eat vegetables.（あなたは野菜を食べなくてはならない。）

「でしょっ？」

**いやいや、それはちょっと……**。

「えっ、何が？」

　ここで英語戦死者の多くが、どうして「**いやいや、それはちょっと**」なのか首をかしげるはず。

　というわけで今回は、**多くの人があまりにも大雑把に把握している**mustについて、長年の大きな誤解を解いていくことといたしましょう。

## 》 must についての「長年の誤解」

　と、その前に、皆さんは「〇〇**すべき**」と日本語で訳されている英単語が……どれだけあると思いますか？

「えーと、**should**とか、**must**とか？」

　はい、英語をあきらめていた英語戦死者だとしても、この２つの単語がすぐに出てくるようであれば、まだまだ捨てたものではないですね！　おそらく大抵の人が、「**すべき**」と言われればこの２つを挙げることでしょう。

　ただし、意外なことにも「〇〇すべき」という意味の英単語は、この２つだけでなく……、

**ザッと、こんだけある**という事実。

　どうですか。ざっと挙げただけでこ

れだけ出てくるのです。「まっさか〜！」と思うでしょうが、細かく探せば、もっと出てくる勢いですからね。

そして、ここで**さらに驚くべき事実**を申し上げておきましょう。

上に挙げた単語の中ですと、今回のテーマである「**must**」が、**断然一番……使われ**「**ない**」傾向にあるのだと！

これはかなり意外でしょう。**むしろ**「**一番使われてそう**」な、逆のイメージがありますよね。でも本当に、「〇〇すべき」という意味の中で最も使われて「いない」のがmustなんですよ。もちろんmustは「〇〇すべき」「〇〇しなくてはならない」という意味で使われてはいることもあります。しかし、意外に**もmustが使われるのは稀**なんです。「話し言葉」ケースでは特に。

私たちは学校で「must ＝ しなくてはならない」と習うので、「私は英語を勉強せねばならない！」といった英文を作るときには、かなり軽い気持ちで「I must study English.」とか書いちゃいますよね。

でもこれ、落とし穴なんですよ……。

**たかが勉強くらいでmustなんか使っちゃう**、やけにオーバーな人になっちゃうんです。それだけmustは普段の口語で使うのには抵抗のある表現と思えば良いかと思います。

どういうニュアンスかと言うと、「**それを怠った場合には……たいそうな目に遭うぞよ！**」くらいのもの。

もっと大げさに言うと、「**違法**」感も漂っているんです。まるで法や絶対的なルールであるかのように従うべきだというニュアンスが潜んでいるってこと。

日本語の言い回しで表すとしたら、私が思うに「〇〇すべし」が近いかと。どうでしょう皆さん、「〇〇すべし！」とか「ならぬ！」とかって、**日常会話で「喋った」ことありますか？**……なかなかないですよね。

mustってのが、ちょうどそんな感じなのです。

「シートベルトを締めるべし」「タバコは吸うべ
からず」のように、何かを厳しく決めたり、禁止
したりするような「書き言葉」としては割と見か
けるものの、口語でmustと言い放つと、**まるで
教官とか軍人みたいな言葉遣い**だと思われてしま
うでしょうね。

　ですから、日常会話の中ではmustを「〇〇すべき」という意味で**気軽に使う
のは避けたほうがいい**ですね。

## » must を多用するのは、まったく別の場面

　しかし、mustの使い方について、まだまだ納得できない人も多いのではな
いかと推察します。
　「いやさ、mustが使われている場面って**結構見かけるよ！**」
　といった声が聞こえる気すらします。
　確かにそうですね。英語に興味のある人ならば、口語でmustを使っている
英語スピーカーを少なからず見かけますものね。
　「ほーら、やっぱりね。mustをあまり使わないだなんて
**デタラメじゃないか！**」

　まぁ確かに、**mustは会話の中でよく耳にする単語**な
のに、「最も使われない」なんて言われても腑に落ちませんよね。じゃあ、なぜ
だと思いますか？　こんなにお堅くて、気軽に使うには抵抗のあるmustなの
に、**しばしば耳にする理由**……。
　それはズバリ、口語で使われているmustは……、**皆さんの知っている**must
**じゃない**んですよ。
　皆さんの知っているmustって、「〇〇しなければなら
ない」ですよね？　ズバリ、そっちじゃないほうの、**他
の意味で「must」が使われている**からなんです。
　「えー、同音異義!?　意味が２つあったの!?　いや
ー！」

同音異義というワードに、つい拒否感MAXになってしまった皆さん……。慌てないでください。そりゃ「同じ単語に意味が２つ以上」とか言われた途端、「暗記させられるのか……」と不安な気持ちになるかもしれませんが、**心配には及びません**。

mustの意味だって、がっちゃん流お馴染みの「イメージ化」によって一発で解決できるのですから。

それにしてもmustのイメージは、皆さんが予想するに「〇〇せねば」的なものになりそうでしょう？

でも、**違うのです**。意外なことに**must**のイメージは……

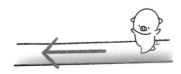

こうです。１本の道。真っ直ぐ、その道の上だけを進むイメージ。

**他には道がない**かのようなイメージ。道は１本しかない。だから、「せねばならない」んです。そこから派生していって「**義務**」といった意味へと繋がっていくわけです。

「必ず守らなければならない」という法やルールと結びつくようなニュアンスは、脇見の許されぬ「**１本の道**」というイメージから発せられているってこと。

でもって、さらに考えてみましょうよ。

数ある道の中でも「たった１つの道」を行くってことは。脇目も振らずにその道を突き進むってことは。相当、「**確信している**」からじゃないですか。

**この道で「間違いない」ってことでしょう**。そう、そこからこの意味が生まれたと考えればいいのです。

「推測」

すなわちそれが、**mustのもう１つの意味**なのでございます。おそらく真面目に英語を習った人ならば、「mustには義務と推測の２つの意味がある」と教わったと思います。ただし私に言わせれば、これは**２つの別々の意味があるというよりも**、どちらも同じイメージから生まれているんですよ。ズバリ、「１本の道」。

道が１つしかないからこそ、**義務**であり。道
が１つしかないからこそ**確信（推測）**なんです。

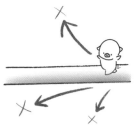

You must be tired.

ですから、この冒頭のフレーズは「あなたは
疲れなくてはならない」のではなくて、あなたは**「間違いなく」**疲れてるだろ
うね！という確信の気持ちであり「強めの推測」を表現してるってこと。

You must be hungry.

こちらも、そうです。「お腹がすかなければならない。」のではなく、「きっと
間違いなくお腹がすいているのだろう。」という推測の意味。
　要するに皆さんが普段、英会話の中で耳にしてきたmustは「すべき」よりも
断然、**「推測」「確信」**の意味で使われているmustだったんです。
　ちなみに、海外ドラマなどを見るとmustは「初対面の場面」などでも、よく
耳にすることができますね。

Hi. You must be Mr. Ueda.

これだって、「あなたは上田でなくてはならない。」ワケがないじゃないです
か！
　そんな命令、おかしいでしょう。でも「１本道のイメージ」で考えさえすれ
ば一瞬で腑に落ちるハズ。

**思考が、上田へとまっしぐら**なんですよ。それ以外に進むことのできない
「１本道」なんですよ。
　そのくらいの確信を持って、「やあ。あなたは上田さんですね。」と強く推測

する意味となるのです。これは**挨拶としてしばしば使われる**ので、覚えておくと良いフレーズですね。

　どうですか。このように、mustには「義務」と「推測」の別々の意味がある！と個別に覚えるのではなく、結局は「**1本の道**」というイメージとして一括りにしてしまうことで、より楽に一刀両断できたでしょう。


## 》 残念ながら、「must（すべき）」の過去形は……

　ところで、mustの過去形の1つとされているものに「**must＋have＋p.p.**」という形があります。

　じゃあ当然、must「**〇〇すべき**」**の過去形**なんだから、日本語訳は、「〇〇すべきだった」となるはずですが、**違います**。実際には「must＋have＋p.p.」は、「すべき」じゃなくて**「推測」のほうの過去形**でして、「あれは〇〇だったのだろう」という「**推測の過去形**」として使われているのです。

　**有名な映画『プリティ・ウーマン』**の挿入曲のタイトルでも、ドンピシャでこの表現が使われておりますね。


It **Must Have Been** Love


「それは愛であるべきだった！」……じゃなくて？　**「間違いなく、愛だったに違いない」**という「**推測」のほうの過去形**としての表現だったわけですよ。

　じゃあ、「**〇〇すべきだった**」と言いたいときのmustの過去形はどこいったの　と、聞きたくなりますよね。

　「ひょっとして……**musted**??」

musted ???

**そんな形は、ない！**

　残念ながら「すべきのmustの過去形は何だろう」という、この疑問については……「**ありません**」というのが妥当です。

　「えー、そんな！」って思いますよね。

　でもご心配なく。もちろん、**代用となるものがございます**のでね。それにつ

いては次の項目で解説いたしましょう。いずれにしても「〇〇すべき」という意味でのmustの過去形はmust＋have＋p.p.ではないというコト。

　ここまで来ると、皆さん、気になりませんか？　「mustが『〇〇すべき』という意味ではあまり使われていない」という事実を、今回こうして知ったわけじゃないですか。……だからと言って「shouldなのか？」と言ったら、それも厳密には「〇〇すべき」ではなかったでしょう？

　**ならば、英語で「〇〇すべき」って本当にラフに言いたいときには、一体どうすればいいのか**って思うでしょう？　ズバリこれに関して、次の項目でキチンと説明していきたいと思います。

　そして今回もまた、皆さんの英語の知識レベルが１つ上がって、英語のハードルが１つ下がった回になったのであれば、誠に幸いです。

　それにしたって、こんな地道に一つひとつ攻略していかれる皆さんは、つくづくスゴイ努力家ですね。

　きっと皆さんは、おわかりなのでしょう。幾千もの誘惑の道が存在する中で、いま確実に通るべきは、この「**地道な努力**」という道だけなのだと。**この道こそが、must**なのだと。「何かを成し遂げるため」に通るべきは、この道１つしかないんってことを。

　「黙々と頑張る」という、この**１本道**に間違いないのだと。

この道で、アナタは孤独になればなるほど、寂しくなればなるほど、
逆に、誰かに必要とされる人になる。
そういう類の孤独なら、悪いもんじゃない。
私からも、是非お勧めしたいくらいに。
孤独こそが、自由への一本道。人間関係は大切だけど、
むしろ大切だからこそ、むしろ、ちゃんと守り抜くためにも。
むしろ1人で、歩くべきなのだと。
誰ひとり代わりに歩いてくれない成功への道を、
アナタの孤独な一本道を、寂しくとも。
でも間違いなく寂しき道を進むほど、
アナタは誰かに必要とされるだろう。

# 03

## 「〇〇すべき」と言いたいときには、どうすべき？

### 》 ホントにホントの「すべき」の正体！

「〇〇すべき」と訳される英単語が実はshouldやmustじゃなかったことが、ここまでで解き明かされまして……。

「じゃあ、"すべき"って英語で何て言えばイイのさ！」

という謎を、そろそろ解き明かしてみたいと思います。

まずは少しおさらいをしてみましょう。「〇〇すべき」という意味を持つ英語の表現は、実は次のようにたくさんあるとお伝えしましたね。

```
have to
be supposed to
should
must
had better
```

中でも、最も身近に思われていたであろう「should」と「must」が、意外にも「〇〇すべき」という表現をする際に用いるのに**あまりふさわしくないという事実**には、目から鱗が落ちたことでしょう。

では、これらの中で一体どれが一番ふさわしいのか……。結論から単刀直入に言いましょう。**日常会話としてよく使われているのは**、have toなんです。

「どれを使うべきかなぁ」と悩んだときには、**とりあえず「have to」を使っ**ておくのが一番安全ってことです。

　大半の方々にとって、「○○すべき」と言えば、shouldかmustが定着していたのではないでしょうか。
　ですから、もしも英語スピーカーから不意に「You have to ○○.」とか言われたって、ほとんどの英語戦死者はこう思う
のではないでしょうかね。

**「えっ、何を持てって？」**

## 》「have to」は○○のニュアンスで理解できる

　皆さん、have toという表現を見て、別に意味はわからなくとも、真っ先に目に入ってくるのは「**have**」という英単語でしょう。どう見ても、**haveの存在感は異常**でしょう。もはやhaveしか目に入らないでしょう。
　そんなhaveの意味は、「**持つ**」ですよね。もっと厳密には、「所有する」ですよね。ハイ、**その感覚でいいのです。**
　have to＝「○○すべき」といちいち暗記する必要がないのです。「**have＝持つ**」という認識をしていれば問題ありません。だって、「○○すべき」と考える必要なしに、「**『to ○○』を持っている**」と考えりゃ良いのですからね！
　「to不定詞」といった用語で考える必要もなく、ここは単に次のイメージを思い出してくれれば十分ですね。

　**to**というのは「→（矢印）」のことでした。ということは、「**これから到達すべき地点への矢印**」を持っている（have）！ということなんです。
　たとえば、have to goならば、「（これから）行く（べき）こと」**を持っている**（**have**）。have to eatならば？　「（これから）食べる（べき）こと」**を持っている**（**have**）。
　つまり、何のこっちゃない、とても簡単な原理ですよ。

要は「to ○○」**という義務を**「**持っている（have）**」ってことじゃないですか。だからこそ、have toの意味が「○○すべき」となるのです。

なので、もう少し直訳的な和訳をするならば、「○○する義務がある」とするのがニュアンス的にはより正確かもしれませんね。

次の２つの文で比べると……。

①You should run.
②You have to run.

①の「あなたは走った**ほうがいい。**」というニュアンスに比べると、have toを用いた②は、より**一層、義務**としての忠告に近くなるわけです。だから②は「あなたは走るべき。」と訳されるってこと。

## » have to は「○○な義務」、must は「○○○な義務」

「えっ、ちょっと待って！　義務と言えば、**must**じゃないの？」

はい、いい質問ですね。

mustは強い義務と見なすのが一般的ですが、ちょっと細かく語源的に解釈すると、元々mustというのは、**万人が当然と見なす「義務」**というよりは、**「相手に向かって強制的に押し付けるような義務」**といったニュアンスがあるんですよ。

それに対してhave toのニュアンスについては……とりあえずイメージ化したほうがよりわかりやすいかと思うので、次に描いてみました。

have toは、**誰がこの位置に座っても、同じ義務が課せられる**イメージ。

私でなくても、あなたでも、彼でも、猫でも、とにかく誰がこの位置に座っても同じことを命じられるような「義務」なんです。

よって、**誰が見ても妥当性のある義務**であり、個人による強制的な主張じゃないからこそ、「must」よりもずっと気軽に使えるのかもしれませんね。

要は、mustは「強〜い義務」もしくは「強制的な義務」。一方の**have to** は「誰が見ても妥当な義務」。でも正直、どっちのほうの程度が強いとか弱いとかいちいち考えるのも面倒じゃないですか！

だから私は、単純にこう考えちゃってます。

**「口語ではhave to！　書き言葉ではmust！」**

これが一番簡単だと思います。

実際、そうですよね。**話し言葉**で「must（すべき）」を使う人もあまり見なければ、逆に公式な文面などで「have to」を見かけることも、あまりないのですから。

## 》「ダメ、絶対！」と言いたければ？

mustは**書き言葉**ですから、こういう文章で使うことができますね。

Children **must not** play in this area.（子どもはこのエリアで遊ぶべからず！）

mustの否定形を使った表現ですね。これぞ「**ダメ、絶対！**」というメッセージを伝えたいときによく使われます。

「へぇー、なるほど！　mustにnotを付けたら、『**ダメ、絶対！**』っていう意味になるのかぁ」

「じゃあさ、have toに**not**を付けて否定文にするのも、『○○すべき』の反対の意味になって、『しちゃダメ（すべきではない）！』になるの？」

Children **don't (do not) have to** play in this area.

これが……そう「**ならない**」ところが、英語の落とし穴なんですよ。

have toが「○○すべき」だから、(do) not have toは「○○すべきじゃない」になると思うでしょう。

でも、**ならないのです**。なぜかと言いますと、私さっき、have toのことを何と言いましたか？　「to ○○」という義務を持っているんだと言いましたよね？　それをひっくるめて、「○○すべき」という意味になるのだと。

　そこがポイントなんですよ。そこに「not」を付けるってことは、「○○すべき」に「not」なのではなく、「**○○する義務がある**」に「**not**」なんですよ。

　ちょっとわかりづらいので、噛み砕いて説明いたしますね。

　**すなわち、「○○すること」がnotなんじゃなくて、「○○することの義務を持ってること」がnot**なんです。言い換えると、「義務なんて持ってませんよ〜」ってこと。したがってこれは、「**しなくても構わんよ**」という意味になるのです。

　となると、もしも、Children don't (do not) have to play in this area.と書いてしまうと、「**遊ばなくても、構わんよ。**」という、何が言いたいのかわからない和訳になってしまうのです。

これじゃ下手したらバンバン遊んじゃう！

　今の否定形に関しても、英語の授業を真面目に聞いていれば、きっと習っていると思います。have toは「○○すべき」だけど、**not** have toは「○○しなくてもいい」という、脳内が軽〜く混乱しそうな説明を受けたハズ。

　でも、こうして概念さえわかれば、混乱せずともすぐに理解できますね。

　have toは、「○○すべき」と捉えるのではなく、「**○○する義務を持っている**」と理解しておけば、**あとは繋がる**のです。

　そこへのnotなので、have toの否定形というのは「○○するのがいけない」んじゃなく、「○○する義務が、ない」となるわけで。すなわち「それをする必

要はない」ということ。

　……ほとんど知られていない事実ですが、ここだけの話「**not**」ってのは、「否定したい単語」の直前に付くのだということがポイントでございます。

　左のページの例文をご覧ください。「**not**」が**play**の前に付いてますか？　**have**の前に付いてますか？……それを見ただけでも、これは一目瞭然なのですよ。

## » must の疑問形には must を使わない

　そもそもhave toは、その他の「すべき」とは異質でして、shouldやmustとは違い、**一般動詞のhaveに「to ○○」がくっ付いた**という理解をしておいてください。

　ってことは、Chapter3ですでにお伝えしたように、元々は「I do have to」だったのが、doという**動詞が省略された形**だというコト。

　そのため、**否定文**の場合は「I have **not** to」になるのではなく、省略していたdoを復活させて「I do have to」という形にいったん戻し、「否定したい動詞の直前」に、notを付ければ良いので、I do not (don't) have to……といった形になります。

　これによって、「○○する義務を持ってない」すなわち「しなくてもいい」という意味が表現できるってこと。

　さらには疑問形にしたい場合も、これと同じ要領です。

　「I have to go.」は、疑問形にすると「**Have I to go?**」になるのではなく、省略していたdoを召喚して、Do I have to go? にするわけです。

　ちなみに、**canなどの助動詞**が使われている文章ならば、疑問形にする際は、「Can I 〜?」のように**助動詞を文章の先頭**に持ってきますよね。

　ということは、mustが使われている文章の場合も、Must I 〜? として疑問文を作れるのでしょうか。

　でも現実的には、Must I 〜? という疑問文を**耳にしたり目にしたりする機会**

はほとんどありませんよね。

「〇〇すべきでしょうか？」と聞きたい場合には、Must I 〜? ではなく、代わりに、**口語のhave to**を「Do I have to 〜?」という疑問文にするのが一般的です。

「〇〇すべき」という意味で使われるmustの「過去形」の文章を作る際も、同じです。**代用として**「**have to**」**の過去形を利用する**ってこと。

前節でお話ししましたよね。mustの過去形である「**must＋have p.p.（〜だったに違いない）**」というのは、主にmustの「**推測**」の意味でのみ過去形として活用されており「すべき」**の過去形としては使わない**のだと。

ですからmustを「すべきだった」と過去形で表現したければ、「**had to**」とすればいい。

こういうことです。過去形だからといって、間違ってもedを付けてmustedなどの**新語を作ってはいけませんからね！**

さらなる注意点は、have toがhad toと過去形になったからといって、「後悔の念」までは**含まれていない**ということ。ただ**単なる事実としての**「**すべきだった**」という意味だと思えばよろしいです。

では、「〜すべきだったのに」といった後悔の念を表す言い方は？　それは以前の節で説明しておいた「仮定法過去完了」あらため「**後悔口調**」**の要領**を使えば良いのです。そこへ「should」**を代入**してあげるだけでOK。

「should have p.p.」

これで良し。

さて。mustとhave toの違いを理解していただけましたか？　これまでずっと「**must**」のほうが身近な気がしてたのに、一気にhave toへの親近感を覚えるようになったのではないでしょうか。

そんなわけで今回は、「**すべき**」の中でも使用頻度が高い「**have to**」についてと、それが否定形になったときになぜ「**しなくてもいい**」になるかについての原理とイメージについてくわしくご紹介して参りました。それから、「すべきではない」という否定形や疑問形そして過去形についても！

「**すべき**」か「**すべきではない**」か「**しなくてもいい**」のか。生きている限り、すべてにおいてその選択の連続ですよね。その上、どちらに転んでも後悔がつきものだったりするので、イヤになっちまいます。

　まぁ、世間一般では、「**しない後悔よりも、する後悔**」なんて言いますけど、正直、より痛い目を見るのって大概「**しなかった後悔**」よりも「**した後悔**」のほうじゃないですかね。寝る直前に思い出して布団を蹴るようなシチュエーションだって、断然後者じゃないですか！

　でもまぁ、それがもし「**本気すぎた**」ゆえの行動だったならば、それはそれで。たとえ黒い黒〜い歴史があろうとも。
　過ちだったならば罰を受けるのでしょうし、そうじゃなければ、長年かけて１周回って、報われることだってあるのでしょう。
　「カッコ悪くちゃいけない」なんて、誰が決めたんですか。

　You don't have to be perfect!

だって人間を、より苦しめるのは
「生きてる間中は、した後悔。」
「死ぬ間際は、しなかった後悔。」なのだから。

解き放たれる「その日」を信じて。
生きてる間は、心のままに、思いのままに、
やらかしちゃって。
構わんよ!

# 04

# 知らないと恐ろしい
# 誤解を招きかねない
# 「had better」

## ≫ 「○○したほうがいい」だと思われがちな「had better」

　「すべき」特集と称して、ここ数回の項目で「must」「should」「have to」を取り上げて参りましたが、特に**多くの人が抱いている誤解**をことごとく打ち砕いてきましたね。やはり今回も、そうした「**誤解の解消**」に努めて参りたいと思います。
　そして**今回解き明かす「誤解」の主人公は had better**。恐ろしいことに、いまだ「○○したほうがいい」と習ってしまう人の多い表現でございます。

　でも、気持ちはわかります。だって見てくださいな。
　had「**better**」。な〜んか感じよさそうなイメージじゃないですか。特に「better」っていう単語は「**より良い**」という意味で日本語の日常会話の中にも定着しているため、**とにかく印象がやたら良い**。やさしそうなイメージですよね。これに関しては、もうポジティブな先入観しかありません。
　だからでしょうか。そのやさしげなイメージに引きずられて、「had better」のことも、つい「○○したほうがより良い」と、やさしげに和訳してしまう。
　しかし、そう思い込んでしまうと、**とんでもない誤解を招くこともあるわけです**……。

## ≫ 史上初！？　英単語を「表情でイメージ化」！

　さぁ改めて次の図をご覧ください。「○○すべき」というニュアンスを持つ英

単語は、ざっとこれだけありましたよね。

　とりわけ「**思いやり**」という姿勢を大事にする日本人の感覚からして、この**中から心理的に最もチョイスしやすいの**って、やっぱり「had better」じゃないですか？　なんだか、一見相手を気遣っているように思えるから。

　しかし……皮肉にも日本の多くの皆さんが「**相手への思いやり**」という観点から選んだこの「**had better**」は、むしろ「**相手への思いやり**」がゆえに、**極力使わない表現方法**なのですよ。驚愕の事実ですよねぇ！

　もし思いやりの心で相手を気遣いながら「〇〇すべき」と英語で言いたい場合は、「had better」ではなく、「**should**」を使ったほうが無難です。

　その理由を探るために、had betterが一体どのような固有のニュアンスを帯びているのか、さっそくイメージ化してみました。並びに、**比較対象**として取り上げられた「should」のイメージも、一緒にご用意しましたので、ご覧に入れたいと思います。

　ただし、イメージ化と言っても今回は、両方の単語について……おそらく**史上初めて単語のイメージを「表情化」**してみました！

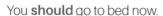

You **should** go to bed now.　　　You **had better** go to bed.

　こうです。両方とも同じく「**早く寝るように**」促す表現なのですが、**表情を見るからにどうですか**。違いが一目瞭然ですよね！

　もはや「had better」という表現が聞こえただけでも、「おっかない表情して

るだろうなぁ……」と、見なくてもわかってしまうわけですよ。

　両者のニュアンスの違いを具体的に説明しますと、shouldは「**それをしたほうが、良い結果に繋がるのよ**」という点に重きを置いている表現で、一方のhad betterは「**それをしないと悪い結果が起こるわよ**」という軽い警告（または脅迫）の意味が込められているのです。

　ですから、仮に誰かから「You had better 〇〇.」と言われたら、その言葉の裏には「さもなくば……」「でないと……」というニュアンスが隠れていると思って良いかと思います。

　もし日本語で「さもなくば……」とか「でないと……」と言われると、警告されている気分になるでしょう。ちょうど、その感覚なんです。

　実際に、「You **had better** 〇〇.」**と言ったあとに、続けて**「or else……（さもないと……）」と相手がつけ足してくるケースもよくあるのです。

　どうでしょうか。「had better」が「**相手を気遣うような言葉**」だと思い込んでると、**下手したら大変な誤解**が生まれてしまいそうでしょう！

## » had better は機能的には「〇〇形」

　では次に、**had**と**better**がくっ付くと、どうして「〇〇すべき」という意味になるのか、その理由を探っていこうと思います。

　私の知る限り、それをしっかりと解説している書物などは一度も見た覚えがないので、あくまでも「がっちゃんオリジナル」の超勝手な解釈となりますが、「でも、まぁ、面白いから聞いとけ！」というところです。

　好奇心豊かな人であれば、「なんで**have**じゃなくて**had**（**過去形**）なんだろう？」くらいの疑問を持った覚えがあるのではないでしょうかね。

　さらに。本書をここまでキチンと読み進めてきたような真摯な人ですと、なおさら次のような疑問を抱くかもしれません。

　「hadは過去形なのに、**どうして意味が弱くならないの？**」

　はい、鋭い疑問ですね！

　確かにshallなどの助動詞は、shouldのような過去形になることで、「**意味合いが弱まる**」という話をこれまで何度もしてきたじゃないですか。

では、haveの過去形hadだって、その原理からすれば、意味が弱まると見なすべきなのでは……。

しかも「better」というポジティブっぽい単語だって付くのだから、やさしいイメージの「〇〇したほうがいい」と訳したくなる気持ちだって十分に理解できるわけです。ところがそうはならないという事実。

そこで私なりに、どうしてなのか考えてみました。

本書ではすでに何度も、**過去形にすると「意味が弱まる」**という話をしましたが、ことhad betterに関しては、**どう考えても意味が弱まっているようには思えない**ですよね？

だって警告もしくは軽く脅迫しているようにも受け取れるのだから。

では、皆さんへ１つお聞きします。hadが一番使われるのって、どんなときでしょうか？

ちなみに、この「had」は、**一般動詞「have」の過去形としての「had」ではありません**。すなわちhad betterの前には、**doが省略されてはいない**のです。

となると、このhadは「**助動詞**」として使われていることになりますね。つまり、実際の動作としての「have（持つ）」の過去形なのではなく、れっきとした助動詞として、「**抽象的な象徴としての**」〝持つ〟の意味合いでのみ用いられているってこと。

それでは話を戻しまして、そんな「**メイン動詞として**」のhadをよく見かけるのって、どんなときでしょうか？

**ズバリ「had p.p.（過去完了形）」じゃないですか！**

いや、もちろん、had betterを「過去完了形」なんて言ったら、英語学の専門家からは笑われるのかもしれませんが、ここは皆さんに「とにかく理解してもらう」のが重要ですからね。

では皆さん、「**完了形**」って何でしたっけ？　ちょっと思い出してみましょう

よ。大抵は「have＋p.p.」の現在完了の形でお馴染みの完了形ですが、そのときの機能も含めて考えると、「〇〇した状態を持っている」もの。つまり「**因果関係**」でしたよね。

**p.p.**（動詞が形容詞になったもの）**の出来事が起こった、過去の状況を「持っている」**と表現することで、「過去の出来事が今に繋がっている」「因果関係」を表すのが完了形の「正体」だったでしょう。

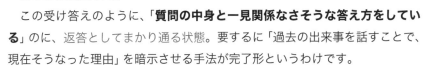

「あなた顔色悪いわねぇ？」
「さっき牡蠣食った」

この受け答えのように、「**質問の中身と一見関係なさそうな答え方をしている**」のに、返答としてまかり通る状態。要するに「過去の出来事を話すことで、現在そうなった理由」を暗示させる手法が完了形というわけです。

ですから、have (had) p.p.とかいう枠にこだわらず、「そういう（形容詞）な状況を持っている（いた）のだ」という表現の「機能」だけを見れば、「**had better**」**だって……形こそp.p.ではありませんが、あとは同じじゃないですか？**

結局、「better（形容詞）な状況を持っている」ってことでしょう。ちなみに、完了形の特徴は？……「**過去と、現在との、繋がり**」。

さらにほら、さっき私、「had better」について何と言いましたか？　had betterを使った文章のすぐあとには、「**さもなくば……**」という言葉が続くイメージだと言いましたよね。ということは、**それってズバリ、現在との繋がりで**しょ！

これだけ見てもわかるじゃないですか。
**機能的には完全に、完了形そのものでしょう！**

## » had better がなぜ、過去〇〇なのか

「な、なんかすごいことを聞いている気がする……。だけど、どうして現在完了（have）じゃなくて、過去完了（had）なのかなぁ？」

これまた鋭い質問ですね。それについても、私は２通りの答えを考えてみました。もはやここまで来ると、「考えてみた」どころか、「**考えすぎてみた**」と言えるほどの熱量ですが。

　その考えには、①シンプルバージョンと、②考えすぎバージョンがございます。
　まずは脳にやさしい①のシンプルな推理からお話しいたしましょう。
　一度、単純に日本語で考えてみてください。
「ねぇ、〇〇すべきヨ」って言い方よりも、「ねぇ、〇〇すべきって言ったよねぇ？」のほうが……**なんか恐ろしくないですか？**
「ねぇ、言ったよねぇ！？」
　……この恐ろし気なニュアンスから、「おまえは『〇〇したほうがベター（better）な状況』を持っている（have）」どころか、「すでに持っていたではないか（**had**）」**と過去形で表現することで**、より一層、叱られてもしょうがないようなニュアンスを生み出しているのではないでしょうか。

　まあ、しかしこれだと、私がこれまで度々主張してきた「**過去形にすると意味は弱まる**」という説とは相いれず、かなり例外的な説となってしまうので、あまり強くは主張しません。したがって、私としては２つ目の考えすぎバージョンを推してみたいと思います。

　あれ？　皆さん、つい最近、これどこかで見かけませんでしたか。
　……「仮定法過去完了」じゃないですか！　改名したバージョンの名前は「**後悔口調**」でしたよね。
　じゃあ、had better を「過去完了」のようなものだと見なすとして、「仮定法過去完了」すなわち「後悔」からの、「あなた、**〇〇しないと後悔するわよ**」という解釈を適用してみるのですよ。

You should have（もとはhad）p.p.（過去にやらなかった**後悔**）

　　　　　　　　　↓

You had better ◯◯. (現在やらないと後悔)


　こういう意味合いで投げかけているのだとしたら、どうして過去形hadなのかという謎が解ける気がしませんか。

　要するに、仮定法過去完了で使うような形をあえて使うことで、**今後の「後悔」への繋がりを匂わす表現**だとしたら？　だからこそ、「◯◯すべき。さもないと…（未来の後悔へ繋がるよ）」という意味を含んだのだとしたら。

　それこそ**「完了形」**と**「後悔口調」**をかけているのだとしたら……ちょっと繋がってくる気がしませんかね。


　had betterとはつまり、「◯◯したほうがbetterな状況を持っている」という**完了形の表現であると同時**に、hadを用いて「過去完了」にすることで、「さもないと……」という**「後悔へ繋がりそう」**なニュアンスもかもし出せる……。こう考えると、腑に落ちる気がしませんか。


　ちなみに、「had」が時間的な意味としての過去形ではなく、**「過去完了」のためだけに使われる「had」**であるという根拠は、短縮する際の心理にも表れてると思うんですね。

　通常、「You had better go home!」なら、「You'd better go home!」と短縮するのですが、口語の場合ですと、もはやhadなんてガン無視するかのように、「You better go home!」とhadをゴッソリ省略して言い放つことが多いのですから。

「You better!」

　これなんて、Hip-Hopの歌詞なんかにもよく登場するフレーズですね。ラッパーの言い放つ「You better ◯◯」ってのが、まさか**「したほうが良いですよ〜」なんて、やさしい表現なわけがない**じゃないですか。それほど「強気な表現」だという証拠ってわけですよ。


　というわけで、皆さんの英語へのハードルを少しでも下げたいという一心で、あまりに深く深く考えすぎて最終的には多少、独創的な解釈に至る結果となり

ました。

しかしですよ、時には無茶なほどに「**自力で精いっぱい考える**」ことこそが、人を導く真の努力であり、真の思いやりでもあると思うんですね。

大勢が正しいと言い張る事柄を、逆の立場からもう一度考えてみる。大衆が指をさして批判することを、ひょっとしたらと逆の立場からもう一度見直してみる。

時にはそれが原因で、孤独な思いをするかもしれないけど、そういう類の孤独なら、陥ってみる価値もあるのでしょう。

真の味方ってのは、案外そういうときにこそ生まれるものだから。

皆が正しいと言うことを逆の立場から、もう一度。
皆が批判することを逆の立場からも、もう一度。
「人の判断や決めつけ」じゃなくて「自力で判断する」ことこそが、
アナタを導く、真の努力であり、真の、思いやり。
他人のためにも、アナタのためにも、
時には、必要以上に考えすぎろ。

# 05

# 誰も教えなかった「be supposed to」の本当の使い道

## » 意外と知られていない「be supposed to」の本当のニュアンス

　ここまで「**should**」「**must**」「**have to**」「**had better**」と、「〇〇すべき」というニュアンスを持つ言葉を特集してきたことで、どれも同じような意味だろうと思っていたこれらの言葉が、**実はこんなにも大きく異なっていた**というのがしっかり理解できたはずですね。

　ではここで、新たな言葉を紹介しましょう。「もう、たくさんだよ〜」と言って、省いてしまうわけにはいかないくらい、こちらも「〇〇すべき」という意味合いを持つ言葉として、ネイティブスピーカーの間でかなり**頻繁に使われている表現方法**なのですから。やっぱりこれは欠かせない。
　「**be supposed to**」——これが今回取り上げる「すべき」の意味を持つ言葉です。

　「いや、be supposed toって**初めて聞くよ**」という英語戦死者の方たちもいらっしゃるでしょうから、まずはシンプルにbe supposed toとは何ぞや！　という話から、アプローチしてみたいと思います。
　一般的にbe supposed toの意味について、既存の授業ではこう習うことでしょう。
　　①約束や義務、規則によって、元々することになっている
　　②事実として、元々把握されている
　　③今後の計画として、することになっている、もしくはするであろう

こう習うのが一般的だと思います。**はぁ……（ため息）**。

　まぁ、言われてみれば、どれも確かに間違ってはいないのですが、もっともっとシンプルに理解できる方法がちゃんとあるのですからね。

　ではさっそく、シンプルな方法で理解を深めて参りましょう。

　まず初めに、be supposed toの中で、核となる単語はどれだと思いますか？　当然、真っ先に目に入るのは……**過去分詞の**「**supposed**」ですよね。

　となると、**be supposed to**というのは、「**主語＋be＋過去分詞**」の形というわけですよ。

　ちょっと待ってください。皆さん、この形なら、どこかで見た記憶はありませんか？　そう……**受動態**でしたでしょう。

　だったら、be supposed toの場合は？

「**主語が、すでにsupposeしてある状態**」であると捉えれば良し。

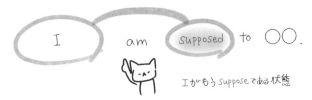

　あとはもう、肝心のsupposeが何なのかがわかれば、文章の意味は理解できるってわけです。でもって「supposed」の原形である「suppose」は、右のようなイメージで表せます。

「**何これ？**」って感じですよね。

　……なんか、思っていたのとちょっと違いませんか。

　辞書を引いて頑張って暗記した人ならば、supposeの意味が、「**思う、推測**

**する**」だということはおわかりかと思います。しかし私に言わせれば、この図のイメージこそが**suppose**の**本来のイメージ**なんですよ。

　この単語の元々の要素は、「sub」＋「pose」なのです。すなわち、この２つが合体してsupposeが作られたってこと。ところで「sub」という単語も「pose」って単語も、日常でかなり見たことがあるでしょう。

　subと言えば？　「subway」を思い浮かべる人もいるはずです。ここではサンドイッチのサブウェイではなく、**地下鉄のほう**を思い出してくださいね！

　ちなみに単語の中にsubという要素が含まれていると、通常、「**下に位置している**」とか「**地下に潜り込んでいる**」というイメージになるのです。これには十分、心当たりがあることでしょう。

　では次にposeは？　「はい、ポーズ取って！」で、お馴染みですよね。

　　　　　冗談ではなく、この「ポーズ！」で合ってるんです。pose（≒**置く**）なのですから。

　で、これら２つの単語を組み合わせて文章化したら「**下に置かれて、姿勢を取る**」という状態になるわけでしょう。

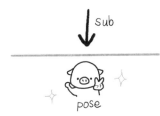

　　　　　だから、これなんですよ。

　　　　　ちなみに日本語において「姿勢」という言葉は、身体でポーズを取る以外に、次のような抽象的な意味でも使いますよね。

「○○にふさわしい**姿勢**で頑張ります！」

　世の中、「何らかの地位の下」に置かれたからには、それにふさわしい姿勢というものがあるじゃないですか。

　職業ならば、その職業下でふさわしい姿勢……。

　役割ならば、その役割下でふさわしい姿勢……。

　どんな状況でも何らかの下に置かれれば、「**その状態にふさわしいと周囲から期待される姿勢**」があるわけですよね。

　その期待心理こそが、supposeの基本概念。

さらにその「期待心理」や「下に置いて」というイメージから派生して、「前提とする、想定する」という意味にもなったわけです。

## 》「be supposed to」の基本概念はイメージ化で把握が可能

　ここまでの話を踏まえてbe supposed toについて考えてみると、「**主語がすでに『何らかの期待心理』の下にある状態**」なのだと考えられますよね。

　この概念を把握すれば、先ほど紹介した、授業で習った説明についても合点がいくはずなのですよ。

　①約束や義務、規則によって、元々することになっている

　　You are not supposed to smoke here.

　　（ここでたばこを吸うべきではない。）

　②事実として、元々把握されている

　　He is supposed to have two kids. （彼には２人の子どもがいるらしい。）

　③今後の計画として、することになっている、もしくはするであろう

　　You are supposed to take a class today.

　　（あなたは今日授業を受けることになっている。）

　どうでしょうか。どれも基本的には、「主語が〝元々〟○○する（である）(to ○○) ことを〝**期待されている状態**〟」になっていますよね。

　ちなみに疑問形も、そのイメージを基にして柔軟に訳せます。たとえば、次の文章。

How am I supposed to live without you?

これもいったんイメージ化してから感覚をつかんでみましょうか。

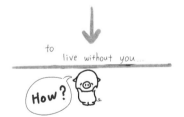

「君なしで生きていく**姿勢ってのは、どうすればいいんだ！**」と直で解釈して、そこから「**君なしでどうやって生きればいいんだ！**」と自然に訳せばいいのです。

## » 「be supposed to」の文章に必ず続く 3 文字の心理

　実は、ここまでは単なる基本概念でして、ここからがメインディッシュとなります。本当に大事なのは、なんとここからなんです。
　基本概念については、大体わかりましたよね。しかし実際、次のような文章を「主語が、元々、〇〇する（である）（to〇〇）ことを期待されてる状態」と解釈するとどうなるでしょうか。

You're not supposed to smoke here.
（あなたはここで喫煙することを**元々期待されてない状態**です。）

I'm supposed to help Dad.
（私は父を手伝うことを**元々期待されてる状態**です。）

　こう、いちいち訳していると……なんかイライラしませんか。なんか煩わしい言い方に聞こえてくるんですよね。しかしながら、こういう言い方でも、英語圏では非常によく使われておりまして。……そこにも理由はあるわけで。
　その理由は、大多数の英語学習者の人たちが、「be supposed to」の**使い方で見逃している特徴**があるからなんですよ。
　見逃している特徴、それはズバリ、「be supposed to」ってのが……**かなりの割合で、過去形で使われている**という事実です。

It **was supposed to** be sunny!

（晴れる〈**ことが元々は期待されていた**〉はずだったのに！）

We **were supposed to** meet at 8!
（8時に会う〈**ことが元々は期待されていた**〉はずだったでしょう！）

ほとんどの場合、このような使い方をされております。

これらの文章の日本語訳をじっくりと読んでみてください。「**〇〇するはず〝だった〟**」と過去形になった途端、頭に思い浮かぶイメージってどんなものですか？

いずれも「**元々は期待されていたことが果たされていない**」ケースじゃないですか。

そう。「期待」とは元々裏切られるためにある、とはよく言ったもので……。

こんな冗談半分のような人生の法則が、あながち冗談ではないようにさえ思えてくる状況がイメージされてきませんか？

そのとおり。be supposed toというのは、ほとんどの場合、「元々の期待を裏切るつもり・裏切られた」ときに使われているものなんですよ。

だから「be supposed to」の文章に続きを繋げるとしたら、次のような流れになるケースが実に多い。

I'm supposed to go, but I don't feel like it.
（本来は行くべきなんだけど、気が進まないなぁ～。）

I'm supposed to help Dad, but I don't feel like it.
（元々は父を手伝う約束なんだけど、やりたくないなぁ～。）

……さては裏切る気、満々だな？

と、察することができるように、「元々すべきだった」予定を「**覆すつもり満々**」なときや「**覆された**」とき、すなわち「期待を裏切るつもり・裏切られた」ときに、非常によく使われているフレーズなのです。

したがって、be supposed toを見かけたら、仮にその後ろに文章がなくとも、**この3文字が繋がっているのだと脳内で設定**すべきですね。

398

「but......（だけど・なのに）」。

「**だけど、や～めた**」であれ、「**なのに、どうして！**」であれ、そう！　「**be supposed to**」と言っているのは、**期待を**「**裏切るつもり**」または「**裏切られた**」からだ、と考えれば良いのですよ。　要するに「だけど」もしくは「なのに」へと繋がる「元々はすべきだった」心理が隠れていると思えば良し。

## » 「be supposed to」から伝わる 「あ〜……やらかしたのか」感

　さらに言うと、be supposed toという表現は、**他の**「**すべき**」**の表現では何だか物足りない**感情でも、非常に使いやすいです。単にhave toやmustのような「〇〇すべき、〇〇すべきではない」というニュアンスだけだと伝わらないものが、伝わるってことです。

　たとえば、You are not supposed to smoke here.というセリフが聞こえてきたとします。するとこれは、単におとなしくしてる人に「ここで喫煙してはいけませんよ。」と注意した感じではなく、第三者の耳にも、「**はは〜ん、さては吸ったな……だから怒られてるんだ**」ってのが如実にわかるわけですよ。

　つまり「**ここで喫煙してはいけないのに、なんであんたは喫煙してんだ！**」という気持ちが含まれているのだと推測できるわけです。

　ということは、「You are not supposed to smoke here.」と言われた本人は、「元々ここで吸ってはいけない」タバコを吸って、注意されたのでしょう。

You were supposed to stay home!
（あなた、お家にいるべきでしょう！）

　これもそうです。こう言われた本人は、**ほぼ間違いなく相手の期待を裏切って、**「**元々お家にいるべき**」なのに、外出しちゃっているんですよ。

　**家でおとなしくしてた人に向かって言うような表現ではない**ってこと。

　おとなしくしてた人へ忠告するだけならば、単なる「〇〇すべき」という表現として、have toを使えばいい。でもここでは、「**それなのにあなたは！**」と

いう気持ちがあるので、be supposed toなのです。

　これ、目から鱗じゃないですか？　意外とこの特徴は見落とされがちなんですよ。「be supposed to」には、「元々は、○○すべき」という「期待心理」がふんだんに盛り込まれているだけに、皮肉にも**その期待を裏切られることすらも想定している**表現と言えるでしょう。それに「元々は○○すべきだった」って過去形は、期待を裏切られた表現としても成立するわけですからね。

　もちろん、最初からそこまで表現する意図で作られたわけではないと思いますが、結果的にそうなってしまったのだろうと推測します。

## » be supposed to の過去形は○○○○に似ている

　でもさらに、「なぜそう使われてしまうのか」という次元について〝がっちゃん流〟に深く考えすぎてみましょう。

　be supposed toは、現在形より過去形にすることで、**「元々の期待を裏切っている」**ニュアンスを出せるわけですよね。

　たとえば、You **were supposed to** be here.（あなたは元々、ここにいるべきだったでしょ。）とか。

　ではこれ、**時制**的に見ると、どうですか？　過去形と過去分詞とで、**過去を匂わす形が計2回も続く**わけでしょう？

　しかもこれ、べつに「時間」的には過去の話をしているわけではないですよね。

　その点に注目してほしいのです。

　英語において、「過去形の時制」が単なる時間だけの意味合いじゃない場合における、特定の形式がありましたよね。**「過去を匂わす形が二度続く」**パターンです。思い浮かぶのは、**had p.p.（過去完了）**でしょう！

　私だって良心はあるので、さすがに、be supposed toの過去形のことまで「過去完了形だ！」とは言いません。それは考えすぎです。でも、**過去の、そのまた過去、すなわち「過去完了のような時制を持っている」**文章って、どんなイメージでしたっけ？

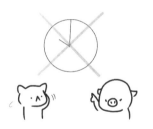

しかも時間としての「過去の時間」ではなく、「現在における」意味としての**過去完了（過去＋過去）**の場合にですよ。

そう、「ネガティブな意味合い（**後悔**）」になったじゃないですか。

ってことは、be supposed toの過去形も、単なる時間としての過去じゃなくて、**現在における抽象的な意味としての過去形**として使う場合は、

You were supposed to be here!
（あなた、ここにいるべきだったでしょう！）

と、まるで**過去完了（後悔）**のように**ネガティブな意味**になるのですよ。そしたら自然と、相手が元々期待されていたことを「さては、しなかったな」という事実が、第三者にも伝わるわけです。

もちろんこれだって、私だけの勝手なsuppose（推測）ですけどね。

まあ真の理由はどうあれ、前提を裏切ったり、裏切られたりの場面で使われるケースがほとんどなので、解釈としてはある程度、的を射てるんじゃないかなと思います。

何はともあれ、こういう新しい解釈を紹介することで、皆さんの英語の興味をかきたて、英語へのハードルを少しでも下げることができたのならば、私としては目的達成なのです。

そもそも私だって、「『元々』こういう意味なんだよ！」と、むやみに丸暗記を押し付けられるのが性に合わなくて色々絞り出してみた結果、ラッキーなコトにも、こういった面白いひらめきに至れることが時々あるわけで。

あらゆる面において、**勉強ってのは一生続けていかないといけないんだなぁ**と気づかされるもので。

学校を卒業したらハイおしまい、じゃなくて。実はそこが本当のスタート地

点なわけで。なにも科目の勉強だけじゃない。人生を勉強しながら、人間を経験しながら、ようやく養われる知恵ってのがあるわけで。

　最後の最後まで、気づけるかどうかもわからない。

　誰だって、「アナタを騙す」のは簡単だけど、「アナタが騙されたという真実に気づかせる」のは、比べ物にならないくらい難しい。

　だから、鍛えねば。ものごとを見抜ける力を。「元々」そうなんだ、と適当に流さないように。大多数の考えに、流されないように。流されるどころか、飛び越えるために。

ウソだらけの世の中で。

真っ直ぐで真面目なアナタが都合良く騙されないように。

好き勝手に利用されないように。アナタの「自由」な信念を、守るために。

期待どおりにはならないのが「元々」ならば、その法則すらも飛び越えて。

期待、以上の、アナタへと。なってほしい。

# 06

# "MAY I help you?" with love, がっちゃん

## » 「May」と言えば「5月」だけども……？

皆さん、mayって言葉、見かけたことありますよね？
「**あるよ。カレンダーで！**」

そっちじゃなくて！
May I help you? とかで使われるmayで
すよ。きっと誰もが一度くらいは聞いたこ
とあるでしょう。でもって、おそらくほと
んどの人が**May I help you？ぐらいしか
使い方を知らない**であろうmay。

しかし、意外と大事な「要素」を持つ単語なので、せっかくのこの機会に、
しっかりとモノにしてしまいましょうよ。

おそらく皆さんは、mayというものを次のように習うのではないでしょうか。
「mayは**『許可・推測・祈願』**などの意味がある助動詞で〜す」
「しかし、**canやcouldでも十分補えま〜す**」
「**『Can I？』**よりも**『May I？』**のほうが、**より丁寧な言い方で〜す**」
とまぁ、3行で要約するとこんな感じでしょうね。

どうですか？　**な〜んか曖昧**ですよねぇ。だって「許可」に「推測」に「祈
願」ですよ？

「許可」の**「してもよい」**から、次に「推測」の**「かもしれない」**の意味がある
かと思えば、そこからまた「祈願」の**「であることを願う」**まで意味が飛躍する

**CHAPTER 5**

「すべき」大特集

403

んですから。「**ちょっと１つにまとめてくれよ！**」って思いませんか？　これじゃまるで「犯人の年齢はおそらく10代〜20代もしくは30代〜40代」とか言われてるような気分になっちゃう。

　しかも、「**canでもいい**」なんて言われる始末ですと「じゃあ、いらね」と捨ててしまいたくなる……。

　それでも何とかmayという単語の抹消を防ごうとする学者さんたちが、色々と説明を付け加えて単語の寿命を維持させようとしてるわけですよ。

　たとえば、こんな説明。

　mayとは「**権限**」である！

　あー、なるほど。確かにMay I？　の聞き方には「**その権限をもらえます？**」的な要素が入っていますよねぇ。

　他にも、あえてcanと比較しながら、こういう教え方をする人もいます。

　「**can は一般的**なものであり、**may は個別のもの**」であると。

　あー、確かに。


①One of your men can betray you.

　（〈**一般的に**〉部下ってのは裏切る可能性があります。）

②One of your men may betray you.

　（〈**具体的に**〉君の部下のうち、１人が裏切るかもしれないよ。）


　①と②を比べると、**①は一般論**で、mayを使った**②では確かに個別的**なニュアンスが出てきますね。

　うん、じゃあ？　許可については？

　「……」

とまぁ、せっかくの蘇生術に水を差すような質問を投げかけてしまいましたが、でも実際にmay**の使い道が異様**にバラバラだっていうのは事実じゃないですか。

ときには、You may go home. (君はおうちに帰ってもいいよ〜。) みたいな意味で使われていて。

そしてまたあるときには、It may rain tomorrow.（明日雨が降るかも。）のような推測で登場する。

さらにあるときには、May you be happy！　えっ……、何これ！？

これまた**祈願のmay**で、「あなたがハッピーでありますように。」という意味になるんですよ〜、とか言われたりする。

とにかくまあ、いくつもの使い方があって混乱するわけですね。

こうなるともう、解決策は1つです。ばらばらの使い方を1つにまとめる素晴らしい策は、**がっちゃん流の「イメージ化」**しかないでしょう。

このばらついた解釈をすべて、イメージ化でまとめてしまいますよ。

そこはお任せくださいませ！

## ≫「may」の語源はゲルマン語の「力」。

でもまず、そもそも「**may**」って何ぞや？　って話ですので、mayについて少々解説をさせていただきます。

まずは、**mayの起源**を探ってみましょう。**語源**に興味のある人ならば、mayの起源が「**ゲルマン語**」の「***magan*（力）**」だというのは容易に調べられると思います。

「力」……。ほう、なるほど。だから、その権力的なニュアンスから「**許可**」「**権限**」という意味が生まれたのか！

このくらいは簡単に予測できますよね。私はmayのイメージをmaganという単語から次のように覚えています。ゲルマン語の「magan」という単語が、ルワンダ語の「mara」と「gana」を合体させたものに似ているように思うのですよ。maraはルワンダ語で「滞在」の意味を持ちます。

そしてgana。これって、どこかで聞いたことがありませんか？　gonnaと発音が似ていますよね。そうこれ……驚くべきことに、**意味的にも発音的にもそっくりそのまま**「go to」の意味なんです。

ちなみに本書を読んでいる人の中で、少しでも**韓国語**がわかる人がいれば、**さらに驚きの事実**が続きます。

韓国語をかじったことのある方へ、ちょいとクイズです。韓国語で、「マラ」ってどういう意味でしょうか？　「ガラ」ってどういう意味でしょうか？

「マラ」は「やめろ」で「ガラ」は「行け」でしょう!?……**ルワンダ語でも、maraが「滞在（≒休息≒やめろ）」でganaが「行け」ですから**……驚くべきかな、**意味も音も似ている**んです。

これは、韓国語、日本語、英語を話す私にとっては、とても興味深いのです。

とまぁ、ここまで、見たことも聞いたこともない言語にまで踏み込んで、私が結局何を示したかったのかと言いますと……、「**mayの起源を基にしたイメージ化**」をしてみたかったのです。

では、お待ちかね。mara＋gana＝magan（**滞在＋行け**）という不思議なmayの話を基に……やっとこさ**mayのイメージ化**へとたどり着きましたので、ご覧ください。

May

こうです。これ一体何かって？
「フィフティー・フィフティー」ですよ！
だって２つの究極の力が合わさって、mayの起源である「力」という単語になったんでしょう？　だったら**mayにだって、互いに同等な「２つの力」という要素が含まれている**に決まってるじゃないですか！

と、勝手に思ってみたというわけ。

つまり、mayは「**五分五分**」なんです。

許可さえも、推測さえも、祈願さえも、「**mayだと５割**」。**５割の可能性**。そう考えると、**ばらばらだったmayのイメージがすべてまとまる**気がするのですよ。

まず「許可」という概念は、**話し手と主語に「５割ずつの権限」**があるでしょう。だから、You may go home.は「あなたは行ってもいいですよ。」と、**話し手から主語へと５割の権限**（許可）を与えることで、主語の意志と合わさり権限が完成するってこと。

「推測」というのも、**可能性が「5割なんだ」**と考えると十分腑に落ちるかと思います。

It may rain tomorrow.（雨が降る確率が、**五分五分**なんだ。）

ほらね！　ばらばらだったmayが、だんだん繋がってきましたよ。

そもそもmayって、メイビー！　って使い方を普段するじゃないですか。この「**ひょっとするとね！**」みたいな意味でさえも、やはりそれだって、「**可能性が50%くらい**」、つまり**五分五分**だからでしょうよ！

ちなみに、「祈願」という使い方のMay you be happy！（お幸せに！）だって同じことです。この先どうなるかわからないからこそ、「幸せになってほしい」という**5割の可能性に願いを託している**わけですよ。

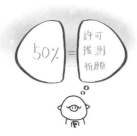

どうですか。「許可」だとか「推測」だとか「祈願」だとか、ばらばらに暗記するよりも「とにかく5割だー！」っていうイメージで考えれば、あとは文脈から解釈するだけでもmayは簡単に理解できるってコトでしょう。

「なるほどねー。でもさぁ……、1つ気になるんだけど、何でmayの疑問文って、**May I? のパターーンばかり**なの？」

はい、いい質問ですね。

同じ助動詞なのに、canとかwouldとかと違って、**mayの疑問文はなぜかMay I? ばかり**ですよね。だって、**May you be O.K.?** なんて**聞かない**じゃないですか。

この疑問についてこそ、論理的に答えてくれる人はあまりいないんじゃないでしょうか。そこで私が、先ほどのイメージを基にして、皆さんが納得できるであろう説明を……またまた考え**すぎて**みました。

May you ???
May She ???

なんといっても、**要は5割**なんですよ。許可でも推測でも祈願でも、**5割の イメージ**。

ってことは、mayの平叙文での「話し手」と「相手（主語）」の意志は、**5割ずつ存在するってことで**しょう。

では、疑問文ではどうですかね……。

その前にまず、他の平叙文を見てみましょう。「can」とかだって、**平叙文では話し手の意志が100%**です。

しかし、疑問文にすると、「行ってもいいですか？」と尋ねることで、「**私の意志100%**」だったのが「**相手へ、意志の100%**」を与えてしまう状態になりますよね。

でもmayはどうでしょう。話し手の意志を相手にあげてしまっていいんで

しょうか？　そもそも**May I?** という表現だって、**話し手の意志50%と相手の意志50%**が合わさって、ようやく100%が完成する表現じゃないですか。

May I（we）？という質問自体がそうなのです。「私（たち）には意志があるんですよ。**相手が残りの5割を許可すれば**」っていうことだから。つまり、May I（we）？の疑問文ならば、**フィフティー・フィフティーが成立**しているのです。要するに、mayは**平叙文**だろうが**疑問文**だろうが**50%の持ち分を常に保とうとする**ってわけ。

ところが、May you? という形にしてしまうと、**相手（you）に100%の意志を与えてしまう**ことになるのです。フィフティー・フィフティーが成立し得なくなるわけですね。したがって、こういった**相手の意向が中心の質問**の場合

はmayを使うのではなく、canを用いてCan you? と聞くべしってこと。

## » 常に「5割」という割合を保とうとするmay

「へー、なるほど。5割で考えればいいのか。じゃ、May she? って聞き方はないの？」

うーむ。まぁ、ひょっとすると大昔にはそういう聞き方があったのかもしれませんが、今となっては「彼女を許可してくれますか？」とは言いませんね。

でもやっぱりmayの基本のイメージ的に考えると、mayってのはとにかく「フィフティー・フィフティー」なんですから。ってことは、許可における当事者同士の関係も「フィフティー・フィフティー」になる必要がある。

ところが、「話し手である私」という「第三者」がMay she? という形で「当事者同士」の間に入ってしまうと、比率的に五分五分ではなくなるでしょう。ですから、やはり第三者の質問としてmayを使う文章は成立しないんじゃないかと。

とまあ、私流に勝手に考えてしまいましたが。おおよそ概念としての理にはかなっているはずなので良しとしましょう。ちなみに、許可じゃなくて「推測」の場合ならば、She may be sick.（彼女は病気かもしれない。）のように第三者からの話であっても五分が維持できるので、文章を成立させられるのです。

あ、ひょっとして頭がそろそろ痛むころでしょうかね。ならば色々と複雑に考える必要はございませんよ。要は「50%」って認識でOKなのですから！

どうせ今の時代、「May I help you?」のようなフレーズ化してしまった表現ならまだしも、そんなにmayをいちいち使うよりは、**Could I? とかCan I?**

**で済ませてしまうのが一般的**なのですよ。

　でも細かいことを言うと、canというのは、許可を求めるよりも**「能力的に可能かどうか」**を聞いているようなものなので、**「許可を求めるのはmayのほうが正しい！」**というのが定説ですが、正直「そんなん……知らねぇよ！」ってなもんですよ。

　だって英語だけでなく、日本語だって韓国語だって、何となくズレてる表現がいとも正しいものであるかのように使われているケースは多々あるじゃないですか。それと同じ理屈です。「may」や「can」にもそれぞれの用途が厳密には決まっているものの、**いちいち気にして使ってはいない**ってコト。

　だから、あまり使わない場面で「May I」とか使っていると、変に「形式ばりやがって……」という印象を与えるんでしょうね。**「わたし」**ではなく、かしこまって**「わたくし」**と言っているような「お堅い」イメージみたいなものですよ。

## 》「may」の双子の妹のような存在「might」

　そんな５割のmayちゃんですが、しかし推測するときに、まるで定規で測ったかのように確率を正確にフィフティー・フィフティーに定めるのは難しいじゃないですか。

　ほとんどの場合、**推測するときの心理状況**は、五分五分の確率というよりも、**「結構自信がある」**か**「あまり自信がない」**かのどちらかに分かれるんじゃないでしょうかね。

　そんなときにこそ、**may**を**過去形のmight**にしてあげるんですよ。

　余談ですが、このmight、どこかで聞き覚えがありませんか？

　mightという単語ではないものの、マーベル映画に出てくるイケメンの神様「マイティ・ソー」だの、ジム・キャリー主演映画の『ブルース・オールマイティ』だので、それと似た「マイティ」という言葉を聞いたことがあるのでは。

　この2つのタイトルって、明らかに「**偉大なる神的な力**」の象徴ですよねぇ。和製英語でも、何でもできる人のことを「オールマイティーだな」って言うでしょう。「マイティ（mighty）」は全知全能的な意味で使われるのです。

　話が脱線してしまいましたが、今ではどこの授業でも、大概こう教えられるものです。

**「mayもmightも、どっちもどっちで〜す！」**（may=might）

　これじゃどう見たって「**過去形扱い**」**じゃないですよね**。なんだか立場が曖昧なのです。

　でも、これまで「could」や「would」「should」について学んできた皆さんは「助動詞」の「過去形」に込められた「**抽象的な役割**」がよくわかっているはずなので、ここからの話も、きっと腑に落ちるはず。

　mayとほぼ変わらないよ、なんて紹介されるくらいなんですから、おそらく「might」は「過去形」とはいっても、**決して時制的な過去ではなく**、その形を過去形にすることで「**意味を弱める**」ため「**だけ**」の過去形の姿なのでしょう。ですからもはや「現在形」同等と見なしても良し。

　つまり、mayより弱まった**might**は、「**mayと言うほどには自信があまりないときの推測**」としてのみ使われるものと理解してください。

　すると、「5割を保ちたがりなmay」よりは、「ちょっぴり弱めのmight」のほうが明らかに「**自信なげ**」なので「**推測**」としてはmayよりも多めに使われるわけです。

　しかし、同じくそう考えると、「フィフティー・フィフティー」の権限を1：1で持ち合う「許可」の場合ですと、**断然mayがふさわしい**ですよね。

　だからこそ「許可」の場面では「might」がほとんど使われないというのも納得です。たまにへりくだって、Might I? と言う人がいるにはいるのですが……。

CHAPTER 5　「すべき」大特集

411

もっと象徴的に喩えるならば、mayとmightを「**双子の姉妹**」だと仮定すると、よりわかりやすいかと思いますね。**年齢的に見れば2人は同い年で、しかも学年だって一緒だけど**、生まれた順番で原則的には姉妹だと決まっている……。

みたいなことなので、「妹」もとい「**過去形**」とは**ほぼ名ばかり**で、2人はほぼ同等の時制で、**各自の役割に合った場面でそれぞれ使われてる**のね！と、理解すればわかりやすいでしょう。

特に「**推測**」**の場合は**mightちゃんの使い勝手がよくて、「**許可**」**の場合は**mayちゃんのほうが才能豊富という状況ってことで。

## 》「がっちゃん流」、時に乱暴だが役に立つ

「それじゃあ、もう1つ質問。**may**を時間的に過去形にしたいときにはどうするの？」

あ、そうですね。この場合ですと、mayちゃんとmightちゃんは**双子で同い年で同等の存在という扱い**なので、「might」は「時間的な」過去形としては使えないんですよね。

ではどうするか。……いや、皆さんすでにご存知の「あれ」を使えばいいのですよ。ほらほら皆さん、**過去形の時制をさらにそれよりも過去にするにはどうすればいいんでしたっけ？**　そうです！　過去完了の「had p.p.」を付ければいいじゃないですか。（ただし、すでに説明したように、助動詞の後ろにくっ付けるので、実際の形では「had p.p.」を「have p.p.」の形にしてから付けるべしってこともお忘れなく）

そう。「may」の過去形なハズの「might」が、**もはや時間的な過去形としては機能してない**ので、ここは申しわけ程度に「**might**」が have p.p.を付けることで、「**本当の意味での過去形**」にしてやれるのです。

というわけで「**might＋have p.p.**」が、**may**の**過去形**です。

はい。今回もかなりの割合でがっちゃんの考えすぎが混じってはおりますが、とりあえず皆さんの脳内へ、このイメージさえ入ったのであれば成功です。

何と言っても、「**mayは5割だ！**」というイメージ。それに加えて「**might**

**はmayよりも意味的に弱いんだ！**」ということさえ理解できれば、今回のテーマは完全に攻略できたようなものです。

「力」という古代語から生まれたという説は、どうせ起源的な話なので、そこまで深く考えなくても良いのですが、でもそこから「マイティ」だの、力を象徴している単語やニュアンスが生まれ、いまだに残ってるってことに関しては、ちょっとしたウンチクとしても、覚えておくと楽しいですよね。

あ。**起源**と言えば、もう1つだけ！

これも諸説ある「5月」のほうの「**May**」に関する起源なのですが。学術的に調べていくと、これにだって偉大なる神の妻「Maia」だの、はたまた神の娘だの、そういった力が「May」という単語の由来になっているなどなど、説だけは色々ございまして。

でも正直、そんな難しい起源なんて……知ったこっちゃないですよねぇ！

ここだけの**話**ってことで、ここはいっちょ**皆さんと私だけの秘密**で……もう、超・乱暴に「**がっちゃん流**」で**May**の起源を結論付けちゃいましょうか！

だって、皆さんここまで1冊まるまる「**時に乱暴で無謀な・がっちゃん流**」の熱弁に触れて来られたんですもの。最後の最後で図々しくこじ付けるくらい、筋の通った愛嬌でしょうよ！

はい、せーのっ。助動詞のmayは？……「**5**」割。

じゃあ、こっちのMayは？……「**5**」月！

**すべては、「5」繋がり。**（笑）もうこれでオッケーイ！！

―完―

ありがとう!!

With Love,
愛をこめて。
がっちゃん

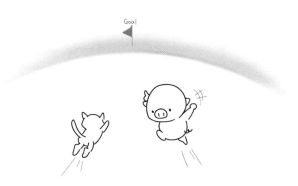

アナタには
すんごい人に
なってほしい。

なるし。

がっちゃん
でした！

がっちゃん英語　キミに読ませたくて創った文法書

2023年 4 月26日　初版発行
2023年10月15日　5 版発行

著者／ごく普通の外国人 がっちゃん

発行者／山下 直久

発行／株式会社KADOKAWA
〒102-8177　東京都千代田区富士見 2-13-3
電話　0570-002-301(ナビダイヤル)

印刷所／大日本印刷株式会社

製本所／大日本印刷株式会社

●お問い合わせ
https://www.kadokawa.co.jp/ (「お問い合わせ」へお進みください)
※内容によっては、お答えできない場合があります。
※サポートは日本国内のみとさせていただきます。
※Japanese text only

定価はカバーに表示してあります。

©Gatchan 2023　Printed in Japan
ISBN 978-4-04-896879-9　C0082